파이썬 핵심 레퍼런스

빠르게 찾아서 바로 적용하는 실무 가이드

Python Pocket Reference

by Mark Lutz

Authorized Korean translation of the English edition of Python Pocket Reference 5th Edition, ISBN 9781449357016 © 2014 Mark Lutz

Korean-language edition copyright © 2016 Insight Press

This translation is published and sold by permission of O'Reilly media, Inc., which owns or controls all rights to publish and sell the same.

파이썬 핵심 레퍼런스: 빠르게 찾아서 바로 적용하는 실무 가이드

초판 1쇄 발행 2016년 8월 12일 **지은이** 마크 러츠 **옮긴이** 박진석 **펴낸이** 한기성 **펴낸곳** 인사이트 **편집** 정수진 **제작·관리** 박미경 **용지** 월드페이퍼 **출력·인쇄** 현문인쇄 **제본** 자현제책 **등록번호** 제10-2313호 **등록일자** 2002년 2월 19일 **주소** 서울시 마포구 잔다리로 119 석우빌딩 3층 **전화** 02-322-5143 **팩스** 02-3143-5579 **블로그** http://blog.insightbook.co.kr **이메일** insight@insightbook.co.kr ISBN 978-89-6626-190-1 책값은 뒤표지에 있습니다. 잘못 만들어진 책은 바꾸어 드립니다. 이 책의 정오표는 http://www.insightbook.co.kr/13389에서 확인하실 수 있습니다. 이 도서의 국립중앙도서관 출판예정도서목록(CIP)은 서지정보유통지원시스템 홈페이지 (http://seoji.nl.go.kr)와 국가자료공동목록시스템(http://www.nl.go.kr/kolisnet)에서 이용하실 수 있습니다.(CIP제어번호: CIP2016018450)

파이썬 핵심 레퍼런스

빠르게 찾아서 바로 적용하는 실무 가이드

PYTHON POCKET REFERENCE

마크 러츠 지음
박진석 옮김

인사이트
insight

차례

옮긴이의 글

전 세계적으로 어떤 언어가 얼마나 많이 사용되는지 순위를 매기는 사이트에 들어가 보면, 파이썬이 다섯 손가락 안에 드는 것을 볼 수 있다. 파이썬은 이제 그야말로 명실상부한 주류 언어가 됐으며, 소프트웨어 관련 직업으로 밥을 먹고 사는 사람들이면 그 이름을 들어보지 않은 이가 없을 정도다.

이런 상황에서 역자가 파이썬이란 언어를 다시금 소개한다는 것이 필요한 일일까? 아마도 그렇지 않을 것이다. 파이썬은 리스트, 튜플, 딕셔너리, 집합 등의 멋진 자료형을 언어 내부에서 제공하고, 그것을 흐름 제어에 자연스럽게 활용할 수 있으며, 객체 지향 프로그래밍 혹은 함수적 프로그래밍 기법 또한 쉽게 적용할 수 있다. 뿐만 아니라 파이썬의 "건전지 포함(batteries included)" 철학 덕분에 라이브러리를 찾아다닐 필요가 없이 언어와 함께 설치된 방대하고 수준 높은 모듈(라이브러리)들을 임포트문 하나로 사용할 수 있다. 파이썬의 장점은 나열할 수 없을 정도로 많으므로 여기서 그치는 것이 좋겠다.

아직 파이썬을 접해보지 못한 프로그래머가 있다면, 잠깐 시간을 내서 한 번쯤 파이썬을 경험해 보길 권한다. 파이썬은 처음 접하기가 아주 쉬운 언어다. 리눅스를 사용하고 있다면, 그 시스템에는 아마도 이미 파이썬이 설치돼 있을 테니 터미널에서 python 명령만 입력하면 된다. 윈도우를 사용하는 사람이라면, *https://www.python.org/downloads/*에서 파이썬을 다운 받아 쉽게 설치할 수 있다. 그 외의 다른 운영체제도 리눅스나 윈도우의 경우와 같으니 어려울 것이 없다.

파이썬은 언어 자체의 훌륭함만으로도 사랑받을 만하지만, 역자는 그 언어에 녹아있는 해커들의 유쾌함과 선지자들의 철학 때문에 파이썬을 좋아한다. 만약 역자의 권유로 파이썬을 처음 설치한 프로그래머가 있다면, 깜빡거리며 사용자의 입력을 기다리는 파이썬 프롬프트에 무엇을 입력해 볼까 고민이 될 것이다. 그런 경우에는 import antigravity를 입력해서 해커들의 유쾌함을 한번 느껴보길 바란다. 다음으로는 import this를 입력해서 파이썬 선지자들의 철학적 계명인 "The Zen of Python"에 대해 읽어보길 바란다. 파이썬 선지자들의 훌륭한 철학을 접할 수 있을 것이다.

반면에, 파이썬을 오랫동안 사용해 온 프로그래머들은 파이썬의 버전과 관련해서 깊은 고민에 빠져있을 것이다. 파이썬이 2000년대 말에 야심차게 발표했던 3.X 버전은 예상만큼 빠르게 우리를 2.X 세상에서 3.X 세상으로 이끌지 못했으며, 우리는 어느덧 거의 10년을 2.X와 3.X 버전이 혼재된 세상에 살고 있다. 이는 파이썬 프로그래머들에게는 큰 골칫거리가 아닐 수 없다. 하나를 학습하는 데 두 배의 시간이 들게 돼버린 것이다. 그렇다. 파이써닉(Pythonic)하지 않다! 하지만 이런 상황은 2.7 버전에 대한 지원이 끝날 향후 몇 년간 지속될 것이다. 이런 현실을 헤쳐 나갈 하나의 방편으로 역자는 이 책을 자신 있게 추천한다. 저자는 현재의 파이썬 생태를 충분히 고려해서 이 책의 모든 내용을 2.X와 3.X로 구분하여 상세히 설명해 놓았다. 따라서 2.X와 3.X 버전 차이로 고생하는 파이썬 프로그래머들은 큰 도움을 받을 수 있을 것이다.

마지막으로, 이 책을 번역할 기회를 주신 인사이트 출판사의 한기성 대표님과 실무적으로 많은 도움을 주신 정수진 에디터님께 깊은 감사를 드린다. 또한, 이런저런 시도로 방황하는 남편을 조용히 지켜보며 격려해 주는 아내 세원과, 신경도 못 쓰는 사이 무럭무럭 혼자 잘 자라는 딸 미래, 그리고 어머니, 동생에게도 감사의 마음을 전한다. 1년 전이맘때쯤 돌아가신 아버지께는 죄송한 마음과 함께 이 책을 작은 선물로 드리고 싶다.

2016년 7월
박진석

Python Pocket Reference

파이썬 핵심 레퍼런스

서문

파이썬은 객체지향은 물론 함수적, 절차적 코딩 구조를 지원하는 범용
오픈소스 프로그래밍 언어이다. 파이썬은 다양한 분야에서 독립적으
로 프로그램을 구현하거나 애플리케이션을 스크립팅하는 용도로 주
로 사용되고 있으며, 전 세계적으로 가장 많이 사용되는 프로그래밍
언어 중 하나로 꼽힌다.

　파이썬은 코드의 가독성을 중요시하며, 수준 높은 라이브러리를 제
공한다. 그리고 개발자의 생산성, 소프트웨어 품질, 프로그램 이식성,
컴포넌트 통합을 최적화할 수 있도록 설계됐다. 파이썬은 일반적으로
유닉스, 리눅스, 윈도우, 매킨토시, 자바, 닷넷, 안드로이드, iOS 등 다
양한 플랫폼에서 동작한다.

　이 책은 파이썬 자료형, 문장, 특별한 메서드 이름, 내장 함수, 예외
들, 자주 사용되는 표준 라이브러리 모듈 및 다른 특별한 파이썬 도구
들에 대해서 다룬다. 독자들은 이 책을 간편한 참조 도구로 활용할 수
있을 것이며, 튜토리얼과 코드 예시를 제공하는 다른 서적 및 학습 자
료의 길잡이로도 활용할 수 있을 것이다.

　이 5판은 파이썬 3.X 및 2.X를 모두 다룬다. 주로 3.X에 초점을 맞

추겠지만, 2.X와 다른 부분에 대해서도 언급할 것이다. 특히 이번 판은 특별한 개선 사항을 많이 포함하고 있는 최신 3.4 릴리스는 물론 파이썬 3.3과 2.7에 맞춰 내용을 모두 업데이트했으며, 대부분의 내용은 3.X와 2.X의 예전 버전부터 최신 버전까지 모두 적용할 수 있다.

또한 이번 판은 CPython, PyPy, Jython, IronPython, Stackless 등 파이썬과 관련된 주요한 프로젝트는 물론, 파이썬 언어 및 라이브러리의 최근 업데이트와 변경 사항도 다룬다. 최근 변경 사항으로는 새로운 MRO 범위, super() 함수, 상속을 다루는 정규 알고리즘, 임포트, 컨텍스트 관리자, 블록 들여쓰기를 다룰 것이고 자주 사용되는 라이브러리 모듈인 json, timeit, random, subprocess, enum을 비롯해 새로운 윈도우 런처에 대해서도 다룰 것이다.

표기 규정

이 책에서는 다음과 같은 표기 규정이 사용된다.

[]

글 내용 중 대괄호 안에 있는 내용은 생략 가능하다는 것을 의미한다. 또한, 대괄호는 파이썬의 리스트와 같이 문자 그대로의 의미로 사용될 수도 있다.

*

글 내용 중 별표 이후에 나오는 내용은 0번 혹은 몇 번 반복될 수 있음을 의미한다. 또한, 별표는 파이썬 구문 내에서 문자 그대로의 의미로 사용될 수도 있다.

a | b

글 내용 중 막대로 나뉜 부분은 양자택일이 가능하다는 것을 의미한다. 또한, 막대는 파이썬 내에서 합과 같이 문자 그대로의 의미로 사용될 수도 있다.

이탤릭체

파일명이나 URL을 나타내는 데 사용된다. 또한, 새롭거나 중요한 용어를 강조하는 데 사용될 수도 있다.

고정폭 문자

코드, 명령, 명령 라인 옵션 등에 사용된다. 그리고 모듈, 함수, 속성, 변수, 메서드의 이름을 표시하는 데 사용될 수도 있다.

이탤릭체 고정폭 문자

명령 라인, 표현식(expression), 함수, 메서드의 구문에서 대체 가능한 파라미터 이름으로 사용된다.

함수()

특별한 언급이 없으면, 호출 가능한 함수와 메서드는 다른 종류의 속성과 구분하기 위해 이름 뒤에 괄호를 붙인다.

"절 표제" 참고

큰따옴표에 참고할 절의 표제를 넣어 책의 다른 절에 나오는 내용을 참고할 수 있도록 했다.

☑️ 이 책에서 "3.X" 및 "2.X"이 붙은 주제는 대부분의 파이썬 버전에 일반적으로 적용될 수 있음을 의미한다. 그러나 특정 릴리스 번호가 사용된 주제는 범위가 더욱 제한된다("2.7"은 2.7에서만 동작함을 의미한다). 향후 릴리스될 새로운 버전의 파이썬에서는 동작하지 않을 가능성이 있으므로, 이 책이 완성된 시점 이후의 파이썬 버전에 대한 동작 여부를 확인하기 위해서는 *http://docs.python.org/3/whatsnew/index.html*의 "What's New" 문서를 참고하기 바란다.

파이썬 명령 라인 사용법

시스템 셸에서 파이썬 프로그램을 시작하기 위한 명령 라인은 다음과
같다.

```
python [option*]
    [ scriptfile | -c command | -m module | - ] [arg*]
```

이 포맷에서 *python*은 실행 가능한 파이썬 인터프리터 실행 파일을
의미한다. *python*을 포함하는 전체 디렉터리 경로를 입력해도 되고,
PATH 설정 등을 통해 시스템 셸에서 경로를 찾을 수 있으면 python만
입력해도 된다. 파이썬 그 자체를 위한 명령 라인 옵션은 실행될 프로
그램 코드 명세 이전에 입력하고(*option*), 실행될 코드를 위한 인자는
프로그램 명세 이후에 입력한다(*arg*).

파이썬 명령 옵션

파이썬 명령 라인의 *option* 항목은 파이썬 그 자체에 제공하기 위한
것이다. 파이썬 3.X의 옵션 항목들은 다음과 같다(2.X와의 차이는 8
쪽 "파이썬 2.X 명령 옵션"을 참고하기 바란다).

-b

bytes나 bytearray 객체에 인코딩 인자 없이 str()을 호출하거나,
bytes나 bytearray와 str을 비교할 때 경고를 발생시킨다. -bb 옵
션은 경고 대신 에러를 발생시킨다.

-B

임포트 시의 바이트 코드 파일인 *.pyc*나 *.pyo* 생성을 방지한다.

-d

(파이썬 코어 개발자를 위한) 파서 디버깅 출력을 켠다.

-E

(PYTHONPATH 등) 이전에 기술된 파이썬 환경 변수를 무시한다.

-h

메시지 출력 후 프로그램을 종료한다.

-i

스크립트 실행 후 대화 모드로 진입한다. (포스트모텀(postmortem) 디버깅에 유용하다. 파이썬 라이브러리 매뉴얼의 pdb.pm()을 참고 하기 바란다.)

-O

생성되는 바이트 코드를 최적화한다(.pyo 바이트 코드 파일 생성 및 사용). 약간의 성능 향상을 꾀할 수 있다.

-OO

앞의 -O와 동일한 기능을 제공한다. 추가로 바이트 코드에서 docstring을 삭제한다.

-q

대화 모드 시작 시 버전 및 저작권 메시지를 출력하지 않도록 한다 (파이썬 3.2부터).

-s

sys.path 모듈 검색 경로에 사용자 디렉터리를 포함하지 않도록 한다.

−S

초기화 시 "import site" 내포를 금지한다.

−u

*stdout*과 *stderr*에 대해 버퍼링을 금지하고 이진화한다.

−v

모듈이 초기화될 때마다 그것이 로드된 위치를 보여주는 메시지를 출력한다. 더욱 상세한 출력을 위해 이 플래그를 반복한다.

−V

파이썬 버전 번호 출력 후 프로그램을 종료한다(--version도 동일 기능 제공).

−W *arg*

경고 제어: *arg*는 *action:message:category:module:lineno* 형태로 표현된다. 200쪽 "경고 프레임워크"와 199쪽 "경고 범주 예외", 파이썬 라이브러리 레퍼런스 매뉴얼의 warnings 모듈 문서를 참고하자(*http://www.python.org/doc*).

−x

소스의 첫 라인 건너뛰기, #!cmd과 같은 비 유닉스 형식을 허용한다.

−X *option*

특수 옵션 설정(파이썬 3.2부터). 지원되는 *option* 값에 대해서는 구현 문서를 참고하자.

명령 라인 프로그램

파이썬 명령 라인에서는 다음과 같은 방법을 통해 코드를 실행하고, 실행되는 코드에 인자를 전달한다.

scriptfile

최상위의 프로그램 파일로, 메인으로 실행될 파이썬 스크립트의 파일명을 나타낸다(예를 들어 *python* main.py는 main.py 안의 코드를 실행한다). 스크립트 파일명은 절대 경로여도 되고 "."으로 표현되는 현재 경로의 상대 경로여도 된다. 그리고 파일명은 sys.argv[0]를 통해 접근할 수 있다. 일부 플랫폼에서 스크립트 파일명으로 바로 실행이 되고, 파이썬에 필요한 옵션이 없으면 명령 라인은 *python* 부분도 생략할 수 있다.

-c *command*

문자열로 실행될 파이썬 코드를 지정한다(예를 들어 *python* -c "print('spam' * 8)"은 파이썬 출력 동작을 실행한다). sys.argv[0]는 '-c'가 된다.

-m *module*

모듈을 스크립트로 실행시킨다. sys.path상의 *module*을 검색하여 그것을 최상위 파일로 실행시킨다(예를 들어 *python* -m pdb s.py는 표준 라이브러리 디렉터리 내의 파이썬 디버거 모듈인 pdb를 s.py라는 인자와 함께 실행시킨다). *module*은 패키지명이 될 수도 있다(예를 들어 idlelib.idle). sys.argv[0]는 모듈의 전체 경로명이 된다.

-

표준 입력 스트림인 *stdin*으로부터 파이썬 명령을 읽는다. 만약

*stdin*이 "tty"(대화식 장치)라면 대화 모드로 들어간다. sys.argv[0]
는 '-'가 된다.

arg*

명령 라인상에 나타나는 이후의 모든 것은 스크립트 파일이나 명
령으로 전달된다. 그리고 내장 문자열 리스트인 sys.argv[1:]를 통
해 접근할 수 있다.

만약 *scriptfile*, *command* 혹은 *module*이 주어지지 않았을 경우, 파이
썬은 대화 모드로 진입하여 *stdin*으로부터 명령을 읽는다(이 과정에서
GNU *readline*이 설치되었을 경우 이를 사용한다). 그리고 선행 리스트
에서 – 옵션이 명시되지 않으면 sys.argv[0]는 ''(빈 문자열)이 된다.

시스템 셸에서 전통적인 방식의 명령 라인을 사용하는 것 외에, 파
일 탐색기 GUI에서 클릭하거나 파이썬 표준 라이브러리에서 함수를
실행하거나(예: os.popen()) IDLE, Komodo, Eclipse, NetBeans와 같
은 IDE들의 프로그램 실행 메뉴를 사용하여 파이썬 프로그램을 실행
할 수 있다.

파이썬 2.X 명령 옵션

파이썬 2.X는 동일한 명령 라인 포맷을 지원하지만, 파이썬 3.X의 문
자열 자료형 변경과 관련된 –b 옵션은 지원하지 않으며, 3.X에 최근에
추가된 –q와 –X 옵션도 지원하지 않는다. 2.6과 2.7에서 추가로 지원
되는 옵션은 다음과 같다(일부는 이전 버전에도 존재할 수 있다).

–t와 –tt

들여쓰기 중 탭과 스페이스의 일관성 없는 혼용에 대한 경고를 발
생시킨다. –tt 옵션은 경고 대신 에러를 발생시킨다. 파이썬 3.X는
그런 혼용을 문법 에러로 취급한다(79쪽 "문법 규칙" 참고).

-Q

나눗셈 관련 옵션으로는, -Qold (기본 설정), -Qwarn, -Qwarnall, -Qnew라는 네 가지가 있다. 이는 파이썬 3.X에서 새로 도입된 나눗셈 방식과 관련된 것이다 (17쪽 "연산자 사용 시 주의 사항" 참고).

-3

파이썬 표준 설치에 포함된 *2to3* 도구가 쉽게 고칠 수 없는 파이썬 3.X 관련 호환성 이슈에 대한 경고를 출력한다.

-R

denial-of-service 공격에 대비하여 인터프리터의 별도 호출 사이에서 다양한 타입의 해시 값을 예측 불가능하게 만들기 위해 의사 랜덤 솔트(pseudorandom salt)를 활성화한다. 이 옵션은 파이썬 2.6.8에서 처음 도입됐으며 3.2.3부터 3.X에도 호환성을 위해 포함됐다. 그러나 이 해시 랜덤화가 기본으로 설정되는 건 3.3 버전부터다.

파이썬 환경 변수

환경 변수는 프로그램들에 적용되는 시스템 전체적인 설정이며 전역 설정을 위해 사용된다.

설정 가능 변수

다음은 스크립트 작동과 관련하여 사용자가 설정할 수 있는 대표적인 환경 변수들이다.

PYTHONPATH

임포트되는 모듈 파일들에 대한 기본 검색 경로를 확장한다. 이 변수 값의 포맷은 셸의 PATH 설정과 같다. 즉, 디렉터리 경로명들이 콜론으로 나뉜다(윈도우에서는 세미콜론). 이것이 설정되면 파일이나 디렉터리를 임포트할 때 PYTHONPATH에 나열된 각 디렉터리를 좌에서 우로 검색한다. 그리고 PYTHONPATH에 나열된 경로는 sys.path 중 스크립트가 존재하는 디렉터리 뒤에, 표준 라이브러리 디렉터리 앞에 병합되어 이 순서에 맞추어 임포트된다. 211쪽 "sys 모듈"의 sys.path와 104쪽 "import 문"을 참고하자.

PYTHONSTARTUP

읽기 가능한 파일의 이름을 설정할 경우 대화 모드의 첫 프롬프트가 표시되기 전에 그 파일 내의 파이썬 명령이 실행된다(자주 사용되는 도구를 정의하기에 유용하다).

PYTHONHOME

이 값이 설정되면 라이브러리 모듈을 검색하기 위한 디렉터리 경로(혹은 sys.prefix, sys.exec_prefix)를 설정된 값으로 대체한다. 모듈 검색을 위한 기본 경로는 sys.prefix/lib를 사용한다.

PYTHONCASEOK

이 값이 설정되면 임포트 문의 대소문자 구분이 무시된다(현재는 윈도우와 OS X에서만 동작).

PYTHONIOENCODING

stdin, *stdout* 및 *stderr*에 대한 텍스트 전송에 사용되는 기본 유니코드 인코딩(혹은 선택적 에러 핸들러)을 오버라이딩할 문자열 *encodingname*[:*errorhandler*]를 정한다. 이 설정은 일부 셸에서 비 ASCII 텍스트를 위해 필요할 수 있다(만약 출력이 실패한다면 이 변수를 utf8이나 다른 것으로 설정해 보도록 한다).

PYTHONHASHSEED

이 값이 "random"으로 설정되면 임의의 값이 `str`, `bytes`, `datetime` 객체의 해시를 시드(seed)하는 데 사용된다. 예측 가능한 시드로 해시 값을 얻기 위해서 `0...4,294,967,295` 범위의 정수를 설정해도 된다(파이썬 3.2.3과 2.6.8부터).

PYTHONFAULTHANDLER

이 값이 설정되면 파이썬은 구동 시작 시 치명적인 시그널 에러에 대한 역추적을 출력하기 위한 핸들러를 등록한다(파이썬 3.3부터, `-X faulthandler`와 동일).

파이썬 명령 옵션 변수

다음 환경 변수들은 파이썬에서 제공하는 몇몇 명령 라인 옵션과 동의어다(4쪽 "파이썬 명령 옵션" 참고).

PYTHONDEBUG

설정됐을 경우 `-d` 옵션과 같다.

PYTHONDONTWRITEBYTECODE

설정됐을 경우 `-B` 옵션과 같다.

PYTHONINSPECT

설정됐을 경우 `-i` 옵션과 같다.

PYTHONNOUSERSITE

설정됐을 경우 `-s` 옵션과 같다.

PYTHONOPTIMIZE

설정됐을 경우 `-O` 옵션과 같다.

PYTHONUNBUFFERED

설정됐을 경우 –u 옵션과 같다.

PYTHONVERBOSE

설정됐을 경우 –v 옵션과 같다.

PYTHONWARNINGS

같은 값으로 설정된 –W 옵션과 같다. 또한, 다중 –W 옵션과 같이 쉼
표로 구분된 문자열을 받는다(파이썬 3.2와 2.7부터).

파이썬 윈도우 런처

3.3 혹은 그 이후 버전의 파이썬은 윈도우에 한해 스크립트 런처(launch-
er)를 설치하는데, 이는 이전 버전에도 독립적으로 사용할 수 있다. 이
런처는 콘솔상에서 사용하기 위한 **py.exe**와 콘솔 외에서 사용하기 위한
pyw.exe로 구성되는데, 이는 파일명 연결을 통해 PATH 설정 없이 호출할
수 있다. 또한, 스크립트의 최상단에 "#!"라는 유닉스식 지시자를 사용하
거나, 명령 라인 인자를 사용하거나, 설정 가능한 기본값을 사용하는 세
가지 방법으로 파이썬 버전을 선택하는 것이 가능하다.

런처 파일 지시자

런처는 스크립트 파일 최상단의 "#!" 줄을 인식한다. 이는 파이썬 버전
을 지정하는 역할을 하는데, 다음과 같은 형식을 취한다. *는 기본 버
전으로 사용하기 위해 빈 상태로 두거나(현재 설치된 상태면 2를 의미
하고, "#!" 줄을 생략하는 것과 같다), 최신 버전이 설치되었다면 그것
을 실행하기 위해 3과 같은 메이저 버전 번호를 쓰거나, 완전한 '메이
저.마이너' 값을 명시하고 32비트 설치를 선호할 경우 선택적으로 –32
를 덧붙이는 방법으로(예: **3.1-32**) 사용한다.

```
#!/usr/bin/env python*
#!/usr/bin/python*
#!/usr/local/bin/python*
#!python*
```

줄의 끝에 어떠한 파이썬(python.exe) 인자라도 올 수 있다. 그리고 파이썬 3.4 혹은 그 이후 버전은 명확한 버전 번호 없이 python만 쓰인 "#!" 줄을 만나면 PATH를 참고할 수 있다.

런처 명령 라인

런처는 다음과 같은 형식을 가지는 명령 라인을 통해 시스템 셸에서 호출될 수 있다.

```
py [pyarg] [pythonarg*] script.py [scriptarg*]
```

보통은 python 명령에서 *python* 부분 뒤에 나오는 것은 무엇이든 py 명령 내의 선택적 *pyarg* 뒤에 나올 수 있으며, 그것은 생성된 파이썬에 그대로 전달된다. 이것은 -m, -c, - 프로그램 명세 형식을 포함한다. 4쪽 "파이썬 명령 라인 사용법"을 참고하자.

    런처는 선택적 *pyarg*로 다음과 같은 형식의 인자를 받는데, 그것은 파일의 "#!" 줄 끝 * 부분에 반영된다.

-2	설치된 최신 2.X 버전을 실행한다
-3	설치된 최신 3.X 버전을 실행한다
-*X.Y*	특정 버전을 실행한다(*X*는 2 혹은 3)
-*X.Y*-32	특정한 32비트 버전을 실행한다

만약 명령 라인 인자와 "#!" 줄이 동시에 주어지면, 명령 라인 인자가 "#!"보다 우선권을 갖는다. 설치된 경우 "#!" 줄은 더 많은 상황에 적용 가능하다(예를 들어 아이콘 클릭과 같은 상황).

런처 환경 변수

런처는 선택적 환경 변수 설정도 인식한다. 이는 기본으로 사용할 버전이나 특정 버전을 선택하기 위해 사용된다(예를 들어 내용이 빠지거나 메이저 번호만 표시된 "#!"나 py 명령 인자에서).

```
PY_PYTHON      기본으로 사용할 버전(설정되지 않을 경우 2)
PY_PYTHON3     3 버전에서 기본으로 사용할 버전(예를 들어 3.2)
PY_PYTHON2     2 버전에서 기본으로 사용할 버전(예를 들어 2.6)
```

이 설정들은 런처 실행 파일에서만 사용할 수 있고, *python*을 직접 호출할 때는 사용할 수 없다.

내장 자료형과 연산자

연산자와 우선순위

표 1은 파이썬의 표현식 연산자 목록을 보여준다. 연산자들이 괄호 없이 혼합되어 사용된 식에서는 표 안에서 아래에 있는 연산자들이 위에 있는 연산자들보다 연산의 우선순위를 가진다.

원자적 용어와 동적 타이핑

표 1에서 대체 가능한 표현식 항목인 X, Y, Z, i, j, k는 다음 중 하나일 수 있다.

- 가장 최근에 대입된 값으로 대체되는 변수명.
- 24쪽 "파이썬 내장 자료형"에 정의된 리터럴식.
- 이 표의 아무 행에서나 볼 수 있는 중첩식.

파이썬 변수는 동적 타이핑 모델을 따른다. 그것들은 미리 선언되지 않으며, 대입될 때 생성된다. 그리고 값을 가리키는 객체 참조를 가지는데, 어떠한 형태의 객체라도 참조할 수 있다. 또한 기본값을 가지지 않으므로 표현식에 나타나기 전에 반드시 미리 대입돼야(assigned) 한다. 변수명의 대소문자는 항상 구분된다(80쪽 "이름 규칙" 참고). 변수에 의해 참조된 객체는 자동으로 생성되고, 그것이 더는 사용되지 않을 때 CPython의 참조 카운터를 사용하는 파이썬 가비지 컬렉터에 의해 자동으로 회수된다.

표 1에서 대체 가능한 *attr*은 반드시 한 속성의 리터럴명이어야 한다. *args1*은 95쪽 "def 문" 절에 정의된 대로 형식 인자 리스트이다. *args2*는 87쪽 "식 문" 절에 정의된 대로 입력 인자 리스트이다. 그리고 리터럴은 3.X에 한해 원자적 표현식으로 사용된다.

컴프리헨션[1]의 문법과 표 1 중 마지막 세 행의 데이터 구조 리터럴들(튜플, 리스트, 딕셔너리, 집합)은 24쪽 "파이썬 내장 자료형" 절을 참고하기 바란다.

연산자	설명
yield *X*	제너레이터 함수 결과(send() 값 반환)
lambda args1: *X*	익명 함수 생성 (호출 시 X 반환)
X if *Y* else *Z*	삼중 선택 (Y가 참이면 X 평가)
X or *Y*	논리 OR: X가 거짓이면 Y만 평가
X and *Y*	논리 AND: X가 참이면 Y 평가
not *X*	논리 부정
X in *Y*, *X* not in *Y*	멤버십: 반복, 집합
X is *Y*, *X* is not *Y*	객체 일치 테스트
X < *Y*, *X* <= *Y*, *X* > *Y*, *X* >= *Y*	크기 비교, 하위 집합/상위 집합 비교

1 (옮긴이) 컴프리헨션(comprehension)은 리스트, 딕셔너리, 집합 등의 요소를 직접 채우지 않고, for나 if 절이 뒤따르는 표현식을 통해 자동으로 채우는 방식인데, '내포(內包)'로 번역되기도 한다. 이 책에서는 '내포'라고 번역하지 않았는데, '내포'보다 '함축(含蓄)'이 더 어울리는 의미가 아닐까 생각하기 때문이다.

$X == Y,\ X\ != Y$	등가 연산
$X\ \vert\ Y$	비트 OR, 합집합
$X\ \wedge\ Y$	비트 배타 OR, 대칭 차집합
$X\ \&\ Y$	비트 AND, 교집합
$X << Y,\ X >> Y$	X를 Y 비트만큼 왼쪽, 오른쪽 시프트
$X + Y,\ X - Y$	덧셈/연결, 뺄셈/차집합
$X * Y,\ X\ \% \ Y,\ X\ /\ Y,\ X\ //\ Y$	곱셈/반복, 나머지/포맷, 나눗셈, 바닥 나눗셈
$-X,\ +X$	단일 부정, 일치
$\sim X$	비트 NOT 여집합(역)
$X ** Y$	거듭제곱(누승)
$X[i]$	인덱싱(시퀀스, 매핑 등)
$X[i:j:k]$	슬라이싱(세 부분 모두 생략 가능)
$X(args2)$	호출(함수, 메서드, 클래스, 그 외 호출 가능한 것들)
$X.attr$	속성 참조
(....)	튜플, 표현식, 제너레이터식
[....]	리스트, 리스트 컴프리헨션
{....}	딕셔너리, 집합, 딕셔너리와 집합 컴프리헨션

표 1 파이썬 3.X 표현식 연산자와 우선순위

연산자 사용 시 주의 사항

- 파이썬 2.X에 한해 값의 부등은 $X\ != Y$나 $X <> Y$로 쓸 수 있다. 파이썬 3.X에서 옵션 중 후자는 중복으로 보아 삭제됐다.
- 파이썬 2.X에 한해 역인용 부호 표현식인 `X`는 repr(X)와 동일하게 동작하며, 이는 객체를 표출(display) 문자열로 변환한다. 파이썬 3.X에서는 더 읽기 쉬운 str()과 repr() 내장 함수를 사용한다.
- 파이썬 3.X와 2.X 모두에서, $X\ //\ Y$ 바닥 나눗셈(floor division) 표

현식은 항상 나눗셈을 생략하며, 정수 연산에 대해 정수 결과를 반환한다.

- 3.X에서 *X / Y* 표현식은 항상 부동 소수점 나머지를 남기는 실 나눗셈으로 동작한다. 반면에 2.X에서는 from __future__ import division이나 -Qnew 파이썬 옵션을 사용하지 않는 한, 정수 연산을 할 때 나머지를 생략하는 고전적인 나눗셈을 한다.

- [....] 문법은 리스트 리터럴이나 리스트 컴프리헨션식에 쓰인다. 후자는 내장된 루프를 수행하여 새 리스트에 표현식 결과를 모은다.

- (....) 문법은 튜플이나 제너레이터 표현식 등을 포함하는 표현식에 쓰인다. 제너레이터 표현식은 결과 리스트를 만드는 대신에 즉시 결과를 생성하는 리스트 컴프리헨션 형식이다. 괄호는 가끔씩 생략될 수 있다. 튜플의 괄호가 생략되면, 그것의 아이템들을 나누는 쉼표가 가장 낮은 우선순위 연산자처럼 동작한다.

- {....} 문법은 딕셔너리 리터럴에 쓰인다. 파이썬 3.X와 2.7에서 이것은 집합 리터럴로도 사용되며, 딕셔너리와 집합 컴프리헨션 두 가지 모두에 사용된다. 2.6을 포함한 이전 버전에서는 set()과 루핑 문을 사용한다.

- yield와 삼중 if/else 선택 표현식은 파이썬 2.5 이후부터 사용할 수 있다. 전자는 제너레이터의 send() 인자를 반환한다. 후자는 다중 라인 if 문에 대한 약칭이다. yield는 대입 문의 오른쪽에 홀로 표기되지 않으면 괄호를 필요로 한다.

- 비교 연산자들은 연쇄적으로 사용할 수 있다. *X < Y < Z*는 *X < Y and Y < Z*와 같은 결과를 생성한다. 그러나 Y는 연쇄 형식에서 단지 한 번만 평가된다.

- 슬라이스 식인 *X[i:j:k]*는 슬라이스 객체로 인덱싱한 *X[slice(i, j, k)]*과 동일하다.

- 파이썬 2.X에서 혼합 자료형의 크기 비교는, 숫자를 공통 자료형으로 변환할 수 있고, 서로 다른 자료형을 자료형 이름에 따라 정렬 가능할 경우 허용된다. 파이썬 3.X에서 숫자가 아닌 혼합 자료형의 크기 비교는 허용되지 않으며 예외를 발생시킨다. 이는 프록시에 의한 정렬도 포함한다.
- 파이썬 3.X에서 딕셔너리에 대한 크기 비교는 더 이상 지원되지 않는다. `sorted(`*`adict`*`.items())`를 비교하는 것이 3.X에서 사용할 수 있는 한 가지 대안이다.
- 호출식은 위치 인자, 키워드 인자 및 이 두 가지의 긴 혼합을 허용한다. 호출 문법에 대해서는 88쪽 "식 문"과 95쪽 "def 문"을 참고하기 바란다.
- 파이썬은 소스 코드 안의 모든 부분에서 원자적 표현식(atomic expression)으로 생략 부호를 사용하는 것을 허용한다(내장명은 `Ellipsis`이며 `...`로 표현된다). 이는 몇몇 상황에서 `pass`나 `None`을 대체할 수 있다(예를 들어 빈 함수 내부나 자료형에 독립적인 변수 초기화를 할 때).
- 현시점에서 확실하지는 않지만, 파이썬 3.5나 그 이후 버전은 데이터 구조 리터럴과 컴프리헨션에 나타내기 위해 *X*와 **X* 별 문법 (star syntex)을 보편화할 것이다.[2] 그것은 현재 함수 호출에서 하고 있는 것과 같이 컬렉션들을 개별 항목에 푸는 역할을 할 것이다. 상세한 내용은 84쪽 "대입 문"을 참고하자.

연산자 종류

이 절에서는 간결하게 표기하기 위해 `__X__` 메서드명의 뒤에 붙는 괄

---

2   (옮긴이) 2016년 7월 이 책을 번역하는 시점의 파이썬 3.6.0a3까지 특별한 변경사항은 찾을 수 없었다.

호는 생략한다. 일반적으로 모든 내장 자료형은 표 2에 있는 비교 및 불린 연산을 지원한다(단, 파이썬 3.X는 딕셔너리 및 혼합 비수치 자료형에 대한 크기 비교를 지원하지 않는다).

불린 참은 0 이외의 숫자나 비지 않은 컬렉션 객체(리스트, 딕셔너리 등), 불린 값을 가진 모든 객체를 의미한다. 내장명 True와 False는 참과 거짓 값으로 미리 대입되며, 사용자 지정 표시의 정수 1과 0처럼 동작한다. 특별한 객체인 None은 거짓이며 파이썬 내에서 자주 등장한다.

비교는 True나 False를 반환하며 결과를 결정하기 위해 필요에 따라 자동으로 복합 객체에 재귀적으로 적용된다.

불린 and와 or 연산자는 결과가 도출되는 즉시 멈추며, 결과를 나타내는 연산자 좌측이나 우측 피연산자 객체의 불린 값을 반환한다.

연산자	설명
X < Y	명확히 작은[3]
X <= Y	작거나 같은
X > Y	명확히 큰
X >= Y	크거나 같은
X == Y	등가인(같은 값)
X != Y	등가가 아닌(파이썬 2.X에 한해 X <> Y와 동일)[4]
X is Y	같은 객체
X is not Y	객체 일치 부정

3 비교식 구현을 위해서는 152쪽 "연산자 오버로딩 메서드"에 서술된 3.X와 2.X의 고급 비교(예를 들어 < 를 위한 __lt__) 클래스 메서드와 일반 __cmp__ 메서드를 참고하기 바란다.

4 2.X에서 !=와 <>는 모두 값이 등가가 아님을 의미한다. 그러나 3.X부터는 !=만이 지원되므로 2.X에서도 !=을 사용하는 것이 좋다. ==는 값 비교를 수행하며, 일반적으로 훨씬 더 유용하다.

X < *Y* < *Z*	연쇄 비교
not *X*	*X*가 거짓이면 True, 아니면 False
X or *Y*	*X*가 거짓이면 *Y*, 아니면 *X*
X and *Y*	*X*가 거짓이면 *X*, 아니면 *Y*

표 2 비교와 불린 연산

표 3부터 표 6까지는 파이썬의 주요한 세 가지 자료형인 시퀀스(위치 정렬), 매핑(키로 접근), 숫자(모든 수치 자료형)는 물론 가변(변경 가능) 자료형에 적용 가능한 연산을 정의한다. 대부분의 자료형은 24쪽 "파이썬 내장 자료형"에 설명된 대로 추가적인 자료형 연관 연산(예: 메서드)을 익스포트한다.

연산	설명	클래스 메서드
X in *S* *X* not in *S*	멤버십 테스트	__contains__, __iter__, __getitem__[5]
S1 + *S2*	연결	__add__
S * *N*, *N* * *S*	반복	__mul__
S[*i*]	오프셋에 의한 인덱스	__getitem__
S[*i*:*j*], *S*[*i*:*j*:*k*]	슬라이싱: 오프셋 *i*부터 *j* - 1까지 *S* 안에 있는 아이템, 간격 *k*는 생략 가능	__getitem__[6]
len(*S*)	길이	__len__

5 이 메서드들과 그것들의 상호 작용에 대해 더 자세히 알아보려면 58쪽 "반복 프로토콜"을 참고하자. 정의되어 있다면, __contains__가 __iter__보다, __iter__가 __getitem__보다 우선시된다.

6 파이썬 2.X에서는 슬라이싱 연산을 다룰 목적으로 __getslice__, __setslice__, __delslice__를 정의할 수 있다. 3.X에서는 슬라이스 객체를 아이템 기반 인덱싱 쪽으로 넘기기 위해 이들을 삭제했다. 슬라이스 객체는 인덱싱 표현식에서 i:j:k 범위 대신 명시적으로 사용될 수 있다.

min(S), max(S)	최소, 최대 아이템	__iter__, __getitem__
iter(S)	반복 프로토콜	__iter__
for X in S:, [*expr* for X in S], map(*func*, S), etc.	반복 (모든 컨텍스트)	__iter__, __getitem__

표 3 시퀀스 연산 (문자열, 리스트, 튜플, bytes, bytearray)

연산	설명	클래스 메서드
$S[i]$ = X	인덱스 대입: 오프셋 i에 있는 아이템을 X 참조로 변경	__setitem__
$S[i{:}j]$ = I, $S[i{:}j{:}k]$ = I	슬라이스 대입: S의 k 간격(생략 가능)을 가진 i부터 j − 1까지를 반복 가능한 I의 모든 아이템으로 대체	__setitem__
del $S[i]$	인덱스 삭제	__delitem__
del $S[i{:}j]$, del $S[i{:}j{:}k]$	슬라이스 삭제	__delitem__

표 4 가변 시퀀스 연산(리스트, bytearray)

연산	설명	클래스 메서드
$D[k]$	키에 의한 인덱스	__getitem__
$D[k]$ = X	키 대입: *X*를 참조하도록 *k* 키를 변경하거나 새로 생성	__setitem__
del $D[k]$	키를 통해 아이템 삭제	__delitem__
len(D)	길이 (키의 개수)	__len__
k in D	키 멤버십 테스트[7]	표 3과 같음
k not in D	k in D의 반대	표 3과 같음

---

7   파이썬 2.X에서 키 멤버십은 D.has_key(k)로도 코딩할 수 있다. 이 메서드는 파이썬 3.X
    에서 삭제되고 in 표현식으로 바뀌었다. 따라서 2.X에서도 in 표현식을 사용하는 것이
    좋다. 61쪽 "딕셔너리"를 참고하자.

iter(D)	D의 키에 대한 이터레이터 객체	표 3과 같음
for k in D:, etc.	D의 키를 반복 (모든 반복 상황)	표 3과 같음

표 5 매핑 연산(딕셔너리)

연산	설명	클래스 메서드
X + Y, X − Y	덧셈, 뺄셈	__add__, __sub__
X * Y, X / Y, X // Y, X % Y	곱셈, 나눗셈, 바닥 나눗셈, 나머지	__mul__, __truediv__[8], __floordiv__, __mod__
−X, +X	부정, 일치	__neg__, __pos__
X | Y, X & Y, X ^ Y	비트 OR, AND, 배타 OR (정수)	__or__, __and__, __xor__
X << N, X >> N	비트 왼쪽 시프트, 오른쪽 시프트(정수)	__lshift__, __rshift__
~X	비트 뒤집기 (정수)	__invert__
X ** Y	X의 Y 거듭제곱	__pow__
abs(X)	절댓값	__abs__
int(X)	정수로 변환[9]	__int__
float(X)	float로 변환	__float__
complex(X), complex(re, im)	복소수 생성	__complex__
divmod(X, Y)	튜플: (X / Y, X % Y)	__divmod__
pow(X, Y[, Z])	거듭제곱	__pow__

표 6 수치 연산(모든 수치 자료형)

8 파이썬 3.X에서 / 연산자는 __truediv__를 호출한다. 그러나 파이썬 2.X에서는 실 나눗셈이 활성화되지 않는 한 __div__를 호출한다. 나눗셈 의미 체계에 대한 자세한 내용은 17쪽 "연산자 사용 시 주의 사항"을 참고하자.

9 파이썬 2.X에서 long() 내장 함수는 __long__ 클래스 메서드를 호출한다. 파이썬 3.X에서 int 자료형은 삭제된 long 자료형을 포함한다.

시퀀스 연산

다음은 표 3과 표 4에 나온 시퀀스 연산의 예시 및 주의 사항이다.

인덱싱: S[i]

- 오프셋에 있는 컴포넌트를 가져온다(첫 아이템은 오프셋 0에).
- 음의 인덱스는 끝에서부터 거꾸로 센다(마지막 아이템은 오프셋 −1에).
- S[0]는 첫 번째 아이템을 가져오고 S[1]은 두 번째 아이템을 가져온다.
- S[−2]는 끝에서 두 번째 아이템을 가져온다(S[len(S) − 2]와 같음).

슬라이싱: S[i:j]

- i부터 j−1까지 시퀀스의 인접한 부분을 추출한다.
- 슬라이스 영역 i와 j는 기본값으로 0부터 시퀀스 길이인 len(S)를 갖는다.
- S[1:3]은 오프셋 1부터 3까지 가져온다. 그러나 3을 포함하지는 않는다.
- S[1:]은 오프셋 1부터 끝까지(len(S)−1) 가져온다.
- S[:−1]은 오프셋 0부터 마지막 아이템까지 가져온다. 그러나 마지막 아이템을 포함하지는 않는다.
- S[:]는 시퀀스 객체 S의 최상위(얕은) 복사본을 만든다.

확장 슬라이싱: S[i:j:k]

- 세 번째 아이템 k는 1을 기본값으로 갖는 간격이며, 각 추출 아이템의 오프셋에 더해진다.
- S[::2]는 전체 시퀀스 S의 홀수 번째 아이템들이다.
- S[::−1]은 거꾸로 된 시퀀스 S다.
- S[4:1:−1]은 오프셋 4부터 1까지 거꾸로 된 결과를 가져온다. 그러

나 1을 포함하지는 않는다.

슬라이스 대입: S[i:j:k] = l

- 슬라이스 대입은 삭제 후 삭제된 곳에 삽입하는 것과 비슷하다.
- 기본 슬라이스 S[i:j]에 대입된 반복은 크기가 같을 필요가 없다.
- 확장 슬라이스 S[i:j:k]에 대입된 반복은 크기가 반드시 같아야 한다.

기타

- 연결, 반복, 슬라이싱은 새 객체를 반환한다. 그러나 튜플의 경우 항상 그렇지는 않다.

파이썬 내장 자료형

이 절에서는 숫자, 문자열, 리스트, 딕셔너리, 튜플, 파일, 집합 그리고 기타 코어 내장 자료형에 대해 다루며, 파이썬 3.X와 2.X에 공통적인 세부 사항들의 정보를 제공한다. 일반적으로 리스트, 딕셔너리, 튜플 등 여기서 다뤄지는 모든 복합 자료형은 임의로, 필요한 만큼 깊이 서로를 중첩할 수 있다. 집합도 중첩에 사용할 수 있으나 불변 객체에 대해서만 가능하다.

숫자

숫자는 불변 값이며 수치 연산을 지원한다. 이 절은 정수, 부동 소수점과 같은 기본 숫자 자료형은 물론 복소수, 10진수, 분수와 같은 더 고차원적인 자료형도 다룬다.

리터럴과 생성

숫자는 다양한 수치 리터럴 형식으로 쓸 수 있으며, 몇몇 내장 연산자에 의해 생성된다.

1234, -24, +42, 0
정수(무한 정밀도).[10]

1.23, 3.14e-10, 4E210, 4.0e+210, 1., .1
부동 소수점(CPython에서 보통 C double로 구현됐다).

0o177, 0x9ff, 0b1111
각각 정수를 위한 8진수, 16진수, 2진수.[11]

3+4j, 3.0+4.0j, 3J
복소수.

decimal.Decimal('1.33'), fractions.Fraction(4, 3)
모듈 기반 자료형: 10진수, 분수.

int(9.1), int('-9'), int('1111', 2), int('0b1111', 0),
float(9), float('1e2'), float('-.1'), complex(3, 4.0)
가능한 기본 변환을 통해 다른 객체나 문자열로부터 숫자를 생성
한다. 반대로 hex(*N*), oct(*N*), bin(*N*)은 정수를 표현하는 숫자 문자
열을 생성한다. 그리고 문자열 포매팅은 숫자를 위한 일반적인 문
자열을 만든다. 31쪽 "문자열 포매팅", 77쪽 "자료형 변환", 155쪽
"내장 함수"도 참고하자.

---

[10] 파이썬 2.X에서는 무한 정밀도 정수를 위한 long 자료형이 따로 있으며, int는 대개 32비
트로 정밀도가 제한되는 일반적인 정수이다. long 객체는 뒤에 붙는 "L"로 코딩되며(예:
99999L), 정수에 추가적인 정밀도가 필요할 때 자동으로 long으로 변환된다. 3.X에서
int 자료형은 무한 정밀도를 제공한다. 따라서 3.X의 int 자료형은 2.X의 int와 long 자
료형을 포괄한다. 3.X에서는 "L" 리터럴 문법이 삭제됐다.
[11] 파이썬 2.X에서 팔진수 리터럴은 앞에 0을 붙여서 쓸 수 있다. 즉, 0777과 0o777은 같다.
3.X에서는 8진법을 위해 후자만이 지원된다.

연산

숫자 자료형은 모든 숫자 연산을 지원한다(표 6 참고). 혼합 자료형 표현식에서 파이썬은 연산자들을 자료형 중 '최상위' 자료형으로 변환한다. 이때 정수는 부동 소수점보다 낮고, 부동 소수점은 복소수보다 낮다. 파이썬 3.0과 2.6에서 정수와 부동 소수점 객체는 자료형 고유 메서드 및 기타 속성들을 일부 가진다. 상세 사항은 파이썬 라이브러리 레퍼런스 매뉴얼을 참고하자.

```
>>> (2.5).as_integer_ratio()          # float 속성
(5, 2)
>>> (2.5).is_integer()
False

>>> (2).numerator, (2).denominator    # int 속성
(2, 1)
>>> (255).bit_length(), bin(255)      # 3.1+ 메서드
(8, '0b11111111')
```

10진수와 분수

파이썬은 표준 라이브러리 모듈에서 다음 두 가지 수치 자료형을 추가로 지원한다. 첫째는 고정 정밀도, 부동 소수점 숫자인 10진수이고, 둘째는 분자와 분모를 명시적으로 유지하는 논리 자료형인 분수이다. 둘 다 부동 소수점 계산의 부정확성을 다루기 위해 사용된다.

```
>>> 0.1 - 0.3
-0.19999999999999998

>>> from decimal import Decimal
>>> Decimal('0.1') - Decimal('0.3')
Decimal('-0.2')

>>> from fractions import Fraction
>>> Fraction(1, 10) - Fraction(3, 10)
Fraction(-1, 5)

>>> Fraction(1, 3) + Fraction(7, 6)
Fraction(3, 2)
```

분수는 자동으로 결과를 단순화시킨다. 정밀도 고정, 다양한 생략, 반 올림 프로토콜을 통해 10진수는 금융 애플리케이션에 유용하게 사용 된다. 상세 사항은 파이썬 라이브러리 레퍼런스를 참고하자.

기타 수치 자료형

파이썬은 73쪽 "집합"에 서술된 집합 자료형 또한 포함한다. 서드파티 오픈소스 확장을 통해 최적화된 벡터와 매트릭스 같은 수치 자료형도 추가로 사용할 수 있다(*http://www.numpy.org*의 *NumPy* 패키지 참고). 서드파티 영역은 또한 시각화, 통계 도구, 확장 정밀도 부동 소수점 계 산 등을 포함한다(*http://www.numpy.org* 참고).

문자열

보통의 str 문자열 객체는 오프셋(위치)에 의해 접근되는 문자의 불변 시퀀스이다. 그것의 문자들은 기본 문자 집합의 코드 포인트 서수이며 각 문자는 길이가 1인 문자열 객체이다. 전체 문자열 객체 모델은 다 양하며, 파이썬 3.X는 유사한 인터페이스의 세 가지 문자열 자료형을 가진다.

str
  문자의 불변 시퀀스이며, ASCII와 고급 유니코드를 포함하는 모든 종류의 텍스트에 사용된다.

bytes
  short형 정수의 불변 시퀀스이며, 이진 데이터의 바이트 값을 위해 사용된다.

bytearray
  바이트의 가변형이다.

반면에 파이썬 2.X는 유사한 인터페이스의 두 가지 문자열 자료형이 있다.

str
문자의 불변 시퀀스이며 바이트 기반(8비트) 텍스트와 이진 데이터에 사용된다.

unicode
문자의 불변 시퀀스이며 고급 유니코드 텍스트에 사용된다.

파이썬 2.X(2.6부터)에는 3.X에서 역이식된 파이썬 3.X bytearray 자료형을 사용할 수 있다. 그러나 텍스트와 바이너리 데이터 사이에 명확한 구별을 하지는 않는다. (2.X에서 바이너리 데이터는 텍스트 문자열과 자유롭게 섞일 수 있다.)

3.X와 2.X의 유니코드 지원을 위해 48쪽 "유니코드 문자열"을 참고하자. 이 절의 나머지 대부분은 모든 문자열 자료형에 대해 다룬다. 그러나 bytes와 bytearray에 대해 더 자세히 알고 싶다면 41쪽 "문자열 메서드", 51쪽 "유니코드 문자열", 157쪽 "내장 함수"를 참고하자.

리터럴과 생성
문자열 리터럴은 따옴표 안에 문자를 쓰는 방식으로 사용하며 선행되는 지정자 문자는 생략 가능하다. 그리고 모든 문자열 리터럴 형식에서 빈 문자열은 인접한 두 따옴표로 코딩된다. 다음의 다양한 내장 연산들 또한 새 문자열을 반환한다.

'Python"s', "Python's"
작은따옴표와 큰따옴표는 동일하게 동작한다. 큰따옴표는 이스케이프되지 않은 작은따옴표를, 작은따옴표는 이스케이프되지 않은 큰따옴표를 내장할 수 있다.

"""This is a multiline block"""

삼중 따옴표 블록은 여러 라인의 텍스트를 한 문자열로 모은다.
end-of-line 표시(\n)는 원래 인용 라인의 사이에 포함된다.

'Python\'s\n'

백슬래시 이스케이프 코드 시퀀스(표 7 참고)는 그것이 나타내는
특수 문자 코드 포인트 값으로 바뀐다(예: '\n'은 10진수 코드 포
인트 값이 10인 ASCII 문자이다).

"This" "is" "concatenated"

인접한 문자열 상수들은 연결된다. 이 형식을 괄호로 싸면 여러 줄
에 걸쳐 표현할 수 있다.

r'a raw\string', R'another\one'

원시 문자열: 백슬래시는 문자열의 끝인 경우를 제외하면 문자 그
대로 유지된다. 예를 들어 r'c:\dir1\file'과 같이 정규식이나 윈도
우(DOS) 디렉터리 경로를 나타내는 데 유용하다.

hex(), oct(), bin()

정수에서 16진수/8진수/2진수 문자열을 생성한다. 25쪽 "숫자"와
155쪽 "내장 함수"를 참고하자.

다음 리터럴 형식 및 호출은 48쪽 "유니코드 문자열"에서 설명한 특별
한 문자열을 만든다.

b'...'

파이썬 3.X의 bytes 문자열: 원시 이진 데이터를 나타내는 8비트
바이트 값의 시퀀스. 3.X 버전의 호환성 덕분에 이 형식은 파이썬
2.6과 2.7에서도 사용 가능한데, 일반 str 문자열을 생성한다. 39

쪽 "문자열 메서드", 49쪽 "유니코드 문자열", 157쪽 "내장 함수"를
참고하자.

bytearray(...)

bytearray 문자열 생성: 파이썬 3.X와 2.6 이상의 파이썬 2.X에서
사용 가능한 가변형 bytes다. 41쪽 "문자열 메서드", 48쪽 "유니코
드 문자열", 157쪽 "내장 함수"를 참고하자.

u'...'

파이썬 2.X의 유니코드 문자열 리터럴: 유니코드 코드 포인트의
시퀀스. 2.X 버전 호환성을 위해 이 형식은 3.3 이상의 파이썬 3.X
에서도 사용 가능한데, 단순히 일반 str 문자열을 생성한다(그러나
파이썬 3.X에서 일반 문자열 리터럴과 str 문자열은 유니코드 텍
스트를 지원한다). 48쪽 "유니코드 문자열"을 참고하자.

str(), bytes(), bytearray()(unicode()는 2.X에만 있다)

파이썬 3.X에서 사용 가능한 유니코드 인코딩/디코딩으로 객체로
부터 문자열을 생성한다. 155쪽 "내장 함수"를 참고하자.

문자열 리터럴은 특수 문자를 나타내기 위해 이스케이프 시퀀스를 포
함할 수 있다(표 7).

이스케이프	의미	이스케이프	의미
\newline	연속 무시	\t	가로 탭
\\	백슬래시 (\)	\v	세로 탭
\'	작은따옴표 (')	\N{id}	유니코드 dbase id
\"	큰따옴표 (")	\uhhhh	유니코드 16비트 16진수

\a	벨	\Uhhhhhhhh	유니코드 32비트 16진수[12]
\b	백스페이스	\xhh	16진수 (최대 숫자 두 개)
\f	폼 피드	\ooo	8진수 (숫자 세 개까지)
\n	라인 피드	\0	Null (end of string 아님)
\r	캐리지 리턴	\other	이스케이프 아님

표 7 문자열 상수 이스케이프 코드

연산

모든 문자열 자료형은 모든 시퀀스 연산(표 3 참고)을 지원하며, 39쪽 "문자열 메서드"에 설명된 문자열 관련 메서드도 추가로 지원한다. 이 밖에도, str 자료형은 문자열 포매팅 % 표현식과, 다음에 나올 템플릿 치환을 지원하며, bytearray 자료형은 가변 시퀀스 연산을 지원한다 (표 4 및 리스트처럼 동작하는 추가적인 메서드들). 242쪽 "re 패턴 매칭 모듈"의 re 문자열 패턴 매칭 모듈과 155쪽 "내장 함수"의 문자열 관련 내장 함수들을 참고하기 바란다.

문자열 포매팅

파이썬 3.X와 2.X에서(3.0과 2.6) 일반 str 문자열은 포맷 서술 문자 열에 따라 객체를 포맷하는 문자열 포매팅 연산에 두 가지 다른 방식을 지원한다.

- (모든 파이썬 버전에서) 원래부터 사용하던 표현식이며, % 연산자로 코딩된다: *fmt* % (*values*)
- (3.0, 2.6 이후) 새로 지원되는 메서드이며, 호출 문법으로 코딩된다: *fmt*.format(*values*)

---

12 \Uhhhhhhhh는 정확히 여덟 자리 16진수(h)를 받는다. \u와 \U는 유니코드 문자열 리터럴에만 사용할 수 있다.

둘 다 가능한 유형별 치환 코드에 기반을 둔 새 문자열을 생성한다. 그 결과들은 화면에 표시되거나, 추후 사용을 위해 변수에 대입될 수 있다.

```
>>> '%s, %s, %.2f' % (42, 'spam', 1 / 3.0)
'42, spam, 0.33'

>>> '{0}, {1}, {2:.2f}'.format(42, 'spam', 1 / 3.0)
'42, spam, 0.33'
```

최근 몇 년간 메서드 호출 방식이 빠르게 발전된 것으로 보이지만, 표현식 방식도 기존 코드에 널리 사용되며 두 형식 모두 잘 지원되고 있다. 어떤 사람들은 메서드 형식을 더 기억하기 쉽고 일관성 있다고 생각하지만, 표현식은 더 간단하고 간결하다. 이 두 형식이 동등한 기능성과 복잡성을 제공하는 중에 작은 차이를 보이고 있는데, 현재는 특별히 한 가지를 추천할 이유가 없어 보인다.

문자열 포매팅 표현식

문자열 포매팅 표현식은 % 연산자 왼쪽 문자열 안의 % 대상들을 % 연산자 오른쪽 값으로 대체한다(C의 sprintf와 유사). 만약 값을 두 개 이상 대체해야 한다면, 그것들은 % 연산자 오른쪽에 튜플로 코딩되어야 한다. 만약 대체할 값이 단지 한 개뿐이면 그것은 오른쪽에 단일 값이나 단일 아이템 튜플로 코딩될 수 있다(튜플 자체를 포맷하기 위한 중첩 튜플). 왼쪽에 키 이름이 사용되면 오른쪽에는 반드시 딕셔너리가 제공되어야 한다. 그리고 *는 동적으로 너비와 정밀도를 전달할 수 있도록 허용한다.

```
>>> 'The knights who say %s!' % 'Ni'
'The knights who say Ni!'
>>> '%d %s, %d you' % (1, 'spam', 4.0)
'1 spam, 4 you'
>>> '%(n)d named %(x)s' % {'n': 1, 'x': "spam"}
```

```
'1 named spam'
>>> '%(n).0E => [%(x)-6s]' % dict(n=100, x='spam')
'1E+02 => [spam ]'
>>> '%f, %.2f, %+.*f' % (1/3.0, 1/3.0, 4, 1/3.0)
'0.333333, 0.33, +0.3333'
```

포매팅 표현식 문법

% 연산자 왼쪽의 포맷 문자열에서 치환 대상은 다음의 일반 포맷을 가진다. 마지막 요소를 제외한 나머지는 생략 가능하다(치환 대상 바깥의 텍스트는 그대로 유지된다).

%[(keyname)][flags][width][.prec]typecode

이 치환 대상 문법을 살펴보면 다음과 같다.

keyname

괄호 안의 예상 딕셔너리 아이템을 참조한다.

flags

-(왼쪽 맞춤), +(수치 기호), 스페이스(양수 앞에는 빈칸을 사용하고 음수 앞에는 -를 사용), 0(0으로 채움).

width

총 최소 필드 너비(값으로부터 가져오기 위해서 * 사용).

prec

. 이후에 올 숫자 개수(값으로부터 가져오기 위해서 * 사용).

typecode

표 8 의 문자.

런타임까지 크기를 알 수 없을 경우, width와 prec는 % 연산자 오른쪽의 다음 아이템으로부터 값을 얻을 수 있도록 *로 코딩될 수 있다. %s

는 일반적으로 어떤 객체 자료형이든 그것의 출력 대표 문자열로 변환
한다.

코드	의미	코드	의미
s	문자열(혹은 str()을 사용하는 임의의 객체)	X	대문자로 된 x
r	str()이 아닌 repr()을 사용하는 s	e	부동 소수점 지수
c	문자(int 혹은 str)	E	대문자로 된 e
d	10진수	f	부동 소수점 10진수
i	정수	F	대문자로 된 f
u	d와 동일(구식)	g	부동 소수점 e 혹은 f
o	8진수	G	부동 소수점 E 혹은 F
x	16진수	%	리터럴 '%'(%%로 코드)

표 8 % 문자열 포매팅 자료형 코드

문자열 포매팅 메서드

포매팅 메서드 호출은 이전 절의 표현식과 유사하다. 그러나 그것은 %
대신 {} 문법으로 치환 대상을 식별하는 포맷 문자열 객체상의 일반적
인 메서드 호출을 통해 동작한다.

포맷 문자열 안의 치환 대상은 위치나 키워드명으로 메서드 호출 인
자를 지정할 수 있고 레퍼런스 인자 속성, 키, 오프셋을 진행시킬 수
있다. 또는 기본 포매팅을 수용하거나 명시적인 자료형 코드를 제공할
수 있고, 인자 리스트로부터 값을 가져오기 위해 대상 문법을 중첩할
수 있다.

```
>>> 'The knights who say {0}!'.format('Ni')
'The knights who say Ni!'
>>> '{0} {1}, {2:.0f} you'.format(1, 'spam', 4.0)
'1 spam, 4 you'
>>> '{n} named {x:s}'.format(n=1, x="spam")
```

```
'1 named spam'
>>> '{n:.0E} => [{x:<6s}]'.format(**dict(n=100, x='spam'))
'1E+02 => [spam ]'
>>> '{:f}, {:.2f}, {:+.{}f}'.format(1/3.0, 1/3.0, 1/3.0, 4)
'0.333333, 0.33, +0.3333'
```

대부분의 format 메서드 애플리케이션은 앞의 절에서 본 % 표현식 사용 패턴과 동일한 기능을 가지고 있다(딕셔너리 키와 * 값 참조). 그러나 메서드는 일부 연산자들이 포맷 문자열 안에 코딩되도록 허용한다.

```
>>> import sys          # 메서드 vs 표현식: 속성, 키, 인덱스

>>> fmt = '{0.platform} {1[x]} {2[0]}'
>>> fmt.format(sys, dict(x='ham'), 'AB')
'win32 ham A'

>>> fmt = '%s %s %s'
>>> fmt % (sys.platform, dict(x='ham')['x'], 'AB'[0])
'win32 ham A'
```

파이썬 3.1과 2.7부터 typecode의 정수나 부동 소수점 지정보다 앞서 나오는 ,(쉼표)는 37쪽 "포매팅 메서드 문법"에서 공식적으로 다루고 있으며, 천 단위 구분 기호로 사용된다. 그리고 % typecode는 백분율로 포맷된다(포매팅 표현식 자체에는 도구가 존재하지 않지만, 재사용 가능한 함수를 코딩하기는 어렵지 않다).

```
>>> '{0:,d}'.format(1000000)
'1,000,000'
>>> '{0:13,.2f}'.format(1000000)
' 1,000,000.00'
>>> '{0:%} {1:,.2%}'.format(1.23, 1234)
'123.000000% 123,400.00%'
```

또한 파이썬 3.1과 2.7부터, 36쪽 "포매팅 메서드 문법"에 설명된 대로 fieldname에서 생략된 필드 숫자는 순차적으로 자동으로 번호가 매겨진다. 다음 세 가지는 동일한 효과를 가진다. 하지만 필드가 많을 경우

자동으로 번호가 매겨지는 필드들은 읽기 쉽지 않을 것이다.

```
>>> '{0}/{1}/{2}'.format('usr', 'home', 'bob')
'usr/home/bob'
>>> '{}/{}/{}'.format('usr', 'home', 'bob')          # 자동
'usr/home/bob'
>>> '%s/%s/%s' % ('usr', 'home', 'bob')              # 표현식
'usr/home/bob'
```

객체가 하나라면 문자열 포맷 메서드에 소속된 format(*object*, *formatspec*) 내장 함수로도 포매팅될 수 있다(162쪽 "내장 함수" 참고). 그리고 그것의 동작은 클래스의 __format__ 연산자 오버로딩 메서드로 구현될 수 있다(137쪽 "연산자 오버로딩 메서드" 참고).

포매팅 메서드 문법

포맷 메서드 호출에 사용된 문자열 내의 치환 대상은 다음과 같은 일반 형식을 갖는다. 네 부분 모두 생략 가능하며, 각 부분 사이에 스페이스 없이 사용한다(여기서는 이해를 돕기 위해 스페이스를 사용했다).

{fieldname component !conversionflag :formatspec}

이 치환 대상 문법을 살펴보면 다음과 같다.

fieldname

인자를 식별하는 선택적 숫자 혹은 키워드이며, 이는 2.7과 3.1, 그리고 그 이후 버전에서 상대적 인자 넘버링 사용을 위해 생략할 수 있다.

component

속성과 인자의 인덱스된 값을 가져오기 위해 사용되는 *.name* 혹은 *[index]* 참조가 0개 이상 있는 문자열이며, 모든 인자 값을 사용하기 위해 생략할 수 있다.

conversionflag

> !이 보이면 시작되며, 뒤따라 오는 r, s, a는 각각 값에 repr(), str(), ascii() 내장 함수를 호출한다.

formatspec

> :이 보이면 시작되며, 값이 어떻게 보여야 하는지 상술하는 텍스트로 이루어진다. 이는 필드 너비, 정렬, 패딩, 십진수 정밀도 등에 대한 세부 사항을 포함하며, 선택적 자료형 코드로 끝난다.

콜론 문자 이후의 중첩된 *formatspec* 요소는 그 자체의 문법이 있고 형식은 다음과 같다(대괄호는 생략 가능한 요소를 나타내며 실제로 코딩되지는 않는다).

> *[[fill]align][sign][#][0][width][,][.prec][typecode]*

이 *formatspec* 중첩 문법을 살펴보면 다음과 같다.

fill

> { 혹은 }를 제외한 임의의 채움 문자.

align

> 각각 왼쪽 정렬, 오른쪽 정렬, 사인 문자 후의 패딩, 가운데 정렬을 나타내는 <, >, =, ^가 될 수 있다.

sign

> +, -, 혹은 스페이스가 될 수 있다.

, (쉼표)

> 파이썬 3.1과 2.7에서 천 단위 구분 기호를 위한 쉼표를 요청한다.

*width*와 *prec*

% 표현식만큼 *formatspec*도 동적으로 인자 리스트로부터 값을 얻기 위해 *fieldname*만을 가지는 중첩 {} 포맷 문자열을 포함할 수 있다(포매팅 표현식의 * 만큼이나). *width* 앞의 **0**는 사인을 인식하는 제로 패딩을 활성화한다(fill과 유사). 그리고 #는 (가능한 경우에) 대체 변환을 활성화한다.

typecode

% 표현식과 매우 비슷하고, 표 8에도 나왔지만, 이에 덧붙여 포맷 메서드에 정수를 이진 포맷으로 보내기 위한 b 자료형 코드가 존재한다(bin 내장을 사용하는 것과 매우 유사). 그리고 파이썬 3.1과 2.7부터 포맷 메서드에는 백분율을 포맷하기 위한 % 자료형 코드가 추가로 존재한다. 그리고 10진 정수를 위해 d만을 사용한다(i나 u는 사용되지 않는다).

표현식의 일반 %s와는 다르게, 메서드의 s 자료형 코드는 문자열 객체 인자가 필요하며, 메서드에서 어떠한 자료형이든 포괄적으로 받아들이기 위해서는 자료형 코드를 생략한다는 점을 주의한다.

템플릿 문자열 치환

파이썬 2.4부터 문자열 포매팅 표현식과 이전 절에서 설명한 메서드의 대안으로 또 다른 형식의 문자열 치환이 제공된다. 전체 포매팅에서 % 연산자나 str.format() 메서드를 통해 치환할 수 있다(다음 네 가지 예시는 모두 '2: PR5E'를 반환한다).

```
'%(page)i: %(book)s' % {'page': 2, 'book': 'PR5E'}
'%(page)i: %(book)s' % dict(page=2, book='PR5E')

'{page}: {book}'.format(**dict(page=2, book='PR5E'))
'{page}: {book}'.format(page=2, book='PR5E')
```

좀 더 쉬운 치환 작업을 위해, 문자열의 Template 클래스는 치환을 표시할 때 $를 사용한다.

```
>>> import string
>>> t = string.Template('$page: $book')
>>> t.substitute({'page': 2, 'book': 'PR5E'})
'2: PR5E'
```

치환 값은 키워드 인자나 딕셔너리 키로 제공될 수 있다.

```
>>> s = string.Template('$who likes $what')
>>> s.substitute(who='bob', what=3.14)
'bob likes 3.14'
>>> s.substitute(dict(who='bob', what='pie'))
'bob likes pie'
```

safe_substitute 메서드는 제공되지 않은 키에 대해 예외를 발생시키지 않고 이를 무시한다.

```
>>> t = string.Template('$page: $book')
>>> t.safe_substitute({'page': 3})
'3: $book'
```

문자열 메서드

이전에 설명한 format() 메서드뿐 아니라, 문자열 메서드 호출은 문자열 표현식 이상의 고차원 텍스트 처리 도구를 제공한다. 표 9는 사용할 수 있는 문자열 메서드 호출을 모아놓은 것이다. 이 표에서 S는 임의의 문자열 객체이다(엄밀히 말하면, 3.X의 str). 텍스트를 변형하는 문자열 메서드는 항상 새 문자열을 반환하고 절대 원본 객체를 변형하지 않는다(문자열은 불변이다).

표에 있는 메서드에 대해 자세히 알고 싶다면 앞의 기능 영역 설명 부분을 참고하거나 대화식으로 help(str.*method*)를 실행한다. 이 표의 목록은 파이썬 릴리스에 따라 상이할 수 있다. 직접 확인해 보고 싶다면 다음을 실행한다.

— Python

```
sorted(x for x in dir(str) if not x.startswith('__'))
```

일부 문자열 자료형 메서드에 대해 동일한 기능을 제공하는 패턴 기반
방식에 대해서는 242쪽 "re 패턴 매칭 모듈"의 re 모듈을 참고하자.

S.capitalize()
S.casefold() (파이썬 3.3부터)
S.center(*width*, [, *fill*])
S.count(*sub*[, *start*[, *end*]])
S.encode([*encoding*[, *errors*]])
S.endswith(*suffix*[, *start*[, *end*]])
S.expandtabs([*tabsize*])
S.find(*sub*[, *start*[, *end*]])
S.format(**args*, ***kwargs*)
S.format_map(*mapping*) (파이썬 3.2부터)
S.index(*sub*[, *start*[, *end*]])
S.isalnum()
S.isalpha()
S.isdecimal()
S.isdigit()
S.isidentifier()
S.islower()
S.isnumeric()
S.isprintable()
S.isspace()
S.istitle()
S.isupper()

S.join(*iterable*)
S.ljust(*width*[, *fill*])
S.lower()
S.lstrip([*chars*])
S.maketrans(*x*[, *y*[, *z*]])
S.partition(*sep*)
S.replace(*old*, *new*[, *count*])
S.rfind(*sub*[, *start*[, *end*]])
S.rindex(*sub*[, *start*[, *end*]])
S.rjust(*width*[, *fill*])
S.rpartition(*sep*)
S.rsplit([*sep*[, *maxsplit*]])
S.rstrip([*chars*])
S.split([*sep*[, *maxsplit*]])
S.splitlines([*keepends*])
S.startswith(*prefix*[, *start*[, *end*]])
S.strip([*chars*])
S.swapcase()
S.title()
S.translate(*map*)
S.upper()
S.zfill(*width*)

표 9 파이썬 3.X 문자열 메서드 호출

bytes와 bytearray 메서드

파이썬 3.X의 bytes와 bytearray 문자열 자료형의 메서드 집합은 이전 절에서 나온 일반 str 자료형의 메서드 집합과 유사하다. 그러나 역할이 다른 만큼 정확히 일치하지는 않는다(str은 유니코드 텍스트, bytes는 원시 이진 데이터, bytearray는 가변형이다). 다음 예를 보면 파이썬 3.3에서 실행된 set(dir(X)) − set(dir(Y))은 X만이 가진 속성들을 도출한다.

```
>>> set(dir(str)) - set(dir(bytes))
{'__rmod__', 'encode', 'isnumeric', 'format',
'isidentifier', 'isprintable', 'isdecimal',
'format_map', '__mod__', 'casefold'}

>>> set(dir(bytes)) - set(dir(str))
{'decode', 'fromhex'}

>>> set(dir(bytearray)) - set(dir(bytes))
{'extend', 'remove', 'insert', 'append', 'pop',
'__iadd__', 'reverse', 'clear', '__imul__',
'copy', '__setitem__', '__alloc__', '__delitem__'}
```

주의 사항은 다음과 같다.

• str은 유니코드 디코딩을 지원하지 않는다(이미 디코딩된 텍스트이기 때문이다). 그러나 bytes로 인코딩될 수는 있다.

• bytes와 bytearray는 유니코드 인코딩을 지원하지 않는다(그것들은 미디어나 이미 인코딩된 텍스트를 포함하는 원시 바이트들이다). 그러나 str로 디코딩될 수는 있다.

• bytes와 bytearray는 (str.format과 % 연산자의 __mod__와 __rmode__에 의해 구현된) 문자열 포매팅을 지원하지 않는다.

• bytearray는 리스트와 유사하게 가변적인 즉시 변환 메서드 및 연산자를 추가적으로 가진다(예: append, +=).

바이트 문자열 연산에 대해 자세히 알고 싶다면 51쪽 "bytes와 bytearray 문자열"을 참고하자. 문자열 자료형 모델은 48쪽 "유니코드 문자열", 생성 호출은 157쪽 "내장 함수"를 참고하면 된다.

 파이썬 2.X에서 사용할 수 있는 문자열 메서드 집합은 조금 다르다(예를 들어 2.X에는 유니코드 자료형 모델에 사용하기 위한 decode 메서드가 있다). 파이 썬 2.X의 unicode 문자열 자료형은 2.X의 str 객체와 인터페이스가 거의 동 일하다. 상세 사항을 확인하려면 파이썬 2.X 라이브러리 레퍼런스를 참고하거 나, dir(str)을 실행해보거나, 대화식으로 help(str.*method*)를 시도해 보 도록 하자.

다음 절에서는 표 9에 나온 몇몇 메서드를 기능 영역에 따라 분류하고 이에 대해 좀 더 상세하게 다루어 볼 것이다. 문자열 결과를 반환하는 문서화된 호출은 모두 새 문자열을 반환한다(문자열은 불변성을 가지 기 때문에 절대로 즉시 변환을 하지 않는다). 이 범위 내의 공백은 스 페이스, 탭, end-of-line 문자를 의미한다(string.whitespace에 모든 공백이 정의되어 있다).

검색 메서드

S.find(*sub*[, *start*[, *end*]])

S의 *start*와 *end* 오프셋 사이에서 문자열 *sub*가 처음 나타나는 곳 의 오프셋을 반환한다. 설정하지 않은 *start* 오프셋은 0이고, *end* 오프셋은 전체 문자열인 len(S)이다. 만약 sub가 없으면 -1을 반환 한다. 문자열의 부분 문자열 멤버십 테스트에 사용되는 (표 3의) in 멤버십 연산자도 참고하도록 하자.

S.rfind(*sub*[, *start*[, *end*]])

find와 유사하지만 끝에서부터 스캔한다(오른쪽에서 왼쪽으로).

S.index(*sub*[, *start*[, *end*]])

find와 유사하지만 *sub*를 찾지 못하면 -1을 반환하는 대신 Value

Error를 발생시킨다.

S.rindex(*sub*[, *start*[, *end*]])

rfind와 유사하지만, *sub*를 찾지 못하면 -1을 반환하는 대신 Value
Error를 발생시킨다.

S.count(*sub*[, *start*[, *end*]])

S의 *start*와 *end* 오프셋 사이에서 *sub*의 비중복 발생 횟수를 센다
(설정하지 않은 *start* 오프셋은 0이고, *end* 오프셋은 len(S)이다).

S.startswith(*sub*[, *start*[, *end*]])

문자열 S가 부분 문자열 *sub*로 시작하면 True이다. *sub* 매칭을 위
한 선택적 시작점과 종료점인 *start*와 *end*를 설정할 수 있다.

S.endswith(*sub*[, *start*[, *end*]])

문자열 S가 부분 문자열 *sub*로 끝나면 True이다. *sub* 매칭을 위한
선택적 시작점과 종료점인 *start*와 *end*를 설정할 수 있다.

분할 및 연결 메서드

S.split([*sep*[, *maxsplit*]])

*sep*를 구분 기호 문자로 사용하여 구분한 문자열 S의 단어 리스트
를 반환한다. *maxsplit*이 주어지면, 최대 *maxsplit*만큼 분할된다.
*sep*가 주어지지 않거나 None이면 임의의 공백 문자열이 구분 기호
가 된다. 'a*b'.split('*')의 결과는 ['a','b']이다. 문자열을 문자
의 리스트로 바꾸고 싶으면 list(S)를 사용한다(예: ['a','*','b']).

S.join(*iterable*)

문자열의 반복(예를 들어 리스트나 튜플)을 단일 문자열로 연결하
는데, 각 아이템 사이에 S가 추가된다. 문자의 반복을 문자열로 변

환하기 위해 S는 빈 문자열이 될 수도 있다('*'.join(['a','b'])의 결과는 'a*b'이다).

S.replace(*old, new*[, *count*])

문자열 S의 부분 문자열 *old*를 모두 *new*로 바꾼 복사본을 반환한다. *count*가 전달되면, 먼저 발생하는 순서대로 *count*까지 대체된다. 이것은 x=S.split(*old*)와 *new*.join(x)의 조합처럼 동작한다.

S.splitlines([*keepends*])

문자열 S를 라인별로 분할하며, 라인의 리스트를 반환한다. *keepends*가 참이 아니면 결과는 줄바꿈 문자를 유지하지 않는다.

포매팅 메서드

S.format(*args, **kwargs), S.format_map(*mapping*)

31쪽 "문자열 포매팅"을 참고한다. 파이썬 3.2나 그 이후 버전에서 S.format_map(*M*)은 S.format(**M)과 같다. 그러나 *M*은 복사되지 않는다.

S.capitalize()

문자열 S의 첫 문자를 대문자로 만들고 그 외의 문자들을 소문자로 만든다.

S.expandtabs([*tabsize*])

문자열 S의 탭을 *tabsize* 스페이스로 바꾼다(8개가 기본 설정이다).

S.strip([*chars*])

문자열 S의 앞뒤 공백을 제거한다. *chars*로 문자들이 전달되면 그 문자들을 제거한다.

S.lstrip([*chars*])

문자열 *S*의 앞에 있는 공백을 제거한다. *chars*로 문자들이 전달되면 그 문자들을 제거한다.

S.rstrip([*chars*])

문자열 *S*의 뒤에 있는 공백을 제거한다. *chars*로 문자들이 전달되면 그 문자들을 제거한다.

S.swapcase()

모든 소문자를 대문자로, 대문자를 소문자로 변환한다.

S.upper()

모든 문자를 대문자로 변환한다.

S.lower()

모든 문자를 소문자로 변환한다.

S.casefold()

파이썬 3.3과 그 이후 버전에서, 대소문자에 무관한 비교에 적합한 형태의 *S*를 반환한다. S.lower()와 비슷하지만 일부 유니코드 문자들을 소문자로 바꾸는 작업을 좀 더 지능적으로 수행한다.

S.ljust(*width*[, *fill*])

주어진 *width*의 필드에서 문자열 *S*를 왼쪽 맞춤하며, 오른쪽을 *fill* 문자로 채운다(*fill*이 생략되면 스페이스로 채운다). 문자열 포매팅 표현식과 메서드 모두 비슷한 효과를 얻을 수 있다.

S.rjust(*width*[, *fill*])

주어진 *width*의 필드에서 문자열 *S*를 오른쪽 맞춤하며, 왼쪽을 *fill* 문자로 채운다(*fill*이 생략되면 스페이스로 채운다). 문자열 포매팅 표현식과 메서드 모두 비슷한 효과를 얻을 수 있다.

S.center(*width*[, *fill*])

주어진 *width*의 필드에서 문자열 *S*를 가운데 맞춤하며, 왼쪽과 오른쪽을 *fill* 문자로 채운다(*fill*이 생략되면 스페이스로 채운다). 문자열 포매팅에서 비슷한 효과를 얻을 수 있다.

S.zfill(*width*)

원하는 *width*의 문자열 결과를 만들기 위해 문자열 *S*의 왼쪽을 숫자 0으로 채운다(문자열 포매팅으로도 할 수 있다).

S.translate(*table*[, *deletechars*])

*deletechars*가 존재하면 문자열 *S*로부터 *deletechars*에 있는 문자를 모두 지운다. 그리고 *table*을 사용해 문자들을 변환한다. 여기서 *table*은 변환할 각 문자 값이 순서대로 인덱스된 256 문자의 문자열이다.

S.title()

제목에 사용하기 위해 대소문자 처리를 한 문자열을 반환한다. 단어는 대문자로 시작하고, 단어 시작 부분 외의 나머지는 모두 소문자로 표시한다.

내용 테스트 메서드

S.is*()

is*() 불린 테스트는 어떠한 길이의 문자열에도 동작한다. 다양한 문자열 종류 확인을 위해 내용을 테스트한다(빈 문자열에는 항상 False를 반환한다).

원형 string 모듈

파이썬 2.0부터 이전에 사용 가능했던 표준 문자열 모듈의 문자열 처
리 함수 대부분은 문자열 객체의 메서드로서 사용할 수 있게 됐다. 만
약 *X*가 문자열 객체를 참조한다면, 다음과 같은 string 모듈 함수 호
출은

```
import string
res = string.replace(X, 'span', 'spam')
```

파이썬 2.0 및 이후 버전에서 대개 다음과 같은 문자열 메서드 호출과
같다.

```
res = X.replace('span', 'spam')
```

그러나 문자열 메서드 호출 형식이 더 빠르고, 문자열 메서드는 모
듈 임포트가 필요하지 않으므로 더 선호된다. string.join(*iterable*,
delim) 연산은 구분 기호 문자열 메서드 *delim*.join(*iterable*)로 바
뀐다는 점을 주의하자. 파이썬 3.X의 string 모듈에서 이 함수들은
모두 삭제됐다. 동일한 기능을 제공하는 문자열 객체 메서드를 대신
사용하도록 한다. 이 모듈에 대한 나머지 내용을 확인하려면 216쪽
"string 모듈"을 참고하자.

유니코드 문자열

모든 텍스트는 바이트(8비트)당 한 문자로 인코딩된 ASCII 텍스트를
포함하는 유니코드 텍스트다. 파이썬은 유니코드 문자열의 풍부한 문
자 집합과 인코딩 체계를 지원한다. 문자를 표현하기 위해 메모리상에
한 개 이상의 바이트를 사용할 수 있으며, 다양한 방식으로 텍스트를
인코딩하여 파일로 쓰거나 읽을 수 있다. 유니코드는 파이썬 버전에
따라 지원 방식이 조금 다르다. 파이썬 3.X는 모든 텍스트를 유니코드

로 다루고 이진 데이터를 별도로 표현하는 반면, 파이썬 2.X는 더 넓은 범위의 유니코드 텍스트에서 8비트 텍스트와 데이터를 구분한다.

파이썬 3.X에서의 유니코드 문자열

- 일반 str 자료형과 'ccc' 리터럴은 8비트와 유니코드 모두를 포함하는 텍스트를 나타낸다. str은 메모리상의 디코딩된 유니코드 코드 포인트(순서 식별자) 문자의 불변 시퀀스다.

- 개별적인 bytes 자료형과 b'ccc' 리터럴은 미디어나 인코딩된 유니코드 텍스트를 포함하는 이진 데이터 바이트 값을 나타낸다. bytes는 작은 정수들(8비트 바이트 값들)의 불변 시퀀스지만, 대부분의 str 연산자를 지원하며, 가능한 한 ASCII 문자로 내용을 출력한다. 추가적인 bytearray 자료형은 bytes의 가변형이며, 즉시 변경이 가능하도록 하는 리스트 같은 추가적인 메서드를 가진다.

- 3.X에서 open()에 의해 생성된 일반 파일은 텍스트나 이진 모드에서 각각 str이나 bytes 객체를 포함한다. 텍스트 모드에서 파일은 자동으로 출력을 인코딩하고 입력을 디코딩한다.

- 2.X 코드와의 역호환성을 위해 파이썬 3.3부터 2.X의 u'ccc' 유니코드 리터럴 형식도 사용 가능하다(3.X의 str을 생성한다).

파이썬 2.X에서의 유니코드 문자열

- 일반 str 자료형과 'ccc' 리터럴은 8비트 기반 텍스트와 이진 데이터의 바이트 값을 나타내며, 독립된 unicode 자료형과 u'ccc' 리터럴은 더 넓은 범위의 유니코드 텍스트의 코드 포인트를 나타낸다. 두 문자열 자료형 모두 불변 시퀀스이며, 거의 같은 연산을 한다.

- 또한, 2.X에서 open()에 의해 생성된 일반 파일은 바이트 기반

이며, codecs.open()은 유니코드 텍스트를 포함한 파일을 읽고 쓸 때, 전송 시 인코딩 및 디코딩을 지원한다.

- 파이썬 2.6부터 3.X 코드와의 호환성을 위해 3.X의 b'ccc' 바이트 리터럴도 사용 가능하다(2.X의 str을 생성한다). 그리고 자료형 특성이 적긴 하지만 3.X의 가변 bytearray도 존재한다.

파이썬 3.X의 유니코드 지원

파이썬 3.X에서는 16진수(\x)와 16비트 및 32비트 유니코드(\u, \U) 이스케이프를 통해 문자열에 비 ASCII 문자들이 코딩되는 것을 허용한다. 또한, chr()은 유니코드 문자 코드를 지원한다.

```
>>> 'A\xE4B'
'AäB'
>>> 'A\u00E4B'
'AäB'
>>> 'A\U000000E4B'
'AäB'
>>> chr(0xe4)
'ä'
```

일반 문자열은 원시 바이트로 인코딩될 수 있고, 원시 바이트는 일반 문자열로 디코딩될 수 있다. 이 과정에 기본 인코딩을 사용할 수도 있고 명시적으로 인코딩을 지정할 수도 있다(선택적 에러 정책을 사용할 수도 있다. 177쪽 "내장 함수"의 str() 참고).

```
>>> 'A\xE4B'.encode('latin-1')
b'A\xe4B'
>>> 'A\xE4B'.encode()
b'A\xc3\xa4B'
>>> 'A\xE4B'.encode('utf-8')
b'A\xc3\xa4B'

>>> b'A\xC3\xA4B'.decode('utf-8')
'AäB'
```

또한, 파일 객체는 텍스트 모드에서 자동으로 출력에 인코딩을 하며 입력에 디코딩을 한다(그러나 이진 모드에서는 하지 않는다). 그리고 기본 인코딩을 오버라이딩하기 위해 인코딩명을 받아들인다(168쪽 "내장 함수"의 open() 참고).

```
>>> S = 'A\xE4B'
>>> open('uni.txt', 'w', encoding='utf-8').write(S)
3
>>> open('uni.txt', 'rb').read()
b'A\xc3\xa4B'
>>>
>>> open('uni.txt', 'r', encoding='utf-8').read()
'AäB'
```

릴리스 3.3부터 역호환성을 위해 파이썬 3.X는 2.X의 u'ccc' 유니코드 리터럴 형식도 지원한다. 그러나 그것은 'ccc'의 동의어이며, 일반적인 3.X str 문자열을 생성한다.

　3.X 및 2.X 모두, 프로그램 소스 파일에 유니코드 내용을 포함할 수 있다. 파이썬의 UTF-8 기본 설정을 오버라이딩하고 싶으면 다음의 한 줄을 소스의 첫 번째나 두 번째 줄에 넣는다.

```
# -*- coding: latin-1 -*-
```

bytes와 bytearray 문자열

파이썬 3.X의 bytes와 bytearray 문자열 객체는 인코딩된 유니코드 텍스트를 포함하는 8비트 이진 데이터를 나타낸다. 그것은 가능한 한 ASCII 텍스트로 출력되며, 메서드나 시퀀스 연산을 포함한 일반 str 문자열 연산을 대부분 지원한다(문자열 포매팅은 제외).

```
>>> B = b'spam'
>>> B
b'spam'
>>> B[0]              # 시퀀스 연산
```

```
115
>>> B + b'abc'
b'spamabc'
>>> B.split(b'a')       # 메서드
[b'sp', b'm']
>>> list(B)             # int 시퀀스
[115, 112, 97, 109]
```

bytearray는 리스트 같은 가변 연산을 추가로 지원한다.

```
>>> BA = bytearray(b'spam')
>>> BA
bytearray(b'spam')
>>> BA[0]
115
>>> BA + b'abc'
bytearray(b'spamabc')
>>> BA[0] = 116                    # 가변성
>>> BA.append(115)                 # 리스트 메서드
>>> BA
bytearray(b'tpams')
```

bytes와 bytearray는 앞서 "bytes와 bytearray 메서드"에서 설명한 것
처럼 자료형 고유의 메서드 뿐만 아니라 시퀀스 연산을 공식적으로 지
원한다(표 3 참고). bytearray는 가변 시퀀스 연산을 추가적으로 지원
한다(표 4 참고). 157쪽 "내장 함수"의 자료형 생성자 호출 또한 참고
하자.

파이썬 2.6과 2.7엔 bytearray는 있지만, bytes는 없다. 3.X의
b'ccc'는 호환성을 위해 지원되지만, 그것은 단순히 'ccc'의 동의어이
며, 일반적인 2.X의 str 문자열을 생성한다.

파이썬 2.X의 유니코드 지원

파이썬 2.X에서 유니코드 문자열은 u'ccc'로 쓰이며, unicode 자료형
객체를 생성한다(파이썬 3.X에서는 일반 문자열 자료형과 리터럴이
유니코드로 쓰인다). 임의의 유니코드 문자들은 특별한 이스케이프

시퀀스인 \uHHHH를 사용하여 쓰일 수 있다. 여기서 HHHH는 0000부터 FFFF까지의 네 자리 16진수 숫자이다. 구식의 \xHH 이스케이프 시퀀스도 사용할 수 있으며, +01FF까지의 문자까지는 \777로 표현할 수 있는 8진수도 사용 가능하다.

unicode는 문자열 메서드와 시퀀스 연산 둘 다 지원한다(표 3 참고). 파이썬 2.X에서는 일반 문자열과 유니코드 문자열 객체가 결합할 수 있다. 8비트와 유니코드 문자열의 결합은 기본 ASCII 인코딩을 사용하여 항상 유니코드로 변환된다(예를 들어 'a' + u'bc'의 결과는 u'abc'이다). 혼합 자료형 연산은 8비트 문자열이 7비트 U.S. ASCII 데이터를 포함한다고 가정한다(그리고 비 ASCII 문자에 대해 에러를 발생시킨다). 내장 str()과 unicode() 함수는 일반 문자열과 유니코드 문자열 사이의 변환에 사용될 수 있다. 그리고 encode()와 decode() 문자열 메서드는 유니코드 인코딩 및 디코딩을 실행한다.

관련된 모듈들과 내장 함수들은 codecs.open()을 포함하며, 그 파일들은 3.X의 내장 open() 함수 파일처럼 데이터 전송 시 유니코드 인코딩 변환을 수행한다.

리스트

리스트는 오프셋(위치)에 의해 접근되는 가변(변경 가능한) 객체 참조 시퀀스다.

리터럴과 생성

리스트 리터럴은 대괄호 안에 쉼표로 구분된 일련의 값으로 쓰이며, 다양한 연산들이 동적으로 리스트를 생성한다.

[]
  빈 리스트.

```
[0, 1, 2, 3]
```
네 개의 아이템을 가진 리스트: 0부터 3까지 색인.

```
L = ['spam', [42, 3.1415], 1.23, {}]
```
중첩된 하위 리스트: L[1][0]는 42를 가져온다.

```
L = list('spam')
```
자료형 생성자 함수 호출을 통해 임의의 반복 내에 있는 모든 아이템의 리스트를 생성한다.

```
L = [x ** 2 for x in range(9)]
```
반복 중인 표현식 결과를 수집하여 리스트를 생성한다(리스트 컴프리헨션).

연산

연산은 모든 시퀀스 연산을 포함하며(표 3 참고), 모든 가변 시퀀스 연산도 포함한다(표 4 참고). 그에 더해 다음의 리스트 고유 메서드도 지원하는데, *L*은 임의의 리스트 객체를 나타낸다.

L.append(*X*)

　*L*의 끝에 객체 *X* 하나를 삽입한다. 리스트는 즉시 변환된다.

L.extend(*I*)

　임의의 반복 *I*의 각 아이템을 *L*의 끝에 삽입하며, *L*은 즉시 변환된다(+ 즉시 변환처럼). *L*[len(*L*):] = *I*와 유사하다. *I*의 모든 아이템을 앞에 추가하고 싶으면 *L*[:0] = *I*를 사용한다.

L.sort(key=None, reverse=False)

　*L*을 즉시 정렬하며, 오름차순을 기본으로 한다. key가 주어지면, 각 리스트 요소로부터 비교 값을 추출하거나 산출하는 데 사용되

는 한 인자의 함수를 지정한다. reverse가 전달되고 그것이 참이면, 리스트 요소들은 역으로 정렬된다(예: L.sort(key=str.lower, reverse=True)). 176쪽 "내장 함수"의 sorted()도 참고하자.

L.reverse()

L의 아이템들의 순서를 역으로 즉시 변환한다. 175쪽 "내장 함수"의 reversed()도 참고하자.

L.index(X[, i[, j]])

L에서 객체 X가 처음 존재하는 곳의 인덱스를 반환하고, 찾지 못하면 예외를 발생시킨다. 이것은 검색 메서드인데, 만약 i와 j가 전달되면 L[k] == X와 i <= k < j를 만족시키는 가장 작은 k가 반환된다. j가 설정되지 않은 경우, 기본값은 len(L)이다.

L.insert(i, X)

L의 오프셋 i에 객체 X 하나를 삽입한다(양 혹은 음의 i에 대한 L[i:i] = [X]처럼). 임의의 반복 I의 오프셋 i에 모든 아이템을 삽입하기 위해서는 L[i:i] = I를 사용한다.

L.count(X)

L 안에서 발견되는 X의 개수를 반환한다.

L.remove(X)

L에서 처음 존재하는 객체 X를 삭제한다. X를 찾지 못하면 예외를 발생시킨다. del L[L.index(X)]와 같다.

L.pop([i])

L의 마지막(혹은 오프셋 i) 아이템을 삭제하고 반환한다. 스택 구현 시 append()와 함께 유용하게 쓰인다. x=L[i]; del L[i];

return x와 같다. *i*는 설정되지 않은 경우 마지막 아이템을 의미하는 –1을 기본값으로 가진다.

L.clear()

*L*로부터 모든 아이템을 제거한다. 3.3 이상의 3.X 버전에서만 사용할 수 있다.

L.copy()

*L*의 최상위(얕은) 복사본을 만든다. 3.3 이상의 3.X 버전에서만 사용할 수 있다.

 파이썬 2.X에서 리스트 정렬 메서드 용법은 다음과 같다.

L.sort(cmp=None, key=None, reverse=False)

cmp는 두 개의 인자를 가지는 비교 함수인데, 작거나 같거나 큰 결과를 나타내기 위해 0보다 작거나 같거나 큰 값을 반환한다. 3.X에서는 정렬 값을 매핑하거나 정렬 순서를 뒤집을 때 보편적으로 사용됐기 때문에 비교 함수(cmp)가 삭제됐으며, 리스트 정렬 메서드는 남은 두 인자만 지원한다.

리스트 컴프리헨션 표현식

대괄호에 둘러싸인 리스트 리터럴([...])은 표현식의 간단한 리스트거나 다음과 같은 리스트 컴프리헨션 표현식일 수 있다.

```
[expr for target1 in iterable1 [if condition1]
      for target2 in iterable2 [if condition2] ...
      for targetN in iterableN [if conditionN] ]
```

리스트 컴프리헨션은 결과 리스트를 생성한다. 그것들은 각각의 생략 가능한 *condition*이 참인 모든 중첩 for 루프의 각 반복에 대해 *expr* 표현식의 모든 값을 모은다. 두 번째부터 N번째까지의 for 루프와 모든 if 부분은 생략 가능하며, *expr*과 각 *condition*은 중첩된 for 루프에 의해 대입된 변수를 사용할 수 있다. 리스트 컴프리헨션 내부에 바인딩된(대입된) 이름들은 2.X의 컴프리헨션 표현식을 포함하는 범위 내에서 생성되지만, 3.X의 컴프리헨션에 국한된다. 컴프리헨션들은 임의로 중첩될 수 있다.

컴프리헨션은 map() 내장 함수와 유사하다(3.X에서 map()은 결과를 생성하고 그것을 표시하기 위해 list()를 필요로 하는데, 둘 다 자체 반복이 가능하기 때문이다. 2.X에서 map()은 리스트를 반환한다)

```
>>> [ord(x) for x in 'spam']
[115, 112, 97, 109]
>>> list(map(ord, 'spam'))      # 3.X에서는 list()를 사용
[115, 112, 97, 109]
```

그러나 컴프리헨션은 임시 헬퍼 함수를 생성하지 않을 수 있다.

```
>>> [x ** 2 for x in range(5)]
[0, 1, 4, 9, 16]
>>> list(map((lambda x: x ** 2), range(5)))
[0, 1, 4, 9, 16]
```

조건과 함께 사용되는 컴프리헨션은 filter()와 유사하다(3.X에 한해 반복도 가능하다).

```
>>> [x for x in range(5) if x % 2 == 0]
[0, 2, 4]
>>> list(filter((lambda x: x % 2 == 0), range(5)))
[0, 2, 4]
```

중첩 for 루프와 함께 사용되는 컴프리헨션은 일반 for 문과 유사하다.

```
>>> [x + y for x in range(3) for y in [10, 20, 30]]
[10, 20, 30, 11, 21, 31, 12, 22, 32]

>>> res = []
>>> for x in range(3):
...     for y in [10, 20, 30]:
```

```
...         res.append(x + y)
...
>>> res
[10, 20, 30, 11, 21, 31, 12, 22, 32]
```

반복 프로토콜

반복 프로토콜은 컬렉션의 아이템들이나 즉시 생성된 결과들을 자동으로 둘러보기 위해 모든 반복 컨텍스트가 사용하는 객체나 메서드의 집합을 정의하는데, 이는 컴프리헨션, for 루프문, map()과 filter() 같은 내장 함수를 포함한다. 반복은 다음과 같이 동작한다.

- 반복 컨텍스트는 __iter__() 메서드를 가지는 반복 객체에서 동작한다.
- 호출 시, 반복 객체의 __iter__() 메서드는 __next__() 메서드를 가지는 객체인 이터레이터를 반환한다(아마도 같은 객체).
- 호출 시, 반복 객체의 __next__() 메서드는 반복 중 다음 아이템을 반환하거나 반복을 끝내기 위해 StopIteration 예외를 발생시킨다.

이 밖에도, 매뉴얼 반복 루프 단순화와 이식성 레이어 역할을 위해 iter(*X*) 내장 함수는 반복 객체의 *X*.__iter__() 메서드를 호출하며, next(*I*) 내장 함수는 이터레이터의 *I*.__next__() 메서드를 호출한다. map() 내장이나 제너레이터 표현식 같은 몇몇 도구는 (그 주제에 대한) 반복 컨텍스트이며 또한 (그 결과에 대한) 반복 객체이다. 앞, 뒤 절을 참고하기 바란다.

클래스는 iter(*X*) 내장 연산을 가로채기 위한 __iter__() 메서드를 제공할 수 있다. __iter__() 메서드가 정의됐다면 그 결과는 반복 컨텍스트의 결과로 진입하는데 사용되는 __next__() 메서드를 포함한다. __iter__()가 정의되지 않았다면 IndexError가 발생될 때까지 반복하기 위한 대체물로 __getitem__() 인덱싱 메서드가 사용된다.

파이썬 2.X에서 *I*.__next__() 이터레이터 객체 메서드는 *I*.next()
지만 반복은 동일하게 동작한다. next(*I*) 내장 함수는 2.6과 2.7에서
I.__next__() 대신 *I*.next() 메서드를 호출한다. 그것은 3.X의 2.X에
대한 호환성 및 2.X의 3.X에 대한 호환성을 높인다.

제너레이터 표현식

파이썬 2.4부터, 제너레이터 표현식은 모든 결과를 유지하기 위해 물
리적인 리스트를 생성하지 않는 리스트 컴프리헨션과 비슷한 효과를
얻는다. 제너레이터 표현식은 결과 집합을 정의하지만, 메모리 절약을
위해 전체 리스트를 구성하지는 않는다. 그 대신에 제너레이터 표현
식은 이전 절에 나온 반복 프로토콜을 자동으로 지원하는 반복 컨텍스
트의 요소를 하나씩 반환하는 제너레이터 객체를 생성한다. 예를 들면
다음과 같다.

```
ords = (ord(x) for x in aString if x not in skipStr)
for o in ords:
    ...
```

제너레이터 표현식은 대괄호보다는 소괄호로 코딩되는 컴프리헨션이
지만, 그 이외의 모든 리스트 컴프리헨션 문법을 지원한다. 함수에 전
달될 반복을 생성할 때 단일 인자 함수를 위한 괄호를 사용하면 된다.

```
sum(ord(x) for x in aString)
```

파이썬 2.X 혹은 3.X 모두 제너레이터 표현식 루프 변수(예: 앞 예시
의 x)는 제너레이터 표현식 밖에서 접근할 수 없다. 2.X에서 리스트 컴
프리헨션은 루프 변수를 그것의 마지막 값으로 대입되도록 허용한다.
그러나 다른 모든 컴프리헨션들은 변수를 표현식 내부로 지역화한다.
파이썬 3.X에서 루프 변수는 모든 컴프리헨션 형식에서 표현식 내부
로 지역화된다.

for 루프처럼 반복 컨텍스트 외부 결과로 진입하기 위해서 3.X의
I.__next__() 메서드(파이썬 2.X에서는 I.next() 메서드)나 파이썬
2.X나 3.X 모두에서 적절한 메서드를 호출해 주는 next(I) 내장 함수
를 사용한다. 필요할 경우 모든 (남은) 결과를 한번에 산출하기 위해
list() 호출을 사용한다(제너레이터는 자체 이터레이터이므로 자체
__iter__()를 호출해도 무방하지만 불필요하다).

```
>>> squares = (x ** 2 for x in range(5))
>>> squares
<generator object <genexpr> at 0x027C1AF8>

>>> iter(squares) is squares            # 선택적 __iter__() 가능
True
>>> squares.__next__()                  # 메서드 (2.X는 .next)
0
>>> next(squares)                       # 내장 (3.X, 2.6+)
1
>>> list(squares)                       # StopIteration까지
[4, 9, 16]
```

제너레이터 표현식에 의해 사용되는 메커니즘을 더 자세히 알려면 58
쪽 "반복 프로토콜"을, 제너레이터 객체 생성 관련 제너레이터 함수는
100쪽 "yield문"을 참고하자.

기타 컴프리헨션 표현식

이 책의 다른 부분에서 딕셔너리와 집합 컴프리헨션도 참고하도록 하
자(61쪽 "딕셔너리"와 73쪽 "집합" 절). 이것들은 딕셔너리와 집합을
한번에 생성하는 유사 표현식들이다. 그것들은 리스트 컴프리헨션 및
제너레이터 표현식과 동일한 문법을 지원하지만, {} 안에 코딩되며,
딕셔너리 컴프리헨션은 키:값 표현식 쌍으로 시작된다.

```
>>> [x * x for x in range(10)]          # 리스트 컴프리헨션
[0, 1, 4, 9, 16, 25, 36, 49, 64, 81]
```

```
>>> (x * x for x in range(10))          # 제너레이터 표현식
<generator object <genexpr> at 0x009E7328>

>>> {x * x for x in range(10)}          # 집합: 3.X, 2.7
{0, 1, 4, 81, 64, 9, 16, 49, 25, 36}

>>> {x: x * x for x in range(10)}       # 딕셔너리: 3.X, 2.7
{0: 0, 1: 1, 2: 4, 3: 9, 4: 16, 5: 25, 6: 36, 7: 49,
8: 64, 9: 81}
```

딕셔너리

딕셔너리는 (위치가 아닌) 키에 의해 접근되는 객체 참조의 가변(변경 가능한) 매핑이다. 딕셔너리는 키를 값에 매핑하는 무순서 테이블이며, 이 딕셔너리의 내부는 동적으로 확장 가능한 해시 테이블로 구현됐다. 파이썬 딕셔너리는 3.X 안에서도 차이점이 상당히 많다.

- 파이썬 2.X에서 keys()/values()/items() 메서드는 리스트를 반환한다. has_key()는 조회 메서드이고 iterkeys()/itervalues()/iteritems()는 반복 메서드다. 그리고 딕셔너리들은 직접 비교가 가능하다. 파이썬 2.7부터 역이식된 3.X의 딕셔너리 컴프리헨션을 사용할 수 있으며, viewkeys()/viewvalues()/viewitems() 메서드를 통해 3.X 스타일의 뷰가 지원된다.

- 파이썬 3.X에서 keys()/values()/items() 메서드는 리스트 대신 반복 뷰 객체를 반환한다. has_key()는 in 표현식으로 바뀌었고, 파이썬 2.X 반복 메서드는 뷰 객체 반복으로 바뀌었다. 딕셔너리들은 서로를 직접 비교할 수는 없지만 sorted(D.items())를 통해서는 비교 가능하다. 그리고 새로운 딕셔너리 컴프리헨션 표현식이 존재한다.

- 파이썬 3.X의 뷰 객체는 결과를 즉시 생산하며, 딕셔너리의 원래 순서를 유지한다. 앞으로의 딕셔너리 변경을 반영하여 집합 연산

을 지원할 수도 있다. 키 뷰는 집합과 비슷하고, 아이템 뷰도 그것의 아이템들이 유일하고 해싱 가능하면(불변이면) 집합과 비슷하다. 그러나 값 뷰는 그렇지 않다. 일부 뷰에 적용할 수 있는 집합 표현식에 대해 자세히 알아보려면 73쪽 "집합"을 참고하자. 한번에 결과를 생성하기 위해 list() 호출에 뷰를 전달한다(예: 표출을 위해서나 리스트의 *L*.sort() 적용을 위해).

리터럴과 생성

딕셔너리 리터럴은 중괄호 안에서 쉼표로 구분된 일련의 키:값 쌍으로 쓰이며, dict() 내장은 다른 생성 패턴을 지원한다. 그리고 딕셔너리 컴프리헨션은 파이썬 3.X와 2.7에서 반복을 사용한다. 새 키를 대입하면 새 엔트리를 생성한다.

임의의 불변 객체는 딕셔너리의 키가 될 수 있다(예를 들어 문자열, 숫자, 튜플). 그리고 클래스 인스턴스들은 해싱 프로토콜 메서드를 상속하면 키가 될 수 있다(137쪽 "연산자 오버로딩 메서드"의 __hash__ 참고). 튜플 키는 복합 값을 지원한다(예: 생략 가능한 소괄호와 함께 사용된 adict[(M,D,Y)]).

`{}`

빈 딕셔너리(집합 아님).

`{'spam': 2, 'eggs': 3}`

두 개의 아이템을 가진 딕셔너리: 'spam'과 'eggs'는 키, 2와 3은 값.

`D = {'info': {42: 1, type(''): 2}, 'spam': []}`

중첩된 딕셔너리: D['info'][42]은 1을 가져온다.

`D = dict(name='Bob', age=45, job=('mgr', 'dev'))`

자료형 생성자로 키워드 인자를 전달하여 딕셔너리 생성.

```
D = dict(zip('abc', [1, 2, 3]))
```
자료형 생성자로 키/값 튜플 쌍을 전달하여 딕셔너리 생성.

```
D = dict([['a', 1], ['b', 2], ['c', 3]])
```
앞줄과 같은 효과: 임의의 키와 값의 반복을 받아들인다.

```
D = {c.upper(): ord(c) for c in 'spam'}
```
(파이썬 3.X와 2.7의) 딕셔너리 컴프리헨션 표현식. 전체 문법에 대해서는 56쪽 "리스트 컴프리헨션 표현식"을 참고하자.

연산

연산은 다음 딕셔너리 고유의 메서드를 포함한 모든 매핑 연산을 포함하며(표 5 참고), D는 임의의 딕셔너리 객체를 나타낸다.

D.keys()

D의 모든 키들. 파이썬 2.X에서는 리스트를 반환한다. 파이썬 3.X에서는 앞에서 설명된 반복 뷰 객체를 반환한다. for K in D 또한 키 반복을 내부에서 지원한다.

D.values()

D에 저장된 모든 값. 파이썬 2.X에서는 리스트를 반환한다. 파이썬 3.X에서는 앞에서 설명된 반복 뷰 객체를 반환한다.

D.items()

D의 각 엔트리 중 하나인 (키, 값) 형태의 튜플 쌍. 파이썬 2.X에서는 리스트를 반환한다. 파이썬 3.X에서는 앞에서 설명된 반복 뷰 객체를 반환한다.

D.clear()

D로부터 모든 아이템을 제거한다.

D.copy( )

    *D*의 얕은(최상위) 복사본을 반환한다.

D.update(*D2*)

    for (k, v) in *D2*.items( ): *D*[k] = v와 유사하게 *D2*의 모든 엔트
리를 *D*로 즉시 병합한다. 파이썬 2.4 이후 버전에서 키워드 인자는
물론 키/값 쌍의 반복도 받는다(예: *D*.update(*k1=v1, k2=v2*)).

D.get(*K*[, *default*])

    키 *K*에 대한 *D*[*K*]와 유사하지만, *D*에서 *K*를 찾을 수 없을 때 예외
를 발생시키는 대신 *default*를 반환한다(만약 *default*가 없으면
None을 반환).

D.setdefault(*K*, [, *default*])

    D.get(*K*, *default*)와 동일하지만 키 *K*를 *D*에서 찾을 수 없으면 키
*K*를 *default*로 대입한다.

D.popitem( )

    임의의 (키, 값) 튜플 쌍을 제거하고 반환한다.

D.pop(*K*[, *default*])

    D 안에 키 *K*가 있으면, *D*[*K*]를 반환하고 *K*를 제거한다. 반면에 *D*
안에 *K*가 없으면 *default*가 주어졌을 경우 그것을 반환하거나,
*default*가 없을 경우 KeyError를 발생시킨다.

dict.fromkeys(*I*[, value])

    반복 *I*의 키로 새 딕셔너리를 생성하고 각 집합의 값을 *value*로 한
다(기본값은 None). 인스턴스 *D*나 자료형 이름이 dict인 경우 호출
할 수 있다.

다음 메서드들은 파이썬 2.X에서만 사용할 수 있다.

D.has_key(K)

　D가 키 K를 가지면 True를 반환하고, 그렇지 않으면 False를 반환한다. 이 메서드는 파이썬 2.X에서만 K in D와 같다. 그러나 파이썬 3.X에서 제거됐기 때문에 일반적으로 사용을 권하지 않는다.

D.iteritems(), D.iterkeys(), D.itervalues()

　각각 키/값 쌍 반복, 키 반복, 값 반복을 반환한다. 파이썬 3.X에서는 items(), keys(), values()가 반복 뷰 객체를 반환하기 때문에 이것들은 제거됐다.

D.viewitems(), D.viewkeys(), D.viewvalues()

　2.7부터 사용할 수 있다. 3.X의 items(), keys(), values()가 반환하는 뷰 객체를 모방하기 위해 각각 키/값 쌍 반복 뷰 객체, 키 반복 뷰 객체, 값 반복 뷰 객체를 반환한다.

다음 연산은 표 5에서 설명했지만 앞의 메서드들과 관계가 있다.

K in D

　D가 키 K를 가지면 True를 반환하고, 그렇지 않으면 False를 반환한다. 파이썬 3.X에서 has_key()를 대체한다.

for K in D

　D의 키 K를 반복한다(모든 반복 컨텍스트). 딕셔너리는 직접 반복을 지원한다. for K in D는 for K in D.keys()와 유사하다. 전자는 딕셔너리 객체의 키 반복을 사용한다. 파이썬 2.X에서 keys()는 약간의 오버헤드를 초래하는 새 리스트를 반환한다. 파이썬 3.X에서 keys()는 물리적으로 저장된 리스트 대신 반복 뷰 객체를 반환한다.

튜플

튜플은 오프셋(위치)에 접근하는 객체 참조의 불변 시퀀스다.

리터럴과 생성

튜플 리터럴은 소괄호 안에 쉼표로 구분된 일련의 값으로 쓰인다. 때때로 소괄호를 생략할 수 있다(예: for 루프 헤더나 = 대입).

()
> 빈 튜플.

(0,)
> 한 개의 아이템을 가진 튜플(일반 표현식 아님).

(0, 1, 2, 3)
> 네 개의 아이템을 가진 튜플.

0, 1, 2, 3
> 네 개의 아이템을 가진 튜플의 또 다른 형태(앞줄과 동일). 다른 부분에 명확한 쉼표나 괄호가 있으면 유효하지 않다(예: 2.X의 함수 인자 출력).

T = ('spam', (42, 'eggs'))
> 중첩된 튜플: T[1][1]는 'eggs'를 가져온다.

T = tuple('spam')
> 자료형 생성자 함수 호출을 통해, 임의 반복 내의 모든 아이템으로부터 튜플을 생성한다.

연산

파이썬 2.6, 3.0과 이후의 버전에서 모든 시퀀스 연산(표 3 참고)을 포함한 다음의 튜플 고유 메서드를 지원한다.

T.index(X[, i[, j]])

튜플 T에서 처음 존재하는 객체 X의 인덱스를 반환한다. X를 찾지 못하면 예외를 발생시킨다. 이것은 검색 메서드이다. 만약 i와 j가 전달되면 T[k] == X와 i <= k < j를 만족시키는 가장 작은 k가 반환된다. j가 설정되지 않으면 기본값은 len(T)이다.

T.count(X)

T 안에서 발견되는 X의 개수를 반환한다.

파일

내장 open() 함수는 파일 객체를 생성하며, 가장 일반적인 외부 파일 인터페이스이다. 파일 객체는 다음 절의 데이터 전송 메서드를 익스포트하는데, 파일 내용은 파이썬 문자열로 표현된다. 이것은 부분적으로 리스트의 성격을 띤다. 보다 적게 사용되는 호출과 속성을 알고 싶다면 파이썬 매뉴얼을 참고하도록 하자.

파이썬 2.X에서만 파일 객체를 생성할 때 open()의 동의어로 file()을 사용할 수 있다. 그러나 open() 사용을 추천한다. 파이썬 3.X에서는 더 이상 file()을 사용할 수 없다(io 모듈의 클래스들은 파일 사용자 지정을 위해 사용된다).

파일 생성에 대해 더 자세한 사항을 알고 싶다면 168쪽 "내장 함수"의 open() 함수를 참고하자. 텍스트와 이진 파일의 차이점, 또 그와 관련하여 파이썬 3.X에 포함된 문자열 자료형 차이에 관한 내용을 보려면 48쪽 "유니코드 문자열"을 참고하자.

이와 연관된 파일 도구들은 이 책의 뒷부분에서 다룬다. 251쪽 "객체 지속성 모듈"에서 dbm, shelve, pickle을, 226쪽 "os 시스템 모듈"

에서 os 모듈 파일 서술자 기반 파일 함수와 238쪽 os.path 딕셔너리 경로 도구를 참고하면 된다. 또 272쪽 "json 모듈"에서 JSON 파일 저장소를, 277쪽 "파이썬 SQL 데이터베이스 API"에서 SQL 데이터베이스 사용법을 참고하자.

소켓을 파일처럼 동작하는 객체로 변환하기 위한 *socketobj.*makefile(), 문자열을 파일처럼 동작하는 객체로 변환하기 위한 io.StringIO(*str*), 여기 설명된 파일 객체 인터페이스 API와 호환 가능한 io.BytesIO(*bytes*)(파이썬 2.X에서는 StringIO.StringIO(str)) 또한 파이썬 매뉴얼을 참고하자.

입력 파일

infile = open(*filename*, 'r')

명명된 외부 파일로 연결한 입력 파일 객체를 생성한다. *filename*은 대개 문자열이며(예: 'data.txt'), 만약 파일명이 디렉터리 경로 접두사(예: r'c:\dir\data.txt')를 포함하지 않았을 경우 현재 작업 디렉터리를 매핑한다. 두 번째 인자는 파일 모드를 제공한다. 'r'은 텍스트를 읽고, 'rb'는 줄바꿈 변환 없는 이진 파일을 읽는다. 모드는 생략 가능하며 기본값은 'r'이다. 파이썬 3.X의 open()은 텍스트 모드에서 선택적 유니코드 인코딩명도 받아들인다. 2.X의 codecs.open()는 유사한 도구를 가진다.

infile.read()

전체 파일을 읽는 데 사용하며, 모든 내용을 한 개의 문자열로 반환한다. 텍스트 모드 ('r')에서 무설정 시 라인 엔드는 '\n'로 변환된다. 이진 모드('rb')에서 결과 문자열은 출력 불가능한 문자(예: '\0')를 포함할 수 있다. 파이썬 3.X에서 텍스트 모드는 유니코드 텍스트를 str 문자열로 디코딩하며, 이진 모드는 bytes 문자열의 변경되지 않은 내용을 반환한다.

infile.read(*N*)

최대 *N* 바이트를 더 읽는다(한 개가 될 수도 있고 그 이상도 될 수 있다). end-of-file일 경우 빈 값을 가진다.

infile.readline()

다음 라인(end-of-line 표시까지)을 읽는다. end-of-file일 경우 빈 값을 가진다.

infile.readlines()

전체 파일을 읽어 라인 문자열 리스트를 만든다. 다음 리스트 아이템에 언급된 파일 객체의 라인 이터레이터 대안을 참고한다.

for *line* in *infile*

파일 라인으로 자동으로 진입하기 위한 파일 객체 *infile*의 라인 이터레이터를 사용한다. for 루프, map(), 컴프리헨션(예: [line.rstrip() for line in open('*filename*')])을 포함한 모든 반복 컨텍스트에 사용 가능하다. for *line* in *infile* 반복은 for *line* in *infile*.readlines()와 비슷한 효과를 가진다. 그러나 라인 이터레이터 버전은 전체 파일을 메모리에 로딩하는 대신 요청이 있을 때 라인을 가져온다. 따라서 더 공간 효율적이다.

출력 파일

outfile = open(*filename*, 'w')

(앞 절에서 설명한) *filename*으로 명명된 외부 파일로 연결한 출력 파일 객체를 생성한다. 'w' 모드는 텍스트를 쓰며, 'wb'는 줄 바꿈 변환을 하지 않는 이진 데이터를 쓴다. 파이썬 3.X의 open()은 텍스트 모드에서 선택적 유니코드 인코딩명도 받아들인다. 2.X의

codecs.open()는 유사한 도구를 가진다.

outfile.write(*S*)

포매팅 적용 없이 문자열 S의 모든 내용을 파일에 쓴다. 텍스트 모드에서 '\n'는 무설정 시 플랫폼 고유의 라인 엔드 표시 시퀀스로 변환된다. 이진 모드에서 문자열은 출력 불가능한 바이트(예: 다섯 바이트의 문자열을 쓰기 위해 'a\0b\0c'을 사용하고, 그중 둘은 이진 0이다)를 포함할 수 있다. 파이썬 3.X의 텍스트 모드에서는 str 유니코드 문자열이 필요하고, 그것들이 쓰일 때 인코딩을 한다. 그리고 이진 모드에서는 bytes 문자열이 변경되지 않고 쓰인다.

outfile.writelines(*I*)

반복 I의 모든 문자열을 파일로 쓴다. 자동으로 라인 엔드 문자를 포함하지 않는다.

모든 파일

file.close()

자원을 반환하기 위해 파일을 수동으로 닫는다(최근의 CPython은 가비지 컬렉터가 파일을 수집할 때 그것이 아직 열려있으면 자동으로 닫는다). 72쪽 "파일 컨텍스트 관리자"의 파일 객체 컨텍스트 관리자도 참고하자.

file.tell()

파일의 현재 위치를 반환한다.

file.seek(*offset*[, *whence*])

임의 접근을 위해 현재 파일 위치를 *offset*으로 설정한다. *whence*는 0(앞으로부터 오프셋), 1(현재 위치로부터 +/- 오프셋), 2(끝으로부터 오프셋)로 설정할 수 있다. 무설정 시 *whence*의 기본값은 0이다.

file.isatty()

파일이 tty 같은 (대화식의) 장치에 연결된 경우 True를 반환하고, 그렇지 않으면 False를 반환한다(예전의 파이썬 버전에서는 1 혹은 0을 반환할 수 있다).

file.flush()

파일의 stdio 버퍼를 비운다. 다른 프로세스나 사람이 읽기 위한 버퍼링된 파이프에 유용하며, 같은 프로세스 안에서 생성되고 읽히는 파일에도 유용하다.

file.truncate([*size*])

최대 *size* 바이트까지 파일을 자른다(*size*가 전달되지 않으면 현재 위치까지 자른다). 모든 플랫폼에서 사용 가능한 것은 아니다.

file.fileno()

파일을 나타내는 파일 숫자(파일 서술자 정수)를 얻는다. 이것은 os 모듈의 도구들에 전달할 수 있도록 파일 객체를 파일 서술자로 변환한다. 파일 서술자를 파일 객체로 변환하기 위해서는 os.fdopen()이나 3.X의 open()을 사용한다.

기타 파일 속성(일부는 읽기 전용)

file.closed

파일이 빈 상태면 True

file.mode

open() 함수로 전달되는 모드 문자열(예: 'r')

file.name

해당 외부 파일 문자열 이름

파일 컨텍스트 관리자

표준 파이썬(CPython)에서는 파일 객체가 아직 열려있을 때 가비지 컬렉터에 의해 수집되면 파일 객체 스스로 닫는다. 임시 파일(예: open('name').read())을 명시적으로 닫을 필요는 없으며, 파일 객체는 즉시 회수되고 닫힌다. 그러나 다른 파이썬 구현들(예: Jython)은 파일을 덜 적극적으로 모으거나 닫을 수 있다.

코드 블록에서 나간 후 파일을 닫는 것을 보장하기 위해, 블록의 예외 발생 여부와는 무관하게 try/finally 문을 사용하여 수동으로 파일을 닫는다.

```
myfile = open(r'C:\misc\script', 'w')
try:
    ...myfile 사용...
finally:
    myfile.close()
```

아니면 파이썬 3.X와 2.X(2.6과 3.0부터)에서 사용할 수 있는 with/as 문을 사용한다.

```
with open(r'C:\misc\script', 'w') as myfile:
    ...myfile 사용...
```

전자는 종료 시간 작업으로 닫기 호출을 삽입한다. 후자는 둘러싼 코드 블록에서 나갈 때 파일이 자동으로 닫히도록 보장하는 파일 객체 컨텍스트 관리자를 사용한다. 더 자세한 확인을 위해 "문장과 문법" 112쪽 try 문과 118쪽 with 문을 참고한다.

파일 사용 시 주의 사항

• 일부 파일 열기 모드(예: 'r+')는 파일에 입력과 출력을 모두 허용한다. 그리고 다른 종류(예: 'rb')는 라인 엔드 표시 변환을 하지 못하도록 이진 모드를 지정한다(파이썬 3.X에서는 유니코드 인코딩도

포함). 168쪽 "내장 함수"의 open()을 참고하자.

- 파일 전송 연산은 현재 파일 위치에서 발생하지만, seek() 메서드 호출은 임의 접근을 위해 파일 위치를 변경한다.

- 파일 전송은 버퍼링되지 않은 상태로 할 수 있다. 168쪽 "내장 함수"의 open() 인자 및 6쪽 "파이썬 명령 옵션"의 -u 명령 라인 플래그를 참고하기 바란다.

- 파이썬 2.X는 xreadlines() 파일 객체 메서드 또한 포함하는데, 그 것은 파일 객체의 자동 라인 이터레이터와 동일하게 동작한다. 파이썬 3.X에서는 중복으로 보아 삭제됐다.

집합

집합은 유일하고 불변적인 객체의 가변(변경 가능한) 무순서 컬렉션이다. 집합은 합집합 및 교집합 같은 수학적인 집합 연산을 지원한다. 집합은 시퀀스가 아니고(무순서적이고), 매핑이 아니다(값을 키에 매핑하지 않는다). 그러나 집합은 반복을 지원하고 값이 없는(키만 있는) 딕셔너리처럼 동작한다.

리터럴과 생성

파이썬 2.X와 3.X에서 결과 집합의 멤버가 될 아이템으로 구성된 반복을 전달하여 set() 내장 함수를 호출하면 집합을 생성할 수 있다. 파이썬 3.X와 2.7에서 집합은 {...} 집합 리터럴 및 집합 컴프리헨션 표현식 문법으로도 생성될 수 있다. set()으로도 빈 집합을 만들거나({}는 빈 딕셔너리를 의미한다), 존재하는 객체로부터 집합을 구성할 수 있다.

집합은 가변형이지만 집합 내의 아이템은 불변형이어야 한다. frozenset() 내장은 불변 집합을 생성하며, 다른 집합의 내부에 중첩될 수 있다.

```
set()
```
빈 집합({}는 빈 딕셔너리).

```
S = set('spam')
```
네 개의 아이템을 가진 집합. 값은 `'s'`, `'p'`, `'a'`, `'m'`(임의의 반복
을 받는다)이다.

```
S = {'s', 'p', 'a', 'm'}
```
네 개의 아이템을 가진 집합. 앞 줄과 동일(파이썬 3.X와 2.7에서).

```
S = {ord(c) for c in 'spam'}
```
집합 컴프리헨션 표현식(파이썬 3.X와 2.7에서). 전체 문법에 대
해서는 56쪽 "리스트 컴프리헨션 표현식"을 참고하자.

```
S = frozenset(range(-5, 5))
```
-5부터 4까지 열 개의 정수로 구성된 고정(불변) 집합.

연산

다음은 가장 유명한 집합 연산들에 대한 설명인데, *S*, *S1*, *S2*는 임의
의 집합을 의미한다. 대부분의 표현식 연산에는 두 개의 집합이 필
요하지만, 그것들의 메서드 기반 대체물들은 다음에서 other로 표시
된 임의의 반복을 허용한다(예: {1, 2} | [2, 3]는 실패하지만, {1,
2}.union([2, 3])는 동작한다). 다음 목록은 대표적인 것들을 뽑은 것
이며 완전한 목록은 아니다. 사용 가능한 집합의 완전한 목록을 보고
싶으면 파이썬 라이브러리 레퍼런스를 참고하기 바란다.

x in *S*

멤버십. 집합 *S*가 *x*를 포함하면 True를 반환한다.

S1 - S2, S1.difference(*other*)

차집합. *S1*에 있으면서 *S2*(혹은 *other*)에 없는 아이템을 포함하는 새로운 집합이다.

S1 | S2, S1.union(*other*)

합집합. *S1*과 *S2*(혹은 *other*) 양쪽 모두의 아이템을 중복되지 않게 포함하는 새로운 집합이다.

S1 & S2, S1.intersection(*other*)

교집합. *S1*과 *S2*(혹은 *other*) 양쪽 모두에 존재하는 아이템을 포함하는 새로운 집합이다.

S1 <= S2, S1.issubset(*other*)

부분집합. *S1* 안에 있는 모든 요소가 *S2*(혹은 *other*) 안에도 있는지 검사한다.

S1 >= S2, S1.issuperset(*other*)

상위집합. *S2*(혹은 *other*) 안에 있는 모든 요소에 대해 *S1* 안에도 있는지 검사한다.

S1 < S2, S1 > S2

진부분집합 및 진상위집합. *S1*과 *S2*가 완전히 다른지도 검사한다.

S1 ^ S2, S1.symmetric_difference(*other*)

대칭차집합. *S1* 혹은 *S2*(혹은 *other*)에 포함되지만, 둘 다에 포함되지는 않는 요소로 구성된 새로운 집합이다.

S1 |= S2, S1.update(*other*)

업데이트(고정 집합은 제외). *S1*에 *S2*(혹은 *other*)의 아이템을 추가한다.

S.add(x), S.remove(x), S.discard(x), S.pop(), S.clear()

업데이트(고정 집합은 제외). 나열된 순서대로 아이템을 추가하고, 값에 따라 아이템을 제거하고, 아이템이 존재하면 제거하고, 임의의 아이템을 제거한 후 반환하고, 모든 아이템을 제거한다.

len(S)

길이. 집합의 아이템 개수다.

for x in S

반복. 모든 반복 컨텍스트다.

S.copy()

S의 최상위(얕은) 복사본을 만든다. set(S)와 같다.

기타 자료형 및 변환

파이썬 코어 내장 자료형은 다음에 설명된 불린, 거짓(false)임을 나타내는 객체인 None, 연산자 오버로딩 메서드에 사용되는 NotImplemented, 3.X의 ... 리터럴에 의해 생성되는 Ellipsis, type() 내장 함수 및 파이썬 3.X의 클래스에 의해 접근되는 자료형들, 함수, 모듈, 클래스(파이썬의 모든 런타임과 퍼스트 클래스 객체)를 포함하는 프로그램 단위 자료형을 포함한다.

불린

bool이라고 명명한 불린 자료형은 내장 범위에 True, False라 명명한 미리 정의된 상수 두 개를 제공한다(2.3 버전부터 사용 가능). True와 False는 많은 경우에서 각각 정수 1과 0이 미리 대입된 것처럼 취급될 수 있다(예: True + 3은 4다). bool 자료형은 정수 자료형 int의 하위 클래스이지만, 인스턴스를 다르게 출력하도록 바꾼다(True는 "1"

이 아닌 "True"로 출력되며, 논리 테스트의 내장 니모닉명(mnemonic name)으로 사용될 수 있다.).

자료형 변환

표 10과 11은 한 자료형을 다른 자료형으로 변환하기 위한 내장 도구 목록을 다룬다. 여기 나오는 모든 것들은 새 객체를 만든다(그것들은 즉시 변환 컨버터가 아니다). 파이썬 2.X은 3.X에서 제거된 long(S) (long으로 변환) 및 'X'(문자열로 변환) 컨버터도 제공한다. 아래 표들에 나온 도구에 대해 좀 더 알아보기 위해 24쪽 "숫자" 및 31쪽 "문자열 포매팅" 절을 참고하자.

컨버터	변환 대상	변환 결과
list(*X*), [*n* for *n* in X] [13]	문자열, 튜플, 임의의 반복	리스트
tuple(*X*)	문자열, 리스트, 임의의 반복	튜플
''.join(*X*)	문자열의 반복	문자열

표 10 시퀀스 컨버터

컨버터	변환 대상	변환 결과
eval(*S*)	문자열	표현식 문법을 가지는 임의의 객체
int(*S*[, *base*]), float(*S*)[14]	문자열 혹은 숫자	정수, 부동 소수점

13 리스트 컴프리헨션 형식은 list()보다 느릴 수 있다(혹은 느리지 않을 수도 있다). 그리고 그것은 이 한정된 변환 컨텍스트에서 모범 사례로 볼 수 없을 수도 있다. 파이썬 2.X에서 map(None, *X*)은 이 컨텍스트의 list(*X*)와 같은 효과를 가진다. 하지만 파이썬 3.X에서는 이 형식의 map()은 제거됐다.

14 2.2 버전 이후로 컨버터 함수들(예: int(), float(), str())은 클래스 생성자 기능도 제공하고 하위 클래스화될 수도 있다. 파이썬 3.X에서는 모든 자료형이 클래스이며, 모든 클래스가 type 클래스의 인스턴스다.

repr(*X*), str(*X*)	임의의 파이썬 객체	문자열(코드로는 repr, 사용자 읽기 용도로는 str)
F % *X* , F.format(*X*), format(*X*, [*F*])	포맷 코드와 함께 쓰인 객체	문자열
hex(*X*), oct(*X*), bin(*X*), str(*X*)	정수 자료형	16진수, 8진수, 이진수, 10진수 문자열
ord(*C*), chr(*I*)	문자, 정수 코드	정수 코드, 문자

표 11 문자열/객체 컨버터

문장과 문법

이 절에서는 문법과 변수명에 관련된 규칙을 설명한다.

문법 규칙

다음은 파이썬 프로그램을 작성하기 위한 일반적인 규칙들이다.

제어 흐름

문장은 코드 내의 다른 곳으로 분기하기 위해 제어 흐름 문장(예: if, while, for, raise, 호출 등)이 사용되지 않는 한 순차적으로 실행된다.

블록

중첩된 블록은 문장을 모두 같은 정도로 들여써 구분하는데, 스페이스나 탭을 개수 제한 없이 일관성 있게 사용한다. 중첩된 블록은 간단한 (비복합) 문장만으로 구성된 경우, 그 문장 헤더와 같은 라인에 쓸 수 있다(헤더의 : 문자 다음에).

가장 중요한 규칙은 바로 이것이다. 정해진 블록은 탭이나 스페이스 중 하나만을 사용해 들여써야 한다. 둘의 조합은 공식적으로 다음 두 가지 규칙에 따라 분석된다. (1) 탭 하나는 열 번호를 다음 8의 배수로 이동시키기에 충분한 스페이스로 간주한다. (2) 각각의 탭을 하나의 스페이스로 집계하여 추가적인 불일치를 탐지한다.

파이썬 2.X에서는 1번 규칙을 만족하면 탭과 스페이스의 조합이 허용된다. 그러나 탭과 스페이스를 혼합하는 것은 권하지 않는다. 에러가 발생하기 쉽고 투명성을 떨어뜨리기 때문이다. 2번 규칙에 일치하지 않는 경우, 탭과 스페이스의 조합을 표시하기 위해 –t나 –tt 옵션을 사용할 수 있다(8쪽 "파이썬 명령 라인 사용법" 참고). 파이썬 3.X에서는 1번 규칙과 2번 규칙을 둘 다 만족할 경우 탭과 스페이스의 조합이 허용되지만, 그렇지 않은 경우는 항상 에러가 발생한다(2.X의 –tt 옵션과 동일).

예를 들어 3.X와 2.X 모두 2 스페이스, 1 탭, 2 스페이스로 들여쓴 (1번 규칙: 10, 2번 규칙: 5) 외부 블록은 1 탭과 5 스페이스로 들여쓴(1번 규칙: 13, 2번 규칙: 6) 내부 블록을 허용한다. 2 탭과 1 스페이스로 들여쓴(1번 규칙: 17, 2번 규칙: 3) 내부 블록은 2.X에 선 기본적으로 동작하지만(1번 규칙), 3.X에서는 실패한다(2번 규칙). 유지 가능한 코드는 일반적으로 이런 이상야릇한 규칙에 의존하지 않아야 한다. 탭이나 스페이스 중 하나만을 일관성 있게 사용하도록 하자.

문장

문장은 라인이 끝날 때 함께 끝난다. 그러나 라인이 \와 함께 끝나거나, (), [], {} 쌍이 닫히지 않았거나, 삼중 따옴표 문자열이 닫히지 않은 경우 여러 라인을 통해 계속 진행될 수 있다. 여러 개의 간단한 문장들은 세미콜론(;)으로 나누어 한 라인에 쓸 수 있다.

주석

주석은 임의의 열에서 #로 시작되며 (문자열 상수에 포함되지 않고) 라인의 끝까지 영향을 미친다. 주석은 파이썬 인터프리터가 무시한다.

문서화 문자열

함수나 모듈 파일이나 클래스가 문자열 리터럴(아마도 # 주석 뒤에)로 시작하면, 그 문자열 리터럴은 객체의 __doc__ 속성에 저장된다. 163쪽 "내장 함수"의 help()를 참고하도록 하고, 자동화된 추출과 표출 도구에 대해서는 파이썬 라이브러리 레퍼런스의 pydoc 모듈과 스크립트를 참고하자. 파이썬 3.2부터 python -m pydoc -b 는 PyDoc의 브라우저 기반 인터페이스를 실행한다(이전 릴리스에서 GUI 모드를 사용하기 위해서는 -b 대신 -g를 사용한다).

공백

코드의 왼쪽에 있을 때만 의미가 있으며, 블록을 묶기 위해 들여쓰기가 사용된다. 빈 라인과 스페이스는 토큰 구분 기호와 문자열 상수 내부로 사용되는 경우를 제외하면 무시되며, 생략할 수 있다.

이름 규칙

이 절에서는 프로그램 내의 사용자 정의 이름(변수)에 대한 규칙을 설명한다.

이름 포맷
구성

사용자 정의 이름은 문자나 밑줄(_)로 시작하는데, 그 다음에 임의 개수의 문자, 숫자, 밑줄이 뒤따라올 수 있다.

예약어

사용자 정의 이름은 표 12에 나온 파이썬 예약어와 같으면 안 된다.[15]

대소문자 구분

사용자 정의 이름과 예약어는 항상 대소문자를 구분한다. SPAM, spam, Spam은 모두 다른 이름이다.

사용되지 않는 토큰

파이썬 문법은 $과 ? 문자를 사용하지 않지만, 문자열 상수와 주석에는 사용할 수 있다. 문자열 안에서, $는 템플릿 치환의 특수 문자이며(39쪽 "템플릿 문자열 치환" 참고), $과 ?는 패턴 매칭의 특수 문자이다(242쪽 "re 패턴 매칭 모듈" 참고).

생성

사용자 정의 이름은 대입에 의해 생성되며, 참조 시 반드시 존재해야 한다(예를 들어, 카운터는 반드시 명시적으로 0으로 초기화돼야 한다). 14쪽 "원자적 용어와 동적 타이핑"과 121쪽 "이름 공간과 범위 규칙"을 참고하자.

False	class	finally	is	return
None	continue	for	lambda	try
True	def	from	nonlocal	while
and	del	global	not	with
as	elif	if	or	yield
assert	else	import	pass	

---

15 그러나 이 규칙은 CPython 구현 외에는 절대적이지도 않고 엄격하지도 않다. 예를 들어 Jython 자바 기반 시스템은 일부 문맥에서 예약어를 변수로 사용할 수 있도록 허용한다.

break	except	in	raise

표 12 파이썬 3.X 예약어

 파이썬 2.X에서 print와 exec는 내장 함수가 아닌 문장 형식이므로 둘 다 예약어다. 또한, 파이썬 2.X에서 nonlocal, True, False는 예약어가 아니다. 그 중 nonlocal은 사용이 불가능하고 True, False는 단순 내장명이다. with와 as는 2.6과 3.0부터 예약됐으나, 초기 2.X 릴리스에서는 컨텍스트 관리자가 명시적으로 활성화되어 있지 않으면 그렇지 않았다. yield는 2.3부터 예약됐다. 처음엔 문장에서 나중에는 표현식으로 점진적으로 변화됐지만, 아직 예약어로 남아있다.

이름 관례

• 두 개의 밑줄로 시작하고 끝나는 이름(예: __init__)은 인터프리터에 특별한 의미가 있다. 그러나 예약어는 아니다.

• 한 개의 밑줄로 시작하고(예: _X), 모듈의 최상위에 대입된 이름은 from...* 임포트에 의해 복사되지 않는다(107쪽 "from 문"과 126쪽 "의사 프라이빗 속성" 절의 __all__ 모듈 익스포트 이름 목록도 참고하자). 다른 상황에서는 내부 이름을 위한 비공식적인 관례이기도 하다.

• class 문 안에서 두 개의 밑줄로 시작하지만, 끝에는 밑줄이 없는 이름(예: __X)은 그것을 포함한 클래스의 이름이 접두사가 된다(127쪽 "의사 프라이빗 속성" 참고).

• 밑줄 한 개로 된 이름(_)은 대화식 인터프리터에서만 마지막 평가의 결과를 저장하는 데 사용된다.

• 내장 함수와 예외명(예: open, SyntaxError)은 예약명이 아니다. 그것들은 마지막으로 검색된 범위 안에 남고 현재 범위 내의 내장 의미를 숨기기 위해(일명 '섀도'라고 한다) 다시 할당될 수 있다(예:

```
open = myfunction).
```

- 클래스명은 대개 대문자로 시작하고(예: MyClass), 모듈은 대개 소
  문자로 시작한다(예: mymodule).
- 클래스 메서드 함수의 첫(가장 왼쪽) 인자는 매우 강한 관례로 대개
  self로 명명된다.
- 모듈명은 디렉터리 검색 경로 스캔을 따라 분해된다. 의도적이건
  아니건 경로의 앞에 있는 이름은 같은 이름의 다른 것들을 감출 수
  있다(103쪽 "import 문" 참고).

파이썬 문

이번 절에서는 모든 파이썬 문에 관해 설명한다. 각 문장의 문법 형식
목록을 기입하고, 상세한 용법을 알아볼 것이다. 복합문으로 구성된
한 개나 여러 개의 다른 문장을 의미하는 문장 형식의 각 묶음은, 헤더
라인 밑에 블록으로 들여쓰게 될 것이다. 한 묶음이 다른 복합문(if,
while 등)을 포함하면 그것은 헤더 밑에서 반드시 들여써야 한다. 그
렇지 않으면, 그것은 문장 헤더와 같은 라인에 나타날 수 있다. 다음은
둘 다 유효한 생성이다.

```
if x < 42:
    print(x)
    while x: x = x - 1

if x < 42: print(x)
```

다음 항에서는 파이썬 3.X와 2.X에 공통적인 세부 사항에 대해 다룬
다. 2.X 관련 상세 사항에 대해 알고 싶다면 이 절의 마지막에 있는
"파이썬 2.X 문"(120쪽)을 참고하기 바란다.

대입문

```
target = expression
target1 = target2 = expression
target1, target2 = expression1, expression2
target1 += expression

target1, target2, ...  = same-length-iterable
(target1, target2, ...) = same-length-iterable
[target1, target2, ...] = same-length-iterable
target1, *target2, ...  = matching-length-iterable
```

모든 대입은 대상에 객체 참조를 저장한다. 대입문은 앞에서 제시한 명시적 문법 포맷을 통해 대입을 요청한다.

- 표현식은 객체를 생산한다.
- 대상은 단순히 이름(X)일 수도 있고 제한적 속성(X.attr)일 수도 있으며, 인덱스나 슬라이스(X[i], X[i:j:k])일 수도 있다.
- 대상 내의 변수는 미리 선언되지 않지만, 표현식에서 사용되기 전에 대입돼 있어야 한다(14쪽 "원자적 용어와 동적 타이핑" 참고).

앞에 나온 첫 번째 포맷은 기본 대입이다. 두 번째 포맷은 다중 대상 대입으로, 같은 표현식 결과 객체를 각 대상에 대입한다. 세 번째 포맷은 튜플 대입으로, 왼쪽에서 오른쪽으로 대상들을 표현식과 짝짓는다. 네 번째 포맷은 증강 대입인데, 연산에 대입을 더하기 위한 약칭이다(다음 절 참고).

마지막 네 가지 포맷은 시퀀스 대입인데, 임의의 시퀀스 요소나 다른 반복을 왼쪽에서 오른쪽으로 상응하는 대상에 대입한다. 오른쪽에 있는 반복은 어떠한 자료형이어도 상관없지만, 단일 별표 이름(*X)이 왼쪽 대상에 마지막 포맷처럼 있지 않다면 반드시 같은 길이라야 한다. 확장 시퀀스 대입으로 알려진 이 마지막 포맷은 파이썬 3.X에서만 사용할 수 있고, 많은 아이템을 임의로 수집하기 위해 별표 이름을 허

용한다(86쪽 "확장 시퀀스 대입(3.X)" 참고).¹⁶

대입은 다른 상황에서 암시적으로 발생할 수도 있다(예: for 루프 변수나 함수 인자 전달). 그리고 일부 대입 문 포맷은 다른 곳에 적용한다(예: for의 시퀀스).

증강 대입

추가로 사용할 수 있는 대입문 포맷 한 세트가 표 13에 있다. 증강 대입으로 알려진 이 포맷은 이항식에 대입을 더한다. 예를 들어, 다음 두 포맷은 대체적으로 같다.

```
X = X + Y
X += Y
```

그러나 두 번째 포맷에서 X를 가리키는 참조는 즉시 연산을 적용하여 최적화된 연산을 수행하기 위해 한 번은 평가돼야 한다(예를 들어, *list1* += *list2*는 +에 의한 느린 연결 연산 대신 *list1*.extend(*list2*)을 자동으로 호출한다). 클래스에서 i로 시작하는 메서드 이름을 즉시 대입으로 오버로딩할 수 있다(예를 들어 +=는 __iadd__()를, +는 __add__()를 오버로딩한다). *X //= Y*(바닥 나눗셈) 포맷은 2.2 버전부터 추가됐다.

X += Y	X &= Y	X -= Y	X |= Y
X *= Y	X ^= Y	X /= Y	X >>= Y
X %= Y	X <<= Y	X **= Y	X //= Y

표 13 증강 대입문

---

16 시퀀스 대입은 대상의 중첩된 시퀀스에 대입되기 위해 중첩된 값의 컬렉션을 허용한다. (((a,b),c)=([1,2],3)). 파이썬 2.X에 한해, 이 패턴은 함수 헤더 인자를 위해서도 사용될 수 있다.

일반 시퀀스 대입

파이썬 2.X와 3.X에서는 길이만 같다면 임의의 시퀀스나 값의 반복은 어떠한 시퀀스 이름에도 대입될 수 있다. 이 기본적인 시퀀스 대입 형식은 대부분의 대입 상황에서 제대로 동작한다.

```
>>> a, b, c, d = [1, 2, 3, 4]
>>> a, d
(1, 4)

>>> for (a, b, c) in [[1, 2, 3], [4, 5, 6]]:
...     print(a, b, c)
...
1 2 3
4 5 6
```

확장 시퀀스 대입(3.X)

파이썬 3.X에서 시퀀스 대입은 임의의 다수 아이템을 가진 컬렉션을 허용하도록 기능이 확장됐다. 대입 대상의 한 변수 앞에 별표를 붙이는 방식인데, 이것을 사용하면 시퀀스 길이는 맞을 필요가 없으며, 별표 이름이 길이가 맞지 않는 모든 아이템을 새로운 리스트에 모은다.

```
>>> a, *b = [1, 2, 3, 4]
>>> a, b
(1, [2, 3, 4])

>>> a, *b, c = (1, 2, 3, 4)
>>> a, b, c
(1, [2, 3], 4)

>>> *a, b = 'spam'
>>> a, b
(['s', 'p', 'a'], 'm')

>>> for (a, *b) in [[1, 2, 3], [4, 5, 6]]:
...     print(a, b)
...
1 [2, 3]
4 [5, 6]
```

파이썬 3.5나 그 이후 버전에서의 별표 일반화는 어떨까? 파이썬 3.3과 그 이전 버전에서는 특별한 *X와 **X 문법 형식은 다음 세 가지 경우에 나타날 수 있다. 첫째, 시퀀스 대입에서 매칭되지 않는 아이템들을 모으는 *X가 있는 대입문. 둘째, *X와 **X가 매칭되지 않는 위치 및 키워드 인자를 모으는 역할을 하는 함수 헤더. 셋째, *X와 **X가 반복이나 딕셔너리를 개별 아이템(인자)으로 푸는 역할을 하는 함수 호출.

파이썬 3.4에서 개발자들은 데이터 구조 리터럴에도 적용할 수 있도록 이 별표 문법을 일반화하는 것을 검토했으며, 원래 함수 호출에서 그것이 동작하는 방식과 매우 유사하게, 컬렉션을 개별 아이템으로 풀 수 있도록 했다. 특히, 이 별표 문법은 튜플, 리스트, 집합, 딕셔너리, 컴프리헨션에서도 사용할 수 있다.

```
[x, *iter]                    # iter 아이템들 풀기: 리스트
(x, *iter), {x, *iter}        # 튜플, 집합도 같음
{'x': 1, **dict}              # dict 아이템들 풀기: 딕셔너리
[*iter for iter in x]         # iter 아이템들 풀기: 컴프리헨션
```

이것은 대입문, 함수 헤더, 함수 호출의 원래 세 가지 기능에 대한 추가 기능이다. 별표 문법 사용과 관련된 제약들이 아직 일부 있을 수 있다. 이 제안된 변경은 이번 판이 출판되기 바로 전에 3.4까지 연기됐으며, 불확실한 상태로 남아있다. 이는 2008년부터 계속 논의됐고, 파이썬 3.5나 그 이후 버전까지 재고되지 않을 것이며, 전혀 나타나지 않을 수도 있다. 따라서 세부 사항 확인을 위해서는 파이썬 "What's New" 문서를 확인하기 바란다.

식(式) 문

```
expression
function([value, name=value, *name, **name...])
object.method([value, name=value, *name, **name...])
```

어떠한 표현식이건 문장으로 나타날 수 있다(예를 들어, 그 자체가 한 라인에). 반대로 문장은 다른 어떠한 표현식 문맥에서도 나타날 수 없다(예를 들어, 대입문은 결과가 없고, 중첩될 수 없다).

식 문은 유용한 반환값이 없는 함수 및 메서드의 호출이나 대화 모

드 출력에 자주 사용된다. 또한, 식 문은 yield 표현식과 파이썬 3.X print() 내장 함수 호출에 매우 빈번하게 사용된다.

호출 문법

함수와 메서드 호출에서 실제 인자들은 쉼표로 구분되고, 함수 def 헤더에 있는 인자와 위치에 의해 매칭된다. 호출 시엔 이름=값 키워드 인자 문법을 사용하여 전달된 값을 받기 위해 함수의 특정 인자 이름을 기입할 수 있다. 키워드 인자는 위치 대신 이름에 의해 매칭된다.

임의 인자 호출 문법

특별한 별표 문법 또한 컬렉션을 매우 많은 개별 인자로 풀기 위해 함수 및 메서드 호출 인자 리스트에 사용할 수 있다. *pargs*와 *kargs*이 각각 반복과 딕셔너리라면 다음과 같이 쓸 수 있다.

    f(*pargs, **kargs)

이 포맷은 *pargs* 반복으로부터의 위치 인자 및 *kargs* 딕셔너리로부터의 키워드 인자와 함께 함수 f를 호출한다. 예를 들면 다음과 같다.

```
>>> def f(a, b, c, d): print(a, b, c, d)
...
>>> f(*[1, 2], **dict(c=3, d=4))
1 2 3 4
```

이 문법은 def f(*pargs, **kargs) 같은 함수 헤더 임의 인자 문법과 대칭이 되도록 의도된 것으로, 매칭되지 않는 인자를 모은다. 호출 시 별표 아이템들은 개별 인자로 풀리고, 순서 규칙에 부합하여 다른 위치 인자와 키워드 인자에 연결된다(예: g(1, 2, foo=3, bar=4, *pargs, **kargs)).

파이썬 2.X에서는 apply() 내장 함수로 유사한 효과를 얻을 수 있지만 파이썬 3.X에서는 제거됐다.

```
apply(f, pargs, kargs)
```

호출 문법에 대한 세부 사항을 알고 싶다면 표 15를 포함한 95쪽 "def 문"을 참고하자.

print 문

파이썬 3.X에서 표준 출력 스트림으로 텍스트를 출력하는 것은 식 문으로 흔히 코딩되는(예를 들어, 그 자체가 한 라인에) 내장 함수 호출 형식을 가진다. 그 호출 용법은 다음과 같다.

```
print([value [, value]*]
      [, sep=str] [, end=str]
      [, file=object] [, flush=bool])
```

각각의 *value*는 객체를 생산하는 표현식이며, 그것의 str() 문자열이 출력된다. 이 호출은 네 개의 생략 가능한 키워드용 인자로 설정될 수 있다(생략되거나 None이 전달되면 기본값이 적용된다).

sep

value들 사이에 둘 문자열(기본값은 스페이스: ' ')이다.

end

출력되는 텍스트의 끝에 둘 문자열(기본값은 뉴라인: '\n')이다.

file

텍스트가 쓰일 파일 유사 객체(기본값은 표준 출력: sys.stdout)이다.

flush

출력 스트림 비우기를 활성화/비활성화하기 위해 참/거짓을 전달
한다(파이썬 3.3부터 기본값은 False이다).

sep와 end가 표시되지 않도록 빈 문자열을 전달하거나, 스페이스 구분
기호 및 라인 피드를 오버라이딩하기 위해 사용자 지정 문자열을 전달
한다. 스크립트의 출력을 리디렉션 하기 위해 file에 파일이나 파일 유
사 객체를 전달한다(67쪽 "파일" 참고).

```
>>> print(2 ** 32, 'spam')
4294967296 spam

>>> print(2 ** 32, 'spam', sep='')
4294967296spam

>>> print(2 ** 32, 'spam', end=' '); print(1, 2, 3)
4294967296 spam 1 2 3

>>> print(2 ** 32, 'spam', sep='',
...                      file=open('out', 'w'))
>>> open('out').read()
'4294967296spam\n'
```

기본적으로 print 연산은 sys.stdout에 의해 현재 참조된 객체의
write() 메서드를 단순 호출하기 때문에, 다음은 print(X)와 동일하다.

```
import sys
sys.stdout.write(str(X) + '\n')
```

print 텍스트를 파일이나 클래스 객체로 리디렉션하기 위해, 앞에서
본 file 키워드 인자에 write() 메서드와 함께 임의의 객체를 전달하거
나, sys.stdout을 임의의 객체로 다시 대입한다(67쪽 "파일" 참고).

```
sys.stdout = open('log', 'a')  # write()를 가지는 객체
print('Warning-bad spam!')     # 객체의 write()로 전달
```

sys.stdout이 다시 대입될 수 있으므로 file 키워드 인자가 꼭 필요하
진 않다. 그러나 그것을 통해 종종 명시적인 write() 메서드 호출을 피
할 수 있으며, 원래 스트림이 아직 필요할 때 리디렉션된 print 연산을
피해 원래 sys.stdout 값을 저장하거나 복원하는 수고를 덜 수 있다.
3.X의 print()에 대해 더 자세하게 알고 싶다면 173쪽 "내장 함수"를
참고하자.

파이썬 2.X print 문

파이썬 2.X에서 출력은 내장 함수가 아니고 다음 형식의 특정문이다.

```
print [value [, value]* [,]]
print >> file [, value [, value]* [,]]
```

파이썬 2.X print 문은 표준 출력 스트림(sys.stdout의 현재 설정)에
각 value의 출력 가능한 표현을 전달하며, 값들 사이에 스페이스를 추
가한다. 리스트의 끝에 보통 추가되는 후행 쉼표는 라인 피드를 생략
하도록 하는데, 이것은 파이썬 3.X의 출력 함수에 end=' ' 를 사용하
는 것과 같다.

```
>>> print 2 ** 32, 'spam'
4294967296 spam

>>> print 2 ** 32, 'spam',; print 1, 2, 3
4294967296 spam 1 2 3
```

또한, 파이썬 2.X print 문은 sys.stdout 대신에 텍스트를 출력할 파일
유사 객체를 지정할 수 있다.

```
fileobj = open('log', 'a')
print >> fileobj, "Warning-bad spam!"
```

만약 파일 객체가 None이면 sys.stdout이 사용된다. 이 파이썬 2.X >>
문법은 파이썬 3.X의 file=F 키워드 인자와 같다. 파이썬 2.X에 sep=S

와 같은 것은 없지만, 라인들은 단일 아이템으로 미리 포매팅되고 출력될 수 있다.

소괄호는 2.X의 print에서 정상적으로 동작하지만, 다중 아이템을 위해 튜플을 생성한다. 파이썬 2.X에서 파이썬 3.X 출력 함수를 사용하기 위해서 다음 줄을 대화 세션에서 실행하거나 스크립트의 상단에 위치시킨다. 이것은 3.X와의 호환성 및 2.X와의 역호환성을 위해 2.X와 3.X에서 공통으로 사용될 수 있다.

```
from __future__ import print_function
```

if 문

```
if test:
    suite
[elif test:
    suite]*
[else:
    suite]
```

if 문은 한 개 혹은 그 이상의 작업들(문장 블록들) 중에서 선택하는 역할을 한다. 첫 if 혹은 elif 테스트 중 참인 것의 묶음을 실행하며, 모든 테스트가 거짓이면 else 묶음을 실행한다. elif와 else 부분은 생략 가능하다.

while 문

```
while test:
    suite
[else:
    suite]
```

while 루프는 최상위의 테스트가 참이면 첫 묶음의 실행을 유지하는 일반적인 루프다. 첫 묶음 내부에서 루프가 break 문을 실행하지 않고 끝나면 루프를 빠져나갈 때 선택적 else 묶음을 한 번 실행시킨다.

for 문

```
for target in iterable:
    suite
[else:
    suite]
```

for 루프는 *iterable* 내의 아이템을 *target*으로 대입하고 첫 묶음을 각각에 대해 실행하는 시퀀스(혹은 다른 반복) 반복이다. for 문은 첫 묶음 내부에서 루프가 break 문을 실행하지 않고 끝나면, 루프를 빠져 나갈 때 선택적 else 묶음을 한 번 실행시킨다. target은 = 대입문의 왼쪽에 나타날 수 있는 것이면 무엇이든 상관없다(예: for (x, y) in tuplelist).

파이썬 2.2부터 iter(*iterable*)과 함께 이터레이터 객체 *I*를 얻기 위한 첫 번째 시도로 동작하며, 그 후에 StopIteration이 발생될 때까지 그 객체의 __next__() 메서드를 거듭해서 호출한다(*I*.__next__()는 파이썬 2.X에서 *I*.next()로 명명된다). 만약 이터레이터 객체를 얻을 수 없으면(예를 들어 __iter__ 메서드가 정의되지 않은 경우), 이 것은 IndexError가 발생될 때까지 더 높은 오프셋의 *iterable*을 거듭해서 인덱싱한다.

반복은 for 루프 문장, 컴프리헨션, map()을 포함한 파이썬 내의 다양한 상황에서 발생한다. for 루프나 다른 반복 컨텍스트에서 사용되는 메커니즘을 알고 싶다면 58쪽 "반복 프로토콜"을 참고하자.

pass 문

```
pass
```

이것은 아무것도 실행하지 않는 부분을 표시하기 위해 사용하는 문장으로, 문법적인 필요에 의해 사용된다(예를 들어, 빈 함수의 몸체). 파이썬 3.X에서는 생략으로 유사한 효과를 얻을 수 있다.

break 문

```
break
```

이것은 가장 가까운(가장 안쪽) while이나 for 루프 문장을 즉시 빠져 나가는데, 이때 연관된 else는 건너뛴다. 다중 루프를 빠져나갈 때는 raise와 try 문이 사용될 수 있다.

continue 문

```
continue
```

continue는 가장 가까운 while이나 for 루프 문장의 최상단으로 즉시 이동하며, 루프의 헤더 라인에서 다시 시작한다.

del 문

```
del name
del name[i]
del name[i:j:k]
del name.attribute
```

del 문은 변수, 아이템, 키, 슬라이스, 속성을 삭제한다. 첫 번째 형식 에서 *name*은 변수명이다. 뒤쪽의 형식 세 개에서 *name*은 대상 객체를 평가하는 것이면 어떤 표현식이든 상관없다(필요하면 괄호와 함께 사 용해 우선순위를 잡는다). 예를 들면 del a.b()[1].c.d처럼 사용할 수 있다.

이 문장은 메모리 관리보다는 주로 데이터 구조를 위해 사용되며, 이전에 참조된 객체에 대한 참조를 제거한다. 그렇게 해서 어디서도 참조되지 않는 객체는 가비지 컬렉터에 의해 수집(회수)된다. 그러나 가비지 컬렉션은 자동으로 수행되며, 보통 del에 의한 강제적 수행은 필요하지 않다.

def 문

```
[decoration]
def name([arg,... arg=value,... *arg, **arg]):
    suite
```

def 문은 새로운 함수나 클래스 메서드를 만든다. 그것은 함수 객체를 생성하고, 생성된 함수 객체를 *name* 변수에 대입한다. 각각의 함수 객체 호출은 새로운 지역 범위를 생성하며, 대입된 이름은 기본적으로 함수 호출에 대해 지역적인 성격을 띤다(global로 선언되지 않았거나 3.X의 nonlocal이 선언되지 않았다면). 범위에 대해 좀 더 많은 내용을 알고 싶다면 121쪽 "이름 공간과 범위 규칙"을 참고하자.

인자는 대입에 의해 전달된다. def 헤더에서 인자는 표 14에 있는 네 가지 포맷 중 어느 것으로도 정의할 수 있다. 표 14의 인자형식은 함수 호출에도 사용될 수 있으며, 표 15처럼 해석된다(함수 호출 문법에 대해 더 알아보고 싶다면 88쪽 "식 문" 참고).

인자 포맷	해석
name	이름이나 위치에 의한 매칭
name=value	*name*이 전달되지 않은 경우의 기본값
*name	새로운 *name* 튜플로 여분의 위치 인자 모음
**name	새로운 *name* 딕셔너리로 여분의 키워드 인자 모음
*other, name[=value]	* 다음의 파이썬 3.X 키워드용 인자
*, name[=value]	앞 라인과 같음(다른 *가 없을 때)

표 14 정의 시 인자 포맷

인자 포맷	해석
value	위치 인자
name=value	키워드(이름에 의한 매칭) 인자

*iterable	시퀀스나 다른 위치 인자 반복 풀기
**dictionary	키워드 인자 딕셔너리 풀기

표 15 호출 시 인자 포맷

파이썬 3.X 키워드용 인자

파이썬 3.X는 키워드용 인자를 허용하는 함수 정의를 보편적으로 사용하는데, 키워드에 의해 전달되어야 하고 기본값으로 코딩되지 않은 경우에 필요하다. 키워드용 인자는 * 다음에 코딩되는데, 키워드용 인자가 있고 임의의 위치 인자가 없을 경우 이름 없이 사용될 수 있다.

```
>>> def f(a, *b, c): print(a, b, c)      # 키워드 c 필요
...
>>> f(1, 2, c=3)
1 (2,) 3

>>> def f(a, *, c=None): print(a, c)      # 키워드 c 생략 가능
...
>>> f(1)
1 None
>>> f(1, c='spam')
1 spam
```

파이썬 3.X 함수 어노테이션

파이썬 3.X에서는 인자와 반환값이 확장에 사용할 객체값으로 어노테이션되도록 허용하는 함수 정의를 일반적으로 사용한다. 어노테이션은 인자 이름과 기본값 사이에 :value로 코딩되며, 인자 리스트 다음에는 ->value로 코딩된다. 그것들은 함수의 __annotations__ 속성으로 모이지만, 파이썬 그 자체에서는 특별히 다르게 취급되지 않는다.

```
>>> def f(a:99, b:'spam'=None) -> float:
...     print(a, b)
...
>>> f(88)
88 None
```

```
>>> f.__annotations__
{'a': 99, 'b': 'spam', 'return': <class 'float'>}
```

lambda 표현식

함수는 lambda 표현식 형식을 통해 생성할 수도 있다. lamda 표현식은 새 함수 객체를 생성하고 이것을 한 이름에 대입하는 대신, 나중에 호출할 수 있도록 반환한다.

```
lambda arg, arg,...: expression
```

lambda에서 각 *arg*는 def(표 14)와 같고, *expression*은 추후 호출할 때 나오는 묵시적 반환값이다. *expression* 내의 코드는 호출될 때까지 실행이 효과적으로 지연된다.

```
>>> L = lambda a, b=2, *c, **d: [a, b, c, d]
>>> L(1, 2, 3, 4, x=1, y=2)
[1, 2, (3, 4), {'y': 2, 'x': 1}]
```

lambda는 문장이 아니라 표현식이므로 def를 사용할 수 없는 부분에도 사용할 수 있다(예를 들어, 딕셔너리 리터럴식이나 함수 호출의 인자 리스트 안). lambda는 문장을 실행하는 대신 단일 표현식을 계산하므로, 복잡한 동작에는 어울리지 않는다(복잡한 함수는 def를 사용한다).

함수 기본값과 속성

가변적인 기본 인자값은 매번 호출할 때가 아니라 def 문을 해석할 때 한 번만 평가되므로, 각각의 호출마다 상태를 유지할 수 있다. 그러나 일부에서는 이 동작을 위험한 것으로 보고, 상태 유지 도구로는 클래스나 포함 범위 참조가 더 낫다고 여긴다. 가변형에 대한 명시적 테스트에서 원하지 않는 변경을 피하기 위해서는 아래 주석처럼 None 기본값을 사용한다.

```
>>> def grow(a, b=[]):        # def grow(a, b=None):
...     b.append(a)           #     if b == None: b = []
...     print(b)              #     ...
...
>>> grow(1); grow(2)
[1]
[1, 2]
```

파이썬 2.X와 3.X 모두 상태 유지의 또 다른 형식으로, 함수에 임의의
속성을 첨부하는 기능을 지원한다(속성은 원래 함수 객체마다 상태를
유지하지만, 각 호출이 새 함수 객체를 생성하는 경우에 한해서 호출
마다 상태를 유지한다).

```
>>> grow.food = 'spam'
>>> grow.food
'spam'
```

함수와 메서드 데코레이터

파이썬 2.4부터 다음과 같이 함수를 묘사하는 장식 문법을 함수 정의
앞에 놓을 수 있다. 데코레이터로 알려진 이것은 @과 함께 코딩되며,
함수적 기법을 위한 명시적 문법을 제공한다. 함수 데코레이터 문법은
다음과 같다.

```
@decorator
def F():
    ...
```

이는 다음의 수동적인 이름 리바인딩과 같다.

```
def F():
    ...
F = decorator(F)
```

이는 특정 함수를 호출 가능한 *decorator*로 전달한 후, 돌려받은 결
과에 다시 함수 이름을 리바인딩하는 효과가 있다. 함수 데코레이터

는 함수나 (프락시 객체를 이용한) 추후의 호출을 관리하기 위해 사용된다. 데코레이터는 클래스 내부의 메서드를 포함한 모든 함수 정의에 적용할 수 있다.

```
class C:
    @decorator
    def M():                    # M = decorator(M)과 동일
        ...
```

다음의 중첩 장식이 보다 일반적으로 사용된다.

```
@A
@B
@C
def f(): ...
```

이를 데코레이터로 코딩하지 않으면 다음과 같다.

```
def f(): ...
f = A(B(C(f)))
```

데코레이터는 인자 리스트를 가질 수 있다.

```
@spam(1, 2, 3)
def f(): ...
```

이 경우 spam은 함수를 반환하는 함수여야 하며, 그것을 팩터리 함수라 부른다. 이것의 결과는 실제 데코레이터로 사용되며, 필요에 따라 인자 상태를 유지할 수 있다. 데코레이터는 반드시 함수가 정의된 라인의 앞에 나타나야 하며, 같은 라인에 있을 수는 없다(예를 들어, @A def f(): ... 처럼 단일 라인에 쓰는 것은 금지된다).

데코레이터가 호출 가능한 것들을 받아들이고 반환하기 때문에 property(), staticmethod(), classmethod()를 포함한 일부 내장 함수들을 함수 데코레이터로 사용할 수 있다(155쪽 "내장 함수" 참고).

파이썬 2.6과 3.0 그리고 그 이후 버전에서는 클래스에도 데코레이터 문법을 사용할 수 있다. 111쪽 "class 문"을 참고하자.

return 문

```
return [expression]
```

return 문은 둘러싼 함수에서 빠져나가고 함수를 호출한 결과로 *expression* 값을 반환한다. *expression*이 생략되면 기본값인 None이 되며, return을 통하지 않고 빠져나간 함수의 기본 반환값 또한 None 이다. 여러 값을 가지는 함수의 결과를 위해서는 튜플을 반환한다. 제 너레이터 함수에 사용됐을 때 반환의 특별한 의미 체계를 알고 싶다면 아래의 "yield 문"을 참고하자.

yield 문

```
yield expression            # 모든 파이썬 버전
yield from iterable         # 3.3과 그 이후 버전
```

2.X과 3.X의 yield 표현식은 요청 시 결과를 생성하는 제너레이터 함 수를 정의한다. yield를 포함하는 함수는 특별한 방식으로 컴파일되 는데, 함수 호출 시, 그것은 제너레이터 객체를 생성하고 반환한다. 이 제너레이터 객체는 반복 컨텍스트에서 결과를 제공하기 위한 반복 프 로토콜을 자동으로 지원한다.

이는 흔히 식 문으로 코딩되며(예를 들어, 그 자체가 한 라인에), yield는 함수 상태를 일시 정지하고 *expression* 값을 반환한다. 다음 반복에서 함수의 이전 위치와 변수 상태가 복원되며, 제어는 yield 문 다음에서 바로 재개한다.

반복을 끝내거나 함수 끝으로 가기 위해서는 return 문을 사용한다. 3.3 이전에는 제너레이터 함수 return은 반환값을 줄 수 없었다. 그러

나 3.3부터는 반환값을 제공할 수 있으며, 이는 예외 객체 속성으로 유지된다(102쪽 "파이썬 3.3의 제너레이터 함수 변경 사항" 참고).

```
def generateSquares(N):
    for i in range(N):
        yield i ** 2

>>> G = generateSquares(5)    # __init__, __next__를 가짐
>>> list(G)                   # 지금 결과를 생성
[0, 1, 4, 9, 16]
```

표현식으로 사용됐을 때(예를 들어, A = yield X), yield는 제너레이터의 send() 메서드로 전달된 객체를 호출자에 반환하며, 그것이 =의 오른쪽에 존재하는 단일 아이템이 아닐 경우 괄호로 둘러싸야 한다(예: A = (yield X) + 42). 이 모드에서는 send(*value*)를 호출하여 값을 제너레이터로 보내고, 제너레이터가 재개된 후, yield 표현식은 *value*를 반환한다. 만약 정규 __next__() 메서드나 next() 내장 함수가 사전에 호출되면 yield는 None을 반환한다.

또한, 제너레이터 함수에는 가장 마지막 yield의 제너레이터 안에서 예외를 발생시키기 위한 throw(type) 메서드가 있고, 반복을 끝낼 목적으로 제너레이터 안에서 새 GeneratorExit 예외를 발생시키는 close()메서드가 있다. yield는 2.3과 그 이후 버전부터 표준이 됐으며, 제너레이터 send(), throw(), close() 메서드는 파이썬 2.5부터 사용할 수 있다.

yield를 포함하는 클래스 __iter__() 메서드는 자동으로 만들어진 __next__()가 있는 제너레이터를 반환한다. 제너레이터 함수에 의해 사용되는 메커니즘에 대해서는 58쪽 "반복 프로토콜"을, 제너레이터 객체를 생성하는 데 관련된 도구는 59쪽 "제너레이터 표현식"을 참고하자.

파이썬 3.3의 제너레이터 함수 변경 사항

파이썬 3.X의 3.3부터 이 문장에서 from 절을 지원하는데, 이는 기본적으로 *iterable* 내의 아이템을 단계적으로 처리하는 for 루프에 yield를 적용하는 것과 비슷하다. 좀 더 발전된 역할로, 이 확장은 상위의 호출 범위에서 전달하거나 던진 값을 직접 받기 위한 서브제너레이터를 허용한다.

```
for i in range(N): yield i      # 모든 파이썬 버전
yield from range(N)             # 3.3 및 그 이후 옵션
```

또한, 3.3부터는 제너레이터 함수가 반복을 멈추거나 명시적 return 문으로 빠져나가면, return에서 주어진 어떤 값이든 암시적으로 생성되고 발생된 StopIteration 인스턴스 객체의 값 속성으로 사용할 수 있다. 이 값은 자동 반복에 의해 무시되지만 수동 반복이나 예외에 접근하는 다른 코드에 의해 쿼리될 수 있다(189쪽 "내장 예외" 참고). 파이썬 2.X와 3.3 이전의 3.X 버전에서 제너레이터 함수의 값을 가진 반환은 문법 에러로 취급됐다.

global 문

```
global name [, name]*
```

global 문은 이름 공간을 정의한다. 이것이 클래스나 함수 정의문에서 사용될 때는 그 컨텍스트에서 전역(모듈 레벨) 변수에 대한 참조로 다루어져야 하는 *name*을 정하며, 이때 name이 기존에 대입된 변수인지, 혹은 이미 존재하고 있었던 변수인지는 관계없다.

global 문은 함수나 클래스 안에서 전역 이름을 생성하거나 변경하도록 허용한다. 파이썬의 범위 규칙에 따라 대입된 전역 이름만 선언

해야 하며, 선언되지 않은 이름은 대입할 경우 지역성을 띄지만, 전역 참조는 자동으로 그것을 둘러싼 모듈에 위치한다. 121쪽 "이름 공간과 범위 규칙"을 참고하도록 하자.

nonlocal 문

```
nonlocal name [, name]*
```

파이썬 3.X에서만 사용할 수 있다.

nonlocal 문은 이름 공간을 정의한다. 중첩된 함수의 내부에서 nonlocal 문을 사용하면, 그 컨텍스트에 나타나는 모든 name을 바깥을 둘러싼 함수 범위 내에서 동일한 이름을 가지는 지역 변수 참조로 취급한다. 이때 name의 대입 여부는 무관하다.

name은 이를 포함한 함수에 반드시 존재해야 하고, 이 문장은 중첩 함수에 의한 변경을 허용한다. 파이썬의 범위 규칙에 따라, 대입된 nonlocal 이름만 선언해야 하며, 선언되지 않은 이름은 대입할 경우 지역성을 띄지만, nonlocal 참조는 자동으로 그것을 둘러싼 함수에 위치한다. 121쪽 "이름 공간과 범위 규칙"을 참고하자.

import 문

```
import [package.]* module [as name]
       [, [package.]* module [as name]]*
```

import 문은 모듈 접근 기능을 제공하며, 모듈을 전체적으로 임포트한다. 여러 모듈 중 각 모듈은 **모듈명.속성명**로 가져온 이름을 포함한다. 파이썬 파일 최상위의 대입은 모듈 객체 속성을 생성한다. 선택적 as 절은 변수 name을 임포트된 모듈 객체에 대입하고 원래 module 이름을 제거하는데, 이는 긴 모듈 이름이나 패키지 경로를 위한 짧은 동의어를 제공할 때 유용하다. 선택적 *package* 접두사는 패키지 디렉터리 경로를 표시하는데, 다음 절에서 설명할 것이다.

*module*은 대상 모듈을 명명하며, 대개 파이썬 소스 코드나 컴파일된 바이트 코드 파일이다. *module*은 파일명 확장(예: *.py*)을 빼고 제공하며, *package* 경로에 중첩되어 있지 않다면 일반적으로 모듈 검색 경로 디렉터리에 위치해야 한다.

절대 임포트 경로의 가장 왼쪽 *module*이나 *package* 요소에 대한 모듈 검색 경로는 sys.path이다. 이는 프로그램의 최상위 디렉터리, PYTHONPATH 설정, .pth 경로 파일 내용에 의해 초기화되거나 파이썬 기본값인 디렉터리명 리스트다. 모듈은 중첩 패키지 요소(105쪽 "패키지 임포트" 참고) 및 from 문의 상대 임포트(108쪽 "패키지 상대 임포트 문법" 참고)를 위해 단일 패키지 디렉터리에 대신 위치할 수 있으며, 파이썬 3.3부터 이름 공간 패키지를 찾기 위한 검색 경로는 디렉터리를 임의로 늘릴 수 있다(106쪽 "파이썬 3.3 이름 공간 패키지" 참고).

프로그램에 의해 모듈이 처음 임포트될 때, 그 소스 코드 파일은 필요할 경우 바이트 코드로 컴파일되며(그리고 가능하면 *.pyc* 파일로 저장), 대입을 통해 모듈 객체 속성을 생성하기 위해 처음부터 끝까지 실행된다. 파이썬 2.X와 3.1 그리고 그 이전 버전에서, 바이트 코드 파일은 같은 기본명(예를 들어, *module.pyc*)으로 소스 코드 파일이 있는 디렉터리에 저장된다. 파이썬 3.2 이후부터 바이트 코드는 소스 코드 파일 디렉터리의 __pycache__라는 하위 디렉터리에 버전을 식별할 수 있는 기본명(예: *module.cpython-33.pyc*)으로 저장된다.

그 이후의 임포트는 이미 임포트된 모듈을 사용하지만, imp.reload()(2.X는 reload())는 이미 로딩된 모듈을 다시 임포트하도록 강제한다. 문자열 이름으로 임포트하기 위해서는 163쪽 "내장 함

수"의 import에 의해 사용되는 __import__()와 표준 라이브러리의
importlib.import_module(*modname*)을 참고한다.

표준 CPython에서, 임포트는 외부 언어 이름에 해당하는 속성과 함
께 컴파일된 C와 C++ 확장도 로딩할 수 있으며, 다른 구현에서, 임포
트는 다른 언어의 클래스 라이브러리 또한 지정(사용)할 수 있다(예를
들어, Jython은 자바 라이브러리와 연동하는 파이썬 모듈 래퍼를 생성
할 수 있다).

패키지 임포트

package 접두사 이름은 패키지를 포함하는 디렉터리명을 제공하고,
점으로 구분된 모듈 경로는 디렉터리 계층을 반영한다. import *dir1.*
dir2.mod 형식의 임포트는 일반적으로 디렉터리 경로 *dir1/dir2/mod.py*
의 모듈 파일을 로딩한다. 이때, *dir1*은 모듈 검색 경로상에 기입된 디
렉터리에 포함돼 있어야만 하고(절대 임포트엔 sys.path), *dir2*는 (sys.
path상이 아니라) *dir1* 내부에 위치해야 한다.

정규 패키지에서 임포트문에 기입된 각각의 디렉터리에는 (대부분
의 경우 비어있는) __*init*__.py 파일이 있어야 하는데, 이 파일은 디렉
터리 레벨의 모듈 이름 공간 역할을 한다. 이 파일은 디렉터리를 통한
첫 임포트 시 실행되며, __*init*__.py 파일에 대입된 모든 이름은 디렉터
리 모듈 객체의 속성이 된다. 디렉터리 패키지는 PYTHONPATH의 선형성
에 의해 발생하는 동일 이름 충돌을 해결할 수 있다.

from 문의 패키지 내 참조에 대한 자세한 사항은 108쪽 "패키지 상
대 임포트 문법"을, __*init*__.py 파일이 필요하지 않은 대체 패키지형은
다음 쪽의 "파이썬 3.3 이름 공간 패키지"를 참고하도록 하자.

파이썬 3.3 이름 공간 패키지

파이썬 3.3부터 임포트 연산은 이름 공간 패키지를 인식하도록 확장됐는데, 이는 모듈 검색 경로 엔트리에 한 개 혹은 여러 개의 디렉터리가 중첩된 가상 연결 모듈 패키지다.

이름 공간 패키지는 *__init__.py* 파일을 포함하지 않으며, 포함할 수도 없다. 이름 공간 패키지는 정규 모듈과 패키지의 대체 옵션과 확장 역할을 하며, 검색 경로 스캔 중에 한 개 이상의 디렉터리를 그 이름으로 찾고 다른 곳에서 그 이름을 찾을 수 없을 때만 인식된다. 이 기능은 import 문과 from 문 둘 다에 의해 활성화된다.

임포트 알고리즘

임포트는 이름 공간 패키지와 더불어, 전에 살펴본 일반적인 초기화 단계를 따르지만(예: 이미 임포트된 모듈 및 바이트 코드 파일 확인), 모듈에 대한 검색은 다음과 같은 확장 기능을 가진다.

파이썬은 임포트 중에 모듈 검색 경로 내의 각 디렉터리를 순회하는데, 이는 절대 임포트의 가장 왼쪽 요소와 관련된 sys.path나 상대 임포트 및 패키지 경로의 중첩된 요소에 대한 패키지 위치에 의해 정의된다. 3.3부터 파이썬은 *spam*이란 이름으로 임포트된 모듈이나 패키지를 찾는 중에 다음 순서의 매칭 기준을 테스트한다(앞에서 설명한 3.2의 *__pycache__* 하위 디렉터리를 포함하여, 2번 단계에 수반되는 구체적 내용은 생략한다).

1. *directory\spam__init__.py*를 찾으면 정규 패키지를 임포트하고 반환한다.

2. *directory\spam.{py, pyc, 혹은 다른 모듈 확장}*을 찾으면, 단순 모듈을 임포트하고 반환한다.

3. *directory\spam*을 찾았고 그것이 디렉터리면, 그것을 기록하고 검

색 경로의 다음 디렉터리를 계속 스캔한다.

4. 아무것도 찾을 수 없으면 검색 경로의 다음 디렉터리를 계속 스
   캔한다.

1번이나 2번 단계에서 모듈이나 패키지가 반환되지 않고, 3번 단계에
서 한 개의 디렉터리도 기록되지 않고 검색 경로 스캔이 완료되면, 이
름 공간 패키지가 바로 생성된다. 새로운 이름 공간 패키지는 3번 단
계 스캔 도중 발견되고 기록된 디렉터리 경로 문자열의 반복에 관한
__path__ 속성 집합을 가지지만, __file__은 가지지 않는다.

정규 패키지의 유일한 디렉터리와 같이 더 중첩된 아이템이 요청된
때는 추후 모든 패키지 요소에 접근해 검색할 때 __path__ 속성을 사
용한다. __path__ 속성은 sys.path가 최상위에서 하위 레벨의 요소
에 대해 절대 임포트 경로의 가장 왼쪽 요소를 위해 하는 역할을 동일
하게 수행하며, 똑같은 네 단계 알고리즘을 사용하여 하위 아이템들에
접근하기 위한 상위 경로가 된다.

from 문

```
from [package.]* module import
          [(] name [as othername]
          [, name [as othername]]* [)]

from [package.]* module import *
```

from 문은 import 문처럼 모듈을 임포트하며(앞 절 참고), 제한 없이
사용될 변수명들을 모듈에서 복사한다. 그리고 이는 **속성명**을 통해 접
근할 수 있다. 두 번째 포맷(from ... import *)은 모듈의 최상위 레벨
에 대입된 모든 이름을 복사하는데, 이때 맨 앞에 한 개의 밑줄이 있는
이름이나 모듈의 __all__ 문자열 리스트 속성에 나타나지 않는 것은
제외된다.

as 절이 사용되면 import 문에서 사용된 이름과 동의어를 생성하며, 어떠한 *name* 요소에도 적용될 수 있다. *package* 임포트 경로가 사용되면, 정규 패키지와 3.3의 이름 공간 패키지 양쪽 모두에서 import와 동일하게 동작한다(from *dir1.dir2.mod* import *X*). 이때, (각각의 속성 참조에서가 아니라) from 자체에서 패키지 경로를 한 번은 기입해야 한다. 파이썬 2.4부터 모듈에서 임포트되는 이름은, 괄호 안에 넣으면 백슬래시를 사용하지 않고 여러 라인에 걸쳐 쓸 수 있다(이는 from에만 적용되는 특수 문법이다).

파이썬 3.X에서 from ... import * 형식은 함수나 클래스 안에서는 유효하지 않은데, 파이썬 3.X에서는 함수나 클래스를 정의할 때 이름 범위를 분류하는 것이 불가능하기 때문이다. 범위 규칙에 따라, 2.X 버전 중 2.2부터는 * 포맷도 함수나 클래스 안에 중첩되어 나타나면 경고를 생성한다.

from 문은 from __future__ import *featurename*을 통해 미래에 추가될 언어(아직 정해지지 않은)를 활성화하는 데도 사용할 수 있다. 이 포맷은 모듈 파일의 최상위에 나타나야만 하며(docstring이나 주석만이 그 앞에 올 수 있다), 대화 세션 중에는 아무 때나 사용할 수 있다.

패키지 상대 임포트 문법

파이썬 3.X와 2.X에서, from 문은(import는 제외) 패키지 내 모듈 참조를 위해 모듈 이름 앞에 점들을 사용할 수 있는데, 그것은 패키지 디렉터리에서부터 임포트할 모듈이 있는 곳까지의 상대 경로를 의미한다. 상대 임포트는 초기 모듈 검색 경로를 패키지 디렉터리로 제한한다. 다른 임포트들은 절대 경로이며, 모듈들은 sys.path에 위치한다. 일반적인 문법 패턴은 다음과 같다.

```
from source import name [, name]*          # 절대: sys.path

from . import module [, module]*           # 상대: 패키지 한정
from .source import name [, name]*         # 상대: 패키지 한정

from .. import module [, module]*          # 패키지 내 부모
from ..source import name [, name]*        # 패키지 내 부모
```

이 from 형식에서, *source*는 단순 식별자거나 점으로 구분된 패키지 경로이며, *name*과 *module*은 단순 식별자들이다. 그리고 앞의 점들을 통해 패키지 내의 상대적인 임포트를 식별할 수 있다. (예시에는 없지만) as 개명(rename) 확장 또한 일반 from에서처럼 *name*과 *module*에 대해 동작한다.

점이 앞에 나오는 문법은 파이썬 3.X와 2.X 모두에서 명시적으로 상대적인 패키지 임포트를 수행하기 위해 사용된다. 그러나 파이썬 2.X에서는 앞에 나오는 점 없이 임포트를 하면 패키지 자체 디렉터리를 먼저 검색하는데 비해, 파이썬 3.X는 그렇지 않다. 파이썬 2.6과 그 이후 버전에서 파이썬 3.X의 패키지 임포트 의미 체계를 온전히 사용하고 싶으면 다음 문장을 사용한다.

```
from __future__ import absolute_import
```

sys.path상의 디렉터리에 관해서는 절대적인 패키지 임포트 경로가 더 광범위한 사용 사례를 지원할 수 있다. 따라서 절대적인 패키지 임포트 경로가 파이썬 2.X의 암시적인 패키지의 상대적 임포트나 파이썬 2.X와 3.X의 명시적인 패키지의 상대적 임포트 문법보다 많은 경우 선호된다.

class 문

```
[decoration]
class name [ ( super [, super]* [, metaclass=M] ) ]:
    suite
```

class 문은 새 클래스 객체를 만들며, 이 클래스 객체는 인스턴스 객체를 만드는 팩터리다. 새 클래스 객체는 기입된 *super* 클래스를 순서에 따라 상속하고, *name* 변수로 대입된다. class 문은 새 지역 이름 범위를 만들며 class 문에서 대입된 모든 이름은 그 클래스의 모든 인스턴스에 의해 공유되는 클래스 객체 속성을 생성한다.

　중요한 클래스 기능들은 다음과 같다. 클래스와 OOP에 대해 더 자세히 알고 싶다면 125쪽 "객체 지향 프로그래밍"과 134쪽 "연산자 오버로딩 메서드" 절을 참고하자.

- 새로 만들어지는 클래스는 헤더의 괄호 안에 기입되는 상위 클래스(기본 클래스라고도 불리는)로부터 속성을 상속하게 된다(예: class Sub(Super1, Super2)).
- 문장 내의 대입들은 인스턴스에 의해 상속받은 클래스 속성을 생성한다. 대입문은 단순 클래스 멤버를 만드는 반면에 def 문은 메서드를 만든다.
- 클래스를 호출하여 인스턴스 객체를 생성한다. 각각의 인스턴스 객체는 그 자신의 속성을 가질 수 있으며, 클래스 및 그 클래스의 모든 상위 클래스 속성을 상속한다.
- 메서드 함수는 매우 강한 관례에 의해 특별히 self라 불리는 첫 번째 인자를 받는다. 그것은 메서드 호출의 묵시적 대상인 인스턴스 객체이며, 인스턴스 상태 정보 속성들에 대해 접근할 수 있도록 한다.
- staticmethod()와 classmethod() 내장(buit-in)은 추가적인 종류의 메서드를 지원하며, 파이썬 3.X 메서드는 클래스를 통해 메서드를

호출할 때 단순 함수로 취급할 수 있다.

- 특별히 명명된 __X__ 연산자 오버로딩 메서드는 내장 연산을 가로챈다.
- 클래스는 상태 유지 기능 및 프로그램 구조를 제공하며, 새로운 클래스에서의 사용자 지정을 통한 코드 재사용을 지원한다.

파이썬 3.X, 2.6, 2.7의 클래스 데코레이터

파이썬 2.6과 3.0 그리고 그 이후 버전에서 데코레이터 문법은 함수 정의 외에 클래스문에 적용할 수 있다. 클래스 데코레이터 문법은 다음과 같다.

```
@decorator
class C:
    def meth():
        ...
```

이는 다음의 수동적인 이름 리바인딩과 같다.

```
class C:
    def meth():
        ...
C = decorator(C)
```

그 효과는 호출 가능한 *decorator*에 클래스를 전달한 결과로 클래스 명을 리바인딩하는 것과 같다. 함수 데코레이터처럼 클래스 데코레이터도 중첩할 수 있고, 데코레이터 인자도 지원한다. 클래스 데코레이터는 클래스를 관리하거나 나중에 생기는 인스턴스 생성 호출을 관리하는 데 사용될 수 있다(프록시 객체를 사용하여).

메타클래스

메타클래스는 일반적으로 type 클래스의 하위 클래스이며, 클래스 객체 자체의 생성을 커스터마이징하기 위한 목적으로 사용한다. 예를 들면 다음과 같다.

```python
class Meta(type):
    def __new__(meta, cname, supers, cdict):
        # 이것과 __init__은 type.__call__에 의해 실행
        c = type.__new__(meta, cname, supers, cdict)
        return c
```

파이썬 3.X에서 클래스는 class 헤더에 키워드 인자를 사용하여 메타 클래스를 정의한다.

```python
class C(metaclass=Meta): ...
```

파이썬 2.X에서는, 그 대신 클래스 속성을 사용한다.

```python
class C(object):
    __metaclass__ = Meta
    ...
```

메타클래스 코드는 (클래스 데코레이터처럼) class 문의 말미에 실행된다. class 문에서 메타클래스 메서드로 매핑하는 것은 180쪽 "내장 함수"의 type()을 참고하자.

try 문

```python
try:
    suite
except [type [as value]]:      # 혹은 2.X에서는 [, value]
    suite
[except [type [as value]]:
    suite]*
[else:
    suite]
[finally:
    suite]

try:
    suite
```

```
finally:
    suite
```

try 문은 예외를 잡는다. try 문은 try 묶음 중에서 발생하는 예외에 대한 핸들러 역할을 하는 묶음들로 except 절을 지정할 수 있다. 만약 try 묶음에서 예외가 발생하지 않으면 else 절을 실행하고, 마지막엔 예외 발생 여부에 상관없이 finally 절을 실행한다. except 절은 예외를 잡고 복구하며, finally 절은 종료(블록 나가기) 작업을 실행한다.

예외는 파이썬이 자동으로 발생시킬 수도 있고, raise 문 내의 코드가 명시적으로 발생시킬 수도 있다(115쪽 "raise 문" 참고). except 절에서 *type*은 잡아야 하는 예외 클래스에 대한 표현식이며, 여분의 변수명인 *value*는 발생한 예외 클래스의 인스턴스를 가로채는 데 사용될 수 있다. 표 16은 try 문에서 나타날 수 있는 모든 절에 대해 설명한다.

try는 except나 finally 모두를 갖거나, 적어도 한 개는 가져야 한다. 이들의 순서는 반드시 try → except → else → finally여야 하는데, else와 finally는 생략할 수 있다. except 절은 없을 수도 있고 있을 수도 있는데, else가 있다면 적어도 한 개의 except가 필요하다. finally는 return, break, continue와 정확하게 상호 작용한다. 만약 이들 중 어느 것이라도 try 블록 바깥으로 제어를 내보내면, 즉시 finally 절이 실행된다.

절 포맷	해석
except:	모든 예외를 잡는다
except *type*:	특정 예외를 잡는다
except *type* as *value*:	예외를 잡고 그것의 인스턴스를 얻는다
except (*type1*, *type2*):	예외들 중 하나를 잡는다
except (*type1*, *type2*) as *value*:	예외들 중 하나를 잡고 그것의 인스턴스를 얻는다

else:	예외가 발생하지 않으면 실행한다
finally:	try 문이 끝날 때 항상 실행한다

표 16 try 문 절 포맷

다음 변형도 흔히 사용된다.

except *classname* as *X*:
  클래스 예외를 잡으며, 발생된 인스턴스에 *X*를 대입한다. *X*는 발생된 인스턴스에 첨부된 상태 정보 속성, 출력 문자열, 호출 가능한 메서드 등에 대한 접근을 제공한다. 예전의 문자열 예외에서 *X*는 문자열과 함께 전달된 여분의 데이터에 할당된다(문자열 예외는 파이썬 3.0과 2.6부터 제거됐다).

except (*type1, type2, type3*) as *X*:
  튜플에 명명된 모든 예외를 잡으며, *X*를 여분의 데이터에 대입한다.

파이썬 3.X에서는 as 절 내에 있는 이름 *X*는 except 블록으로 지역화되며, except 블록에서 나가면 제거된다. 2.X에서 이 이름은 블록으로 지역화되지 않는다. 예외가 발생한 후 예외 클래스 및 인스턴스(흔히 자료형과 값으로 부른다)에 접근하는 일반적인 방식을 알아보기 위해서는 206쪽 "sys 모듈"의 sys.exc_info() 호출을 참고하자.

파이썬 2.X try 문 형식

파이썬 2.X에서 try 문은 설명된 대로 동작하지만, except 핸들러 내의 as 절은 쉼표로 대체해 발생된 인스턴스에 접근한다. 2.6 및 2.7에서는(3.X 버전 호환성을 위해) as와 쉼표 둘 다 동작하지만, 2.X의 초기 버전에는 as가 없다.

except *classname*, X:

클래스 예외를 잡으며, 발생된 인스턴스에 X를 대입한다(2.5 이후부터 as 사용).

except (*name1*, *name2*, *name2*), X:

모든 예외를 잡으며, X를 여분의 데이터에 대입한다(2.5 이후부터 as 사용).

raise 문

파이썬 3.X에서, raise 문은 다음과 같은 형식을 갖는다.

```
raise instance [from (otherexc | None)]
raise class    [from (otherexc | None)]
raise
```

첫 번째 형식은 클래스의 수동 생성 인스턴스를 발생시킨다(예: raise Error(*args*)). 두 번째 형식은 *class*의 새 인스턴스를 생성하고 발생시킨다(raise *class*()와 같다). 세 번째 형식은 최근의 예외를 다시 발생시킨다. 생략 가능한 from 절에 대해 알고 싶다면 다음 절("파이썬 3.X 연쇄 예외")을 참고하자.

raise 문은 예외를 일으킨다. 이는 내장 예외 혹은 사용자 정의 예외 모두를 명시적으로 발생시킬 때 사용할 수 있다. 파이썬이 미리 정의한 예외에 대해 알고 싶다면 189쪽 "내장 예외"를 참고하자.

raise가 발생하면 가장 최근에 진입했던 try 문 중에서 매칭되는 except 문으로 점프한다. 만약 아무것도 매칭되지 않으면 프로그램이 끝나는 프로세스의 최상위로 점프하고 표준 에러 메시지를 출력한다. 모든 finally 절은 그 도중에 실행된다. 발생된 인스턴스의 클래스나 그 클래스의 상위 클래스 이름이 except 절에 있다면 매칭된 것으로 판단한다(아래의 "클래스 예외" 참고). 발생된 인스턴스 객체는(그것이 주어진 경우에) 매칭된 except 절의 as 변수로 대입된다.

파이썬 3.X 연쇄 예외

파이썬 3.X에 한해서 선택적인 from 절은 연쇄적인 예외를 허용한다. *otherexc*는 또 다른 예외 클래스나 인스턴스이며, 발생된 예외의 __cause__ 속성에 첨부된다. 발생된 예외가 잡히지 않으면 파이썬은 표준 에러 메시지에 양쪽 예외를 모두 출력한다.

```
try:
    ...
except Exception as E:
    raise TypeError('Bad') from E
```

파이썬 3.3부터 raise from 형식은 None 또한 지정할 수 있는데, 이를 통해 문장 실행 포인트에 누적된 연쇄 예외를 취소할 수 있다.

```
raise TypeError('Bad') from None
```

클래스 예외

파이썬 3.0과 2.6부터 모든 예외는 클래스에 의해 식별되며, 내장 Exception 클래스로부터 파생돼야 한다(2.X에서 이 파생은 뉴 스타일 클래스에만 필요하다). Exception의 상위 클래스는 튜플 속성 args의 생성자 인자 유지 기능은 물론, 표출 문자열을 위한 기본값을 제공한다.

클래스 예외는 쉽게 확장할 수 있는 예외 범주를 지원한다. try 문은 감지한 클래스의 모든 하위 클래스까지 잡으므로, 기존의 try 문을 바꾸지 않고 하위 클래스 집합을 변경해서 예외 범주를 수정할 수 있다. 발생된 인스턴스 객체 또한 예외에 대한 추가 정보 저장소를 제공한다.

```
class General(Exception):
    def __init__(self, x):
        self.data = x

class Specific1(General): pass
class Specific2(General): pass

try:
    raise Specific1('spam')
except General as X:
    print(X.data)                # 'spam' 출력
```

파이썬 2.X raise 문 형식

2.6 이전의 파이썬 2.X는 문자열과 클래스 모두에서 예외를 식별할 수 있었다. 이 때문에, raise 문은 다음과 같은 형식을 가질 수 있으며, 역호환성을 위해 이런 문장이 다수 존재한다.

```
raise string                # 같은 문자열 객체 매칭
raise string, data          # 데이터를 예외 변수에 대입

raise class, instance       # 클래스나 상위 클래스 매칭
raise instance              # = inst.__class__, 인스턴스

raise class                 # = class()
raise class, arg            # = class(arg), 비인스턴스
raise class, (arg [, arg]*) # = class(arg, arg,...)
raise                       # 현재 예외 다시 발생
```

문자열 예외는 파이썬 2.5부터 사용되지 않는다(또한 경고를 발생시킨다). 파이썬 2.X는 raise 문의 세 번째 아이템을 허용하는데, 예외가 발생한 현재 위치 대신 사용되는 역추적 객체여야 한다.

assert 문

```
assert expression [, message]
```

assert 문은 디버깅 확인을 수행한다. 만약 *expression*이 거짓이면 AssertionError을 발생시키고, *message*가 제공됐다면 그것을 생성자

인자로 전달한다. –0 명령 라인 플래그는 assert 문을 제거한다(포함
되지도 않고 실행되지도 않는다).

with 문

```
with expression [as variable]:                    # 3.0/2.6, +
    suite

with expression [as variable]
            [, expression [as variable]]*:        # 3.1/2.7, +
    suite
```

with 문은 (앞에서 설명한) 컨텍스트 관리자 코드의 중첩된 블록을 감
싸며, 블록 엔트리 작업을 실행할 수 있다. 그리고 예외 발생 여부와
상관없이 그 블록 종료 작업이 실행되도록 보장한다. with는 컨텍스트
관리자를 가진 객체에 한해 종료 작업에 대한 try/finally의 대안이 될
수 있다.

*expression*은 컨텍스트 관리자 프로토콜을 지원하는 객체를 반
환한다고 가정한다. 이 객체는 생략 가능한 as 절이 존재할 경우,
*variable*에 대입될 값 또한 반환할 수 있다. 클래스들은 컨텍스트 관
리자를 커스터마이징해 정의할 수 있으며, 파일 및 스레드 같은 일부
내장 자료형은 파일을 닫거나 스레드 잠금을 푸는 등의 종료 작업을
할 수 있는 컨텍스트 관리자를 제공한다.

```
with open(r'C:\misc\script', 'w') as myfile:
    ...myfile 처리, 블록 종료 시 자동 닫기...
```

파일 컨텍스트 관리자 사용법에 대해 자세히 알고 싶다면 67쪽 "파일"
을 참고하고, 이 프로토콜과 문장을 지원하는 다른 내장 자료형에 대
해서는 파이썬 매뉴얼을 참고하자.

이 문장은 파이썬 2.6과 3.0부터 지원되는데, 다음 문장을 통해 2.5

에서도 활성화될 수 있다.

```
from __future__ import with_statement
```

파이썬 3.1과 2.7의 다중 컨텍스트 관리자

파이썬 3.1과 2.7부터 with 문은 다중(중첩이라고도한다) 컨텍스트 관리자를 지정할 수 있다. 어떠한 수의 컨텍스트 관리자 아이템이라도 쉼표로 나눌 수 있고, 이러한 다수의 아이템은 중첩된 with 문과 동일하게 동작한다. 일반적으로 다음 코드는 3.1과 2.7 그리고 그 이후 버전부터 적용된다.

```
with A() as a, B() as b:
    ...문장들...
```

이는 다음과 같으며, 다음은 3.0과 2.6에서도 동작한다.

```
with A() as a:
    with B() as b:
        ...문장들...
```

예를 들어, 다음 코드에서 두 파일의 종료 작업은 문장 블록이 끝날 때 예외 결과에 관계없이 자동으로 실행된다.

```
with open('data') as fin, open('res', 'w') as fout:
    for line in fin:
        fout.write(transform(line))
```

컨텍스트 관리자 프로토콜

객체는 다음 메서드 호출 모델에 따라 with 문과 통합한다. 151쪽 "컨텍스트 관리자 메서드"를 참고하자.

1. *expression*이 평가되고, 메서드명 __enter__와 __exit__를 정의해야 하는 컨텍스트 관리자로 알려진 객체가 된다.

2. 컨텍스트 관리자의 __enter__() 메서드가 호출됐을 때 *variable*이 존재하면 그것에 반환값이 대입되지만 그렇지 않다면 버린다.

3. 중첩된 *suite* 내의 코드는 실행된다.

4. *suite*가 예외를 발생시키면 __exit__(*type*, *value*, *traceback*) 메서드가 예외 상세 사항과 함께 호출된다. 만약 이 메서드가 거짓값을 반환하면 예외는 다시 발생되며, 그렇지 않다면 예외는 종료된다.

5. *suite*가 예외를 발생시키지 않아도 __exit__ 메서드는 여전히 호출되지만, 그것의 세 인자는 모두 None으로 전달된다.

파이썬 2.X 문

이전에 설명했듯이 파이썬 2.X는 print 문을 지원하고 nonlocal은 지원하지 않으며, 2.6까지는 with도 완전히 지원하지 않았다. 게다가 raise, try, def는 앞에서 주지했듯이 파이썬 2.X에서 조금씩 문법이 다르다. 그리고 앞 절에서 3.X 고유의 것으로 강조한 의미 체계는 2.X에는 일반적으로 적용되지 않는다(예: 이름 공간 패키지 등).

다음에 덧붙이는 문장은 파이썬 2.X에서만 사용할 수 있다.

```
exec codestring [in globaldict [, localdict]]
```

exec 문은 코드를 동적으로 실행한다. *codestring*에는 아무 파이썬 문이나 문자열로 쓸 수 있다(뉴라인으로 나뉜 다수의 문장도 가능하다). 그것은 exec를 포함하는 이름 공간이나 지정된 전역/지역 이름 공간 딕셔너리에서 컴파일되고 실행된다(*localdict*는 *globaldict*에 기본 설정된다). *codestrting*은 컴파일된 코드 객체일 수도 있다. "내장 함수"에서 158쪽의 compile(), 160쪽 eval()과 184쪽 파이썬 2.X execfile()도 참고하자.

파이썬 3.X에서 이 문장은 exec() 함수가 된다(160쪽 "내장 함수" 참고). 역호환 및 호환성 문법인 exec(a, b, c)는 파이썬 2.X에서도 허용된다. 신뢰할 수 없는 코드가 프로그램 코드에서 동작하더라도, 그 코드의 문자열을 검토하는 용도로는 이 기능을 사용하지 말기를 권한다.

이름 공간과 범위 규칙

이 절에서는 이름 바인딩 및 조회에 대한 규칙에 대해 논의한다(80쪽 "이름 포맷", 82쪽 "이름 관례", 14쪽 "원자적 용어와 동적 타이핑"도 참고하자). 모든 경우에서 이름은 첫 대입 시에 생성되며 참조 시에는 반드시 이미 존재하고 있어야 한다. 이때, 제한적 이름과 무제한적 이름은 다른 방식으로 처리된다.

제한적 이름: 객체 이름 공간

제한적 이름, 즉 object.X의 X는 속성이라고 부르며 객체의 이름 공간 내에 존속한다. 일부 어휘적 범위(lexical scopes)[17]의 대입은 객체 이름 공간을 초기화하는 역할을 한다(예: 모듈 및 클래스 속성).

대입: object.X = value

object의 이름 공간 내에서 속성 이름 X를 생성하거나 변경하며, 일반적으로 이렇게 동작한다. 상세 내용은 129쪽 "상속 규칙"을 참고하자.

---

[17] 어휘적 범위는 프로그램의 소스 코드에서 물리적으로 (문법적으로) 중첩된 코드 구조를 말한다.

참조: *object.X*

object 내의 속성 이름 *X*와, 인스턴스 및 클래스에 대한 그 상위의 모든 접근 가능한 클래스를 검색한다. 이는 곧 상속에 대한 정의이다. 상세 내용에 대해서는 129쪽 "상속 규칙"을 참고하자.

무제한적 이름: 어휘적 범위

무제한적 이름, 즉 표현식의 시작 부분에 있는 *X*는 어휘적 범위 규칙과 관련된다. 대입은 특정 이름이 전역이나 (3.X의) nonlocal로 선언되지 않은 경우 그것을 지역 범위로 바인딩한다.

대입: *X = value*

기본적으로 지역 이름 *X*를 만든다. 이는 곧 현재 지역 범위의 *X*라는 이름을 생성하거나 변경한다. 만약 *X*가 global로 선언됐다면, 포함된 모듈 범위 내의 이름 *X*를 생성하거나 변경한다. 파이썬 3.X에 한해 *X*가 nonlocal로 선언됐다면, 포함된 함수 범위 내의 이름 *X*를 변경한다. 빠른 접근을 위해 지역 변수는 런타임 시 일반적으로 호출 스택에 쌓이고, 같은 범위의 코드에 한해 직접 지역 변수를 볼 수 있다.

참조: *X*

다음 순서에 따라 최대 네 가지 범위 중에서 이름 *X*를 찾는다.

a. 현재 지역 범위(맨 안쪽을 둘러싼 함수)

b. 모든 어휘적 포함 함수(lexically enclosing function)의 지역 범위(안에서 바깥을 향하는 다른 함수 레이어)

c. 현재 전역 범위(둘러싼 모듈)

d. 내장된 범위(파이썬 3.X의 builtins 모듈이나 파이썬 2.X의 __builtin__ 모듈에 해당)

지역 및 전역 범위 컨텍스트는 표 17에 정의됐다. global 선언은 전역 범위에서 검색을 시작하도록 하고, 3.X의 nonlocal 선언은 포함 함수에 대한 검색을 제한한다.

특수한 경우: 컴프리헨션, 예외

파이썬 3.X는 모든 컴프리헨션의 루프 변수를 지역화한다(파이썬 2.X도 리스트 컴프리헨션을 제외하고는 동일하다). 파이썬 3.X는 try 문의 except 절 내부의 예외 변수를 지역화하고 제거한다(2.X 는 이를 지역화하지 않는다). 56쪽 "리스트 컴프리헨션 표현식" 및 112쪽 "try 문"도 참고하자.

코드 컨텍스트	전역 범위	지역 범위
모듈	지역과 동일	모듈 자체
함수, 메서드	포함 모듈	함수 선언/호출
클래스	포함 모듈	class 문
스크립트, 대화 모드	지역과 동일	__main__ 모듈
exec(), eval()	호출자의 전역(혹은 전달된 범위)	호출자의 지역(혹은 전달된 범위)

표 17 무제한적 이름 범위

중첩 범위와 클로저

앞 절의 "참조" 규칙 중 포함 함수 검색(b 단계)은 정적 중첩 범위라 불리며, 2.2부터 표준이 됐다. 예를 들어 다음 함수는 f2 내의 x 참조가 이를 포함하는 f1 범위에 접근할 수 있으므로 제대로 동작한다.

```
def f1():
    x = 42
    def f2():
        print(x)        # f1의 범위 내 x 유지
    return f2           # 추후 호출: f1()()=>42
```

포함 범위 참조를 유지하는 중첩 함수(예: 앞 코드의 f2)를 클로저 (closures)라 부른다. 클로저는 클래스의 대안이나 보완물로 종종 사용되는 상태 유지 도구이며, 3.X에서는 nonlocal과 함께 더 유용하게 사용할 수 있다(103쪽 "nonlocal 문" 참고). 범위는 임의로 중첩될 수 있으나, (포함 클래스가 아닌) 포함 함수만 검색한다.

```
def f1():
    x = 42
    def f2():
        def f3():
            print(x)        # f1의 범위 내 x 발견
        f3()                # f1()은 42 출력
    f2()
```

포함 범위와 기본값

2.2 이전의 파이썬에서는 앞 절의 함수는 이름 x가 (중첩 함수의 범위에 대해) 지역적이지 않고, (f1을 둘러싼 모듈에 대해) 전역적이지 않으며, 내장되지도 않았기 때문에 실행에 실패한다. 이 사례를 2.2 이전 버전에서 동작시키고 싶거나, 또 다른 이유로 인해 필요하다면, 인자에 기본값으로 x를 전달해서 이를 바로 둘러싼 범위에 있는 x 값을 유지할 수 있다. 이는 def에 진입하기 전에 기본값이 평가되기 때문이다.

```
def f1():
    x = 42
    def f2(x=x):
        print(x)        # f1()()은 42 출력
    return f2
```

이 기법은 가장 최근의 파이썬 버전들에서도 여전히 동작하고, def처럼 중첩 범위를 내포하거나 실제로 흔히 중첩된 lambda 표현식에도 적용된다.

```
def func(x):
    action = (lambda n: x ** n)        # 2.2부터 사용
    return action                      # func(2)(4)=16

def func(x):
    action = (lambda n, x=x: x ** n)   # 기본 대안
    return action                      # func(2)(4)=16
```

지금은 대부분의 경우에서 매우 구식이 된 방법이지만, 루프 안에 함수를 생성할 때 루프 변수를 참조하기 위해 기본값이 아직은 가끔 필요하다. 그렇지 않으면 변수는 단지 마지막 루프값만을 반영할 것이다.

```
for I in range(N):
    actions.append(lambda I=I: F(I))   # 현재 I
```

객체 지향 프로그래밍

파이썬의 주된 객체 지향 프로그래밍(object-oriented programming, OOP) 도구는 클래스다. 클래스는 다중 인스턴스, 속성 상속, 연산자 오버로딩을 지원한다. 파이썬은 또한 제너레이터, 람다, 컴프리헨션, 맵, 클로저, 데코레이터, 퍼스트 클래스 함수 객체 같은 도구를 통해 함수적 프로그래밍 기법을 지원한다. 이런 함수적 프로그래밍 기법은 일부 문맥에서 OOP의 보완물이나 대안으로 활용된다.

클래스와 인스턴스
기본 동작을 제공하는 클래스 객체

- class 문은 클래스 객체를 생성하고 그것을 이름에 대입한다.
- class 문 내의 대입은 클래스 속성을 생성하는데, 그것은 객체 상태와 동작을 상속해준다.
- 클래스 메서드들은 중첩된 def이며, 특수한 첫 번째 인자는 묵시적으로 대상 인스턴스를 받는다.

클래스에서 생성되는 인스턴스 객체

- 클래스 객체를 함수처럼 실행하면 새 인스턴스 객체를 만든다.
- 각각의 인스턴스 객체는 클래스 속성을 상속하고 그 자신의 속성 이름 공간을 갖는다.
- 매서드 내 첫 번째 인자의 속성에 대한 대입(예: *self.X = V*)은 인스턴스마다 속성을 생성한다.

상속 규칙

- 상속은 속성 자격 부여 시에 일어난다(*object*가 클래스나 인스턴스라면 *object.attribute*상에서 일어난다).
- 클래스는 그 클래스 문장 헤더 라인에 기입된 모든 클래스(상위 클래스)로부터 속성을 상속한다.
- 인스턴스는 그들을 생성한 클래스 및 그 클래스의 모든 상위 클래스로부터 속성을 상속받는다.
- 상속은 인스턴스, 클래스, 모든 접근 가능 상위 클래스순으로 검색을 진행하며 가장 먼저 찾은 속성 이름을 사용한다. 상위 클래스는 보통 깊이 우선 검색 후 왼쪽에서 오른쪽으로 검색한다. 하지만 뉴 스타일 클래스는 다이아몬드 패턴 트리만을 검색한다.

상속에 대해 자세히 알고 싶다면 129쪽 "상속 규칙"을 참고하자.

의사 프라이빗(pseudo private) 속성

기본적으로 모듈 및 클래스의 모든 속성 이름은 모든 곳에서 볼 수 있다. 특별한 관례가 일부 데이터 숨김을 허용하지만, 그것은 대부분 이름 충돌을 방지하기 위해 설계된 것이다(82쪽 "이름 관례" 참고).

모듈 프라이빗

클라이언트가 from *module* import *를 사용할 때 모듈 안에서 밑줄

한 개인 이름(예: _X) 및 모듈의 __all__ 리스트에 나오지 않는 이름
은 복사되지 않는다. 하지만 다른 임포트 문장 형식으로 이름에 여전
히 접근할 수 있으므로 엄밀히 말하면 프라이빗이 아니다.

클래스 프라이빗

class 문 내의 어디든 두 개의 밑줄로 시작하는 이름(예: __X)에 한해
서 컴파일 시에 그것을 포함하는 클래스 이름을 접두사로 포함하도록
맹글링된다(mangled)(예: _Class__X). 추가된 클래스 이름 접두사는
자신을 포함하는 클래스로 그 이름을 지역화하므로 self 인스턴스 객
체 및 클래스 계층 모두에서 구별 가능하게 된다.

이는 같은 이름의 메서드나 상속 체인 하부의 단일 인스턴스 객체
내부 속성들에 의해 일어날 수 있는 의도하지 않은 충돌을 피하는 데
도움을 준다(주어진 attr이 주어지면 프레임워크 내부의 모든 self.
attr로의 대입은 단일 인스턴스 이름 공간을 변경한다). 하지만 맹글
링된(mangled) 이름을 통해 그러한 속성들에 여전히 접근할 수 있으
므로 엄밀히 말하면 프라이빗이 아니다.

프라이빗과 유사한 접근 제어는 __getattr__() 및 __setattr__()
메서드에서 속성 접근을 확인하는 프록시 클래스로도 구현될 수 있다
(138쪽 "연산자 오버로딩 메서드" 참고).

뉴 스타일 클래스

object에서 파생됐건 그렇지 않건, 파이썬 3.X에서는 모든 클래스
를 뉴 스타일로 간주하며, 이 단일 클래스 모델만이 존재한다. 파이썬
2.X에는 두 가지 클래스 모델이 있다. 하나는 모든 파이썬 2.X의 기본
값인 고전적 클래스이고, 다른 하나는 2.2와 그 이후 버전에서 내장 자
료형이나 내장 object 클래스를 파생(예: class A(object))하여 코딩
한 선택적인 뉴 스타일 클래스다.

(파이썬 3.X의 모든 클래스를 포함하는) 뉴 스타일 클래스는 다음과 같은 부분에서 고전적 클래스와 다르다.

- 다중 상속의 다이아몬드 패턴은 검색 순서가 약간 다른데, 간단히 말하자면 뉴 스타일 __mro__에 의해 위로 검색하기 전에 옆으로 검색을 하며, 깊이 우선보다는 너비 우선으로 검색한다(다음 쪽 "상속 규칙" 참고).

- 이전과는 다르게, 이제 클래스는 자료형이며, 자료형은 클래스다. type(I) 내장은 일반 인스턴스 자료형 대신 인스턴스를 만든 클래스를 반환하며, 보통 I.__class__와 같다. type 클래스는 클래스 생성을 커스터마이징하기 위해 하위 클래스를 만들 수 있으며, 모든 클래스는 약간의 기본 메서드를 제공하는 object로부터 상속을 받는다.

- __getattr__()과 __getattribute__() 메서드는 내장 연산에 의해 암시적으로 가져온 속성에 대해 더 이상 실행되지 않는다. 그 메서드들은 내장에 의한 오버로딩 메서드 이름인 __X__ 연산자에 대해 호출되지 않으며, 그러한 이름에 관한 검색은 인스턴스가 아니라 클래스에서 시작한다. 그와 같은 메서드명에 대한 접근을 대체하기 위해서는, 일반적으로 래퍼/프록시 클래스에서 그것들을 다시 정의해야 한다.

- 뉴 스타일 클래스에는 슬롯, 프로퍼티, 서술자, __getattribute__() 메서드를 포함하는 새로운 클래스 도구 집합이 있는데, 이들 대부분은 도구 구성을 목적으로 한다. __slots__, __getattribute__(), 서술자 __get__(), __set__(), __delete__() 메서드는 134쪽 "연산자 오버로딩 메서드"를 참고하고, property()에 관해서는 173쪽 "내장 함수"를 참고하자.

상속 규칙

*object*가 클래스에서 파생될 때는 언제나 객체 지향 코드의 핵심적인 *object.name* 조회, 즉 속성 이름 참조에 상속이 발생한다. 일반적인 코드가 두 모델 모두에서 가끔 동일하게 동작하지만, 고전적인 클래스와 뉴 스타일 사이에는 다음과 같은 차이점이 있다.

고전적 클래스: DFLR

(2.X의 기본값인) 고전적 클래스에서는 이름 참조를 위해 다음 순서대로 상속을 검색한다.

1. 인스턴스
2. 인스턴스의 클래스
3. 그 클래스의 모든 상위 클래스. 깊이 우선이며, 그다음은 왼쪽에서 오른쪽으로

도중에 처음으로 찾은 것을 사용하며, 이 순서는 DFLR이라 부른다.

이 참조 검색은 인스턴스와 클래스 양쪽에서 시작될 수 있다. 속성 대입은 대개 검색 과정을 거치지 않고 스스로 대상 객체에 저장된다. 특별히 __getattr__()은 이름을 찾기 위한 조회가 실패할 때 실행하고, __setattr__()은 모든 속성 대입에 실행한다.

뉴 스타일 클래스: MRO

뉴 스타일 클래스의 상속(3.X에서는 기본값이며 2.X에서는 선택적)은 MRO를 사용한다. MRO는 클래스의 __mro__ 속성에서 사용할 수 있으며, 클래스 트리와 상속의 중첩된 요소를 지나는 선형 경로다. MRO는 대략 다음과 같이 계산된다.

1. 고전적 클래스의 DFLR 조회 규칙을 사용해서 인스턴스가 상속한 모든 클래스 리스트를 만든다. 이때 여러 번 방문한 클래스는

여러 번 포함된다.

2. 중복 클래스에 대해 결과 리스트를 스캔한 다음, 리스트의 중복 중 마지막(가장 오른쪽) 존재를 제외하고 모두 제거한다.

주어진 클래스에 대한 MRO 시퀀스의 결과는 그 클래스와 상위 클래스, 그리고 더 위에 있는 모든 상위 클래스 및 트리 최상단의 암시적/명시적인 object 루트 클래스를 포함한다. 각각의 클래스는 그 부모보다 먼저 보이도록 정리된다. 그리고 다중 부모는 __bases__ 상위 클래스 튜플에 자신들이 나타나는 순서를 유지한다.

다이아몬드의 일반적인 부모들은 MRO에서 그들이 마지막으로 방문한 위치에만 나타나므로, 속성 상속에 의해 추후 MRO 리스트가 사용될 때 낮은 곳에 위치한 클래스들이 먼저 검색된다(이는 다이아몬드에 한해 깊이 우선보다 너비 우선인 특성을 만든다). 그리고 각각의 클래스는 포함된 후 단 한 번씩만 방문된다. 이때 얼마나 많은 클래스가 이어지는지는 상관없다.

MRO 순서는 (앞서 설명한) 상속에서도 사용되지만, MRO상의 다음 클래스를 항상 호출하는 내장 함수인 super() 호출에 의해서도 사용된다. 상위 클래스가 아닐 수도 있지만, 클래스 트리의 각 클래스를 단 한 번씩 방문하면서 메서드 호출을 발송하는 데 사용될 수 있다.

예시: 비다이아몬드

```
class D:      attr = 3      #   D:3   E:2
class B(D):   pass          #   |     |
class E:      attr = 2      #   B     C:1
class C(E):   attr = 1      #    \   /
class A(B, C): pass         #      A
X = A()                     #      |
print(X.attr)               #      X

# DFLR = [X, A, B, D, C, E]
# MRO = [X, A, B, D, C, E, object]
# 3.X와 2.X 모두 "3" 출력 (항상)
```

예시: 다이아몬드

```
class D:        attr = 3        #    D:3   D:3
class B(D):     pass            #     |     |
class C(D):     attr = 1        #     B    C:1
class A(B, C): pass             #      \   /
X = A()                         #       A
print(X.attr)                   #       |
                                #       X

# DFLR = [X, A, B, D, C, D]
# MRO = [X, A, B, C, D, object] (마지막 D만 유지)
# 3.X는 "1", 2.X는 "3" 출력 (D(object)이면 "1")
```

뉴 스타일 상속 알고리즘

뉴 스타일 상속은 클래스 코드에 따라 다음처럼 서술자, 메타클래스, MRO와 관련될 수 있다(이 절차의 이름 소스는 순서가 있는데, 숫자로 그 순서를 표시하거나 "혹은"으로 나눈 경우 왼쪽에서 오른쪽 순이다).

속성 이름 조회 방법

1. 인스턴스 I에서 인스턴스, 인스턴스의 클래스, 그리고 그것의 상위 클래스를 다음과 같은 순서로 검색한다.

   a. I의 __class__에서 찾은 __mro__상의 모든 클래스에 대해 __dict__를 검색한다.

   b. a 단계에서 데이터 서술자를 찾으면 __get__()을 호출하고 빠져나간다.

   c. 그렇지 않으면 인스턴스 I의 __dict__에 있는 값을 반환한다.

   d. 그렇지 않으면 논데이터 서술자를 호출하거나 혹은 a 단계에서 찾은 값을 반환한다.

2. 클래스 C에서 클래스, 클래스의 상위 클래스, 그리고 그것의 메타클래스 트리를 다음과 같은 순서로 검색한다.

   a. C의 __class__에서 찾은 __mro__상의 모든 메타클래스에 대

해 __dict__를 검색한다.

    b. a 단계에서 데이터 서술자를 찾으면 __get__()을 호출하고 빠져나간다.

    c. 그렇지 않으면 C 자체 __mro__ 상의 클래스의 __dict__에 있는 서술자를 호출하거나 혹은 값을 반환한다.

    d. 그렇지 않으면 논데이터(nondata) 서술자를 호출하거나 혹은 a 단계에서 찾은 값을 반환한다.

  3. 1번 규칙과 2번 규칙 모두에서, 내장 연산(예: 표현식)은 메서드 이름을 암시적으로 조회하기 위해 기본적으로 a 단계 소스만을 사용하며, super() 조회는 커스터마이징된다.

또한, __getattr__() 메서드가 정의되었다면 속성을 찾을 수 없을 때 실행될 수 있으며, __getattribute__() 메서드는 모든 속성을 가져오기 위해 실행될 수 있다. 그리고, 내포된 객체 상위 클래스는 모든 클래스 및 메타클래스 트리의 최상단(즉, 모든 MRO의 끝을 의미)에서 일부 기본값을 제공한다.

특별한 경우 내장 연산은 3번 규칙에 설명된 대로 이름 소스를 건너뛰고, super() 내장 함수는 일반적인 상속을 방해한다. super()에 의해 반환되는 객체의 경우 전체 상속을 실행하는 대신 클래스 MRO만의 제한된 부분을 섬세하게 스캔하다가 찾는 첫 서술자나 값을 선택하는 특수한 컨텍스트에 의해 속성이 결정된다(이 스캔이 실패하면 super 객체 자체에서만 사용된다). 178쪽 "내장 함수"의 super()를 참고하자.

속성 이름 대입 방법
속성 대입을 위해 다음의 조회 절차가 실행된다.

- 인스턴스에 적용될 때 속성 대입은 기본적으로 1번 규칙의 c 단계를 따르며, 인스턴스의 클래스 트리 검색에는 b 단계에서 __get__() 대

신 __set__()을 호출한다. 그리고 *c* 단계에서 가져오기를 시도하는 대신 동작을 멈추고 인스턴스에 저장한다.

- 클래스에 적용될 때의 속성 대입은 클래스의 메타클래스 트리상에서와 같은 절차로 실행된다. 대략 2번 규칙과 같지만 *c* 단계에서 동작을 멈추고 클래스에 저장한다.

__setattr__() 메서드는 전처럼 모든 속성 대입을 잡는다. 하지만 이름을 대입하기 위해 이 메서드에 인스턴스 __dict__를 사용하는 방식은, 일종의 "가상" 인스턴스 데이터 메커니즘인 슬롯, 프로퍼티, 서술자가 클래스 수준에서 속성을 구현하는 일부 뉴 스타일 확장만큼 유용하지 않다. 몇몇 인스턴스는 슬롯을 사용하면 __dict__를 전혀 가지지 않을 수도 있다.

뉴 스타일 우선순위와 컨텍스트

뉴 스타일의 상속 절차는 다음과 같이 이름 확인에 관한 기본적인 연산에 우선순위 규칙을 효과적으로 적용한다(괄호 안은 상속 알고리즘의 해당 단계이다).

인스턴스에 다음을 시도한다.

1. 클래스 트리 데이터 서술자(1*b*)
2. 인스턴스 객체값(1*c*)
3. 클래스 트리 논데이터 서술자(1*d*)
4. 클래스 트리값(1*d*)

클래스에 다음을 시도한다.

1. 메타클래스 트리 데이터 서술자(2*b*)
2. 클래스 트리 서술자(2*c*)

3. 클래스 트리값(2c)

4. 메타클래스 트리 논데이터 서술자(2d)

5. 메타클래스 트리 값(2d)

파이썬은 네 개나 다섯 개의 이름 소스가 있음에도 불구하고, 이름 조회당 (인스턴스를 위해서) 최대 한 개 혹은 (클래스를 위해서) 두 개의 트리 검색을 실행한다. 뉴 스타일 super() 내장 함수에 의해 반환되는 객체에 대해 실행하는 특별한 조회 절차에 관해서는 앞의 절을 참고하기 바란다.

149쪽 "서술자 메서드"와 111쪽 "메타클래스"를 참고하도록 하고 상세한 __setattr__(), __getattr__(), __getattribute__() 사용법은 138쪽과 139쪽의 "연산자 오버로딩 메서드"를 참고하자. 그리고 (파이썬 소스 코드 배포판에서) 각각 인스턴스와 클래스를 구현한 파이썬의 *object.c*와 *typeobject.c* 소스 코드 파일도 참고하도록 하자.

연산자 오버로딩 메서드

클래스는 두 개의 밑줄로 시작하고 끝나는 특별한 이름의 메서드 함수를 제공해서 내장 연산을 가로채 구현할 수 있다. 이 이름들은 예약되지 않았으며 언제나 상위 클래스로부터 상속받을 수 있다. 파이썬은 연산당 최대 하나를 찾아 자동으로 실행한다.

파이썬은 인스턴스가 표현식이나 다른 컨텍스트에 나타날 때, 그것과 관련된 클래스의 오버로딩 메서드를 호출한다. 예를 들어 한 클래스가 __getitem__이라는 이름의 메서드를 정의하고 *X*가 이 클래스의 인스턴스라면, 표현식 *X*[*i*]는 *X*.__getitem__(*i*) 메서드 호출과 같다 (메서드를 직접 호출하는 방식은 현재 일반적으로 속도 이득이 전혀 없으며, 심지어 불이익을 얻을 수도 있다).

오버로딩 메서드 이름은 어느 정도 임의적인 측면이 있다. 클래스의 __add__ 메서드는 덧셈이나 연결을 수행할 필요가 없다(하지만 비슷한 역할을 수행한다). 게다가, 클래스는 일반적으로 수치와 컬렉션 메서드와 가변과 불변 연산을 혼합할 수 있다. 대부분의 연산자 오버로딩 이름은 기본값을 가지지 않으며(뉴 스타일 클래스에 대한 객체는 제외), 연관된 메서드가 정의되지 않은 연산자를 실행시키면 예외가 발생한다(예: __add__ 없는 +).

이제 사용 가능한 연산자 메서드를 알아볼 것이다. 여기서는 간결하게 보여주기 위해 __X__ 메서드 이름에서 후행 괄호를 생략한다. 이 절은 파이썬 3.X에 초점을 맞추지만 대부분의 파이썬 버전에 공통적인 연산자 오버로딩 세부 사항을 다룬다. 파이썬 2.X 고유의 사항들에 대해서는 151쪽 "파이썬 2.X 연산자 오버로딩 메서드"를 참고하면 된다.

기본 메서드

__new__(cls[, arg]*)

클래스 cls의 새 인스턴스를 생성, 반환하기 위해 호출된다. 클래스 cls에 전달할 생성자 인자 arg를 받는다. cls 클래스의 인스턴스가 반환되면, 새로운 self 인스턴스에 동일한 생성자 인자를 더해 인스턴스의 __init__ 메서드를 호출한다. cls 클래스의 인스턴스가 반환되지 않으면 __init__ 메서드는 호출되지 않는다. 일반적으로 명시적인 상위 클래스 이름이나 super()를 통해 상위 클래스의 __new__를 호출하기 위해 코딩되며(178쪽 "내장 함수" 참고), 인스턴스 결과를 관리하고 반환한다. 이것은 자동으로 정적 메서드가 된다.

일반적인 클래스에는 사용하지 않으며, 인스턴스 생성을 커스터

마이징하기 위해 불변(immutable) 자료형의 하위 클래스를 허용
하거나, 클래스 생성을 조정하기 위해 메타클래스를 커스터마이징
하려고 할 때 사용한다. 클래스 생성 인자와 함께 이 메서드를 호
출하는 후자의 예에 대해서는 180쪽 "내장 함수"의 type()를 참고
하자.

__init__(*self*[, *arg*]*)

class(*args*...)에서 호출된다. 이는 새 인스턴스인 *self*를 초기화
하는 생성자 메서드다. 클래스 이름으로 호출할 때 *self*는 자동으
로 제공된다. *arg*는 클래스 이름에 전달되는 인자인데, 어떠한 함
수 정의 인자 형식도 올 수 있다(87쪽 "식 문", 95쪽 "def 문"과 표
14 참고).

기술적으로 __new__ 다음에 호출되지만, __init__은 모든 애플리
케이션 레벨 클래스에서 새 객체를 설정할 때 선호하는 방법이다.
어떠한 값도 반환하지 않으며, 필요한 경우 인스턴스를 *self*에 전
달하면서 명시적인 상위 클래스 이름이나 super()를 통해 상위 클
래스의 __init__을 수동으로 호출해야만 한다(178쪽 "내장 함수"
참고). 파이썬은 단 한 개의 __init__만을 자동으로 호출한다.

__del__(*self*)

인스턴스 가비지 컬렉션에서 호출된다. 이것은 인스턴스 *self*가
반환(회수)될 때 마무리하는 소멸자다. 내장 객체는 그것을 포함한
컨테이너가 반환되면 (다른 곳에서 참조되지 않은 한) 함께 자동으
로 반환된다. 이 메서드 실행 도중 발생하는 예외는 무시되며, 단
순히 sys.stderr에 메시지를 출력한다. try/finally 문은 코드 블록
을 위한 더 예측 가능한 종료 작업을 허용한다. with 문은 지원되
는 객체 자료형에 대해 비슷한 유틸리티를 제공한다.

__repr__(*self*)

repr(*self*), 대화 모드의 에코, 중첩 출현 시(파이썬 2.X에 한해 '*self*'도) 호출된다. 만약 __str__이 없다면 str(*self*)와 print(*self*)에서도 호출된다. 이 메서드는 대개 *self*의 문자열 표현으로 낮은 레벨의 '코드 같은' 문자열을 반환한다.

__str__(*self*)

str(*self*)와 print(*self*)에서 호출된다(__repr__이 정의됐다면 그것을 백업으로 사용한다). 이 메서드는 대개 *self*의 문자열 표현으로 높은 레벨의 '사용자에게 친숙한' 문자열을 반환한다.

__format__(*self, formatspec*)

self 객체의 '포매팅된' 문자열 표현을 생성하기 위해서 format() 내장 함수에서, 혹은 *str* 문자열의 str.format() 메서드에서 호출된다. *formatspec* 문자열의 내장 자료형에 대한 문법은 str. format()의 요소와 같은 이름으로 주어진다. 37쪽 "포매팅 메서드 문법", 34쪽 "문자열 포매팅 메서드" 그리고 161쪽 "내장 함수"를 참고하자. 이 메서드는 파이썬 2.6과 3.0부터 새로 도입됐다.

__bytes__(*self*)

파이썬 3.X에 한해 *self*의 bytes 문자열 표현을 반환하기 위한 bytes()에서 호출된다.

__hash__(*self*)

dictionary[*self*]와 hash(*self*), 그리고 set 객체 자료형을 포함한 기타 해시된 컬렉션 연산 시 호출된다. 이 메서드는 유일하고 변경되지 않는 정수 해시 키를 반환하며, __eq__와 세밀하게 상호 작용한다. 두 가지 모두 모든 객체들이 자체적으로 동일하지 않은 예외를 비교할 수 있도록 보장하는 기본값을 갖는다. 더 자세한 내용은 파이썬 매뉴얼을 참고하자.

__bool__(*self*)

참/거짓값 테스트나 내장 bool() 함수를 호출하며, False나 True 를 반환한다. __bool__이 정의되지 않았고 __len__()이 정의됐다 면 후자가 호출되고, 0이 아닌 길이로서 참값을 뜻하게 된다. 만약 어떤 클래스가 __len__과 __bool__을 모두 정의하지 않았다면 모 든 인스턴스는 참으로 간주된다. 파이썬 3.X에서 처음 도입됐다. 파이썬 2.X에서 이 메서드는 __bool__이 아니라 __nonzero__라는 이름이었지만 같은 방식으로 동작한다.

__call__(*self*[, *arg*]*)

self(args...), 즉 인스턴스를 함수처럼 호출할 때 호출된다. *arg* 는 어떠한 함수 정의 인자 형식도 받을 수 있다. 예를 들어 다음 두 가지 정의는

```
def __call__(self, a, b, c, d=5):
def __call__(self, *pargs, **kargs):
```

각각 다음 호출에 매칭된다.

```
self(1, 2, 3, 4)
self(1, *(2,), c=3, **dict(d=4))
```

arg 옵션에 대해 더 알고 싶다면 표 14와 95쪽 "def 문"을 참고하자.

__getattr__(*self*, *name*)

*self.name*일 때, *name*이 정의되지 않은 속성 접근일 때 호출된 다(*name*이 존재하거나 *self*에서 상속을 받았을 때는 호출되지 않는다). *name*은 문자열이다. 이 메서드는 객체를 반환하거나

AttributeError를 발생시킨다.

이는 고전적인 클래스와 뉴 스타일 클래스 모두에서 사용할 수 있다. 파이썬 3.X나 2.X의 뉴 스타일 클래스에서 내장 연산에서 암시적으로 가져온 __X__ 속성에 대해서는 실행되지 않으며(예: 표현식), 래퍼/프록시 클래스 혹은 상위 클래스 내의 이름들을 다시 정의한다. 이 목록의 __dir__도 참고하자.

__setattr__(*self*, *name*, *value*)

    self.name=value(모든 속성 대입)에서 호출된다. 재귀적인 루프를 피하고 싶다면 __dict__ 키나 상위 클래스(예: object)를 통해 대입한다. __setattr__ 내의 *self.attr=x* 문은 __setattr__을 다시 호출하지만, *self.*__dict__['attr']=x는 그렇지 않다.

    object.__setattr__(*self*, *attr*, *value*)처럼 뉴 스타일 클래스의 object 상위 클래스 버전을 명시적으로 호출하는 것으로도 재귀를 피할 수 있다. 이는 슬롯이나 프로퍼티, 서술자 같이 클래스 레벨에서 '가상' 인스턴스 속성을 구현하는 클래스 트리에 필요하거나 선호된다(예를 들어 슬롯은 인스턴스 __dict__를 제외한다).

__delattr__(*self*, *name*)

    del *self.name*(모든 속성 삭제)에서 호출된다. 이것은 __setattr__처럼 __dict__나 상위 클래스를 통한 속성 삭제에 의해 재귀 루프를 피해야 한다.

__getattribute__(*self*, *name*)

    클래스의 인스턴스에 대한 속성 접근을 구현하기 위해 무조건 호출된다. 만약 클래스도 __getattr__를 정의했다면 (명시적으로 호출하지 않는 한) 호출되지 않을 것이다. 이 메서드는 (산출된) 속성 값을 반환하거나 AttributeError 예외를 발생시켜야 한다. 이 메

— Python

서드의 무한 반복을 막기 위해, 구현 시에는 원하는 속성에 접근하기 위해서 동일한 이름의 상위 클래스 메서드를 항상 호출해야 한다(예: object.__getattribute__(*self, name*)).

파이썬 3.X와 2.X의 뉴 스타일 클래스에 한해 사용 가능하다. 양쪽 모두 내장 연산에 의해 암시적으로 가져온 __X__ 속성에 대해서는 실행되지 않으며(예: 표현식), 래퍼/프록시 클래스의 이름들을 다시 정의한다. 이 목록의 __dir__도 참고하도록 하자.

__lt__(*self, other*)

__le__(*self, other*)

__eq__(*self, other*)

__ne__(*self, other*)

__gt__(*self, other*)

__ge__(*self, other*)

각각 *self* < *other*, *self* <= *other*, *self* == *other*, *self* != *other*, *self* > *other*, *self* >= *other*에서 사용된다. 이것들을 고급 비교 메서드라 부르는데, 파이썬 2.1에서 추가됐으며 파이썬 3.X에서는 모든 비교식에 대해 호출된다. 예를 들어, *X* < *Y*는 그것이 정의된 경우 *X*.__lt__(*Y*)를 호출한다. 파이썬 2.X에 한해 이 메서드들은 __cmp__에 우선하여 호출되며, 2.X의 *self* <> *other*에 대해서는 __ne__가 실행된다.

이 메서드들은 어떠한 값이라도 반환할 수 있으나, 비교 연산자가 불린 문맥 내에 사용됐으면 반환값도 불린 결과로 해석된다. 이 메서드는 (예외가 아닌) NotImplemented라는 특별한 객체를 반환하는데, 이는 특정 피연산자를 위한 연산이 지원되지 않을 때 반환된다(마치 메서드가 전혀 정의되지 않은 것처럼 동작하며, 파이썬 2.X에서 일반적인 __cmp__ 메서드가 정의된 경우 그것으로 되돌

아가도록 강제한다).

비교 연산자들 간에는 아무런 묵시적 관계가 없다. 예를 들어 X ==
Y가 참이어도 X != Y가 거짓이라는 의미는 아니다. __eq__와
__ne__가 대칭적으로 동작하기를 바란다면 그렇게 각각 정의해
야 한다. 또한, 좌측 인자가 연산을 지원하지 않고 우측 인자가 연
산을 지원할 때 사용되는 우측(전환 인자) 버전이 이 메서드들에는
없다. __lt__와 __gt__는 서로의 반영이고, __le__와 __ge__도 서
로의 반영이며, __eq__와 __ne__는 자체의 반영이다. 파이썬 3.X
에서 정렬을 위해 __lt__를 사용할 수 있으며, 해싱에서 __eq__의
역할은 파이썬 매뉴얼의 __hash__를 참고하면 된다.

__slots__

이 클래스 속성은 문자열, 시퀀스, 혹은 클래스 인스턴스 속성 이
름을 제공하는 문자열의 다른 반복에 대입될 수 있다. 만약 이것
이 (파이썬 3.X의 모든 클래스를 포함하는) 뉴 스타일 클래스에 정
의되면, __slots__는 클래스 레벨 관리 서술자를 생성하고(149쪽
"서술자 메서드" 참고), 인스턴스 내부에 선언된 속성을 위해 공간
을 예약하고, 각 인스턴스에 대한 __dict__의 자동 생성을 방지한
다(__slots__에 문자열 '__dict__'가 포함되지 않으면, 인스턴스
엔 __dict__ 및 __slots__에 명명되지 않은 속성들이 동적으로 추
가될 것이다).

인스턴스당 __dict__가 억제될 수 있으므로, 슬롯은 공간 사용을
최적화할 수 있다. 그러나 잠재적인 코드 오류나 복잡한 사용 제약
으로 인해 안전성이 명확히 보장되지 않으면 일반적으로 권장되지
않는다(자세한 사항은 파이썬 매뉴얼을 참고하자).

__slots__를 포함하는 클래스들 및 속성들의 목록을 표시하는 도
구들을 지원하거나, 그것들을 문자열 이름으로 접근하기 위해서는

getattr(), setattr(), dir() 같이 일반적으로 저장소에 중립적인 도구를 사용해야만 하며, 그것은 __dict__와 __slots__ 속성 저장소 모두에 적용된다.

__instancecheck__(*self, instance*)

*instance*가 클래스의 직접적이거나 간접적인 인스턴스라면, isinstance()에 대해 참을 반환한다. 파이썬 3.X와 2.6에서 새로 도입됐다. 용법은 파이썬 매뉴얼을 참고하자.

__subclasscheck__(*self, subclass*)

*subclass*가 클래스의 직접적이거나 간접적인 하위 클래스라면, issubclass()에 대해 참을 반환한다. 파이썬 3.X와 2.6에서 새로 도입됐다. 용법은 파이썬 매뉴얼을 참고하자.

__dir__(*self*)

dir(*self*) 시 호출된다(159쪽 "내장 함수" 참고). 속성 이름 시퀀스를 반환한다. 특정 속성이 __getattr__와 같은 도구와 함께 동적으로 산출되고, 클래스 자체에서 그것을 안다고 할 때, dir()을 사용하는 인트로스펙션(introspection)을 통해 클래스가 그 속성들을 알리도록 허용한다. 동적인 사용 사례는 직접 적용할 수 없겠지만, 몇몇 일반적인 프록시들은 속성 도구 지원을 위해 프록시 객체에 이 호출을 대리하도록 할 수 있다. 파이썬 3.X에서 새로 도입됐으며, 파이썬 2.6과 2.7으로 역이식됐다.

컬렉션 메서드(시퀀스, 매핑)

__len__(*self*)

len(*self*)에서 호출되며 참/거짓 값 테스트에도 호출될 수 있다. 이 메서드는 컬렉션의 크기를 반환한다. 불린 테스트를 위해 파이썬은 먼저 __bool__을 찾고, 그다음에 __len__을 찾은 후 객체가 참인지 판단한다(파이썬 2.X에서 __bool__은 __nonzero__로 불린다). 길이가 0이라는 것은 거짓을 의미한다.

__contains__(*self, item*)

사용자에게 맞춘 멤버십 테스트를 위한 *item in self*에 호출된다 (아니면, 멤버십은 __iter__가 정의됐을 경우 그것을 사용하고, 그렇지 않은 경우 __getitem__을 사용한다). 이 메서드는 참/거짓을 결과로 반환한다.

__iter__(*self*)

iter(*self*)에서 호출된다. 이 메서드는 2.2에서 추가됐으며, 반복 프로토콜의 일부이다. 이는 __next__ 메서드를 가진 객체를 반환한다(*self*일 수도 있다). 결과 객체의 __next__() 메서드는 모든 반복 컨텍스트(예: for 루프)에서 거듭해서 호출되고, 다음 결과를 반환하거나 결과 진행을 종료시키기 위해 StopIteration을 발생시킨다. 만약 __iter__가 정의되지 않았다면 반복은 __getitem__이 담당한다. 클래스 __iter__ 메서드는 자동으로 생성된 __next__가 있는 제너레이터를 반환하기 위해 내장된 yield와 함께 코딩될 수 있다. 파이썬 2.X에서 __next__는 next로 불린다. 93쪽 "for 문"과 58쪽 "반복 프로토콜"을 참고하자.

__next__(*self*)

next(*self*) 내장 함수 및 결과 진행을 위한 모든 반복 컨텍스트에서 호출된다. 이 메서드는 반복 프로토콜의 일부이다. 보다 상세한 용법을 확인하려면 이 목록의 __iter__를 참고하자. 파이썬 3.X에서 새로 도입됐으며, 파이썬 2.X에서 이 메서드는 next로 불리지만, 같은 방식으로 동작한다.

__getitem__(*self*, *key*)

self[*key*], *self*[*i:j:k*], *x* in *self* 및 가능한 모든 반복 컨텍스트에서 호출된다. 이 메서드는 시퀀스와 매핑을 포함한 모든 인덱싱 관련 연산을 구현한다. 우선권이 있는 __iter__가 정의되지 않았다면, 반복 컨텍스트(예: in과 for)는 0부터 IndexError까지 거듭해서 인덱싱한다. __getitem__과 __len__은 시퀀스 프로토콜을 구성한다.

파이썬 3.X에서 *key*가 슬라이스 객체일 경우, __getitem__(*self*, *key*)와 이어서 나오는 두 메서드는 슬라이스 연산을 위해서도 호출된다. 슬라이스 객체는 다른 슬라이스 표현식으로 전파될 수 있고, start, stop, step 속성을 가진다. 그 중 어떠한 것이라도 (값이 빈 것을 나타내기 위해) None이 될 수 있다. 176쪽 "내장 함수"의 slice()를 참고하자.

__setitem__(*self*, *key*, *value*)

self[*key*]=*value*, *self*[*i:j:k*]=*value*에서 호출된다. 이 메서드는 컬렉션 키나 인덱스 혹은 시퀀스의 슬라이스에 값을 대입하기 위해 호출된다.

__delitem__(*self*, *key*)

del *self*[*key*], del *self*[*i:j:k*]에서 호출된다. 이 메서드는 인덱스/키 및 시퀀스 슬라이스 삭제를 위해 호출된다.

__reversed__(*self*)

커스텀 역순 반복을 구현하기 위한 reversed() 내장 함수를 정의하면 호출된다. 이는 컨테이너의 모든 객체를 역순으로 반복할 수 있는 반복 객체를 반환한다. 만약 __reversed__가 정의되지 않았다면, reversed()는 시퀀스 프로토콜을 예상하고 그것을 사용한다

(__len__과 __getitem__ 메서드).

숫자 메서드(이진 연산자)

제공된 인자에 대해 연산을 지원하지 못하는 수치(및 비교) 메서드는 (예외가 아닌) 특별한 내장 NotImplemented 객체를 반환해야 하며, 이런 메서드는 전혀 정의되지 않은 것처럼 동작한다. 어떠한 피연산자 유형도 지원하지 않는 연산은 정의되지 않은 상태로 남겨져야 한다.

비록 연산자 의미는 클래스 오버로딩에 의해 정의되지만, 내장 자료형 연산자 역할 예시를 위해 표 1을 참고하자. 예를 들어 __add__는 수치 덧셈 및 시퀀스 연결 둘 다 +로 호출하지만, 새로운 클래스에서는 또 다른 임의의 의미 체계를 가질 수 있다.

기본 이진 메서드

__add__(*self*, *other*)

   self + *other*에서 호출된다.

__sub__(*self*, *other*)

   self - *other*에서 호출된다.

__mul__(*self*, *other*)

   self * *other*에서 호출된다.

__truediv__(*self*, *other*)

   파이썬 3.X에서는 *self* / *other*에서 호출된다. 파이썬 2.X에서 /는 실 나눗셈이 활성화되지 않으면 __div__를 호출한다(16쪽 "연산자 사용 시 주의 사항" 참고).

__floordiv__(*self*, *other*)

   self // *other*에서 호출된다.

__mod__(*self*, *other*)

    self % *other*에서 호출된다.

__divmod__(*self*, *other*)

    divmod(*self*, *other*)에서 호출된다.

__pow__(*self*, *other* [, *modulo*])

    pow(*self*, *other* [, *modulo*]) 및 *self* ** *other*에서 호출된다.

__lshift__(*self*, *other*)

    self << *other*에서 호출된다.

__rshift__(*self*, *other*)

    self >> *other*에서 호출된다.

__and__(*self*, *other*)

    self & *other*에서 호출된다.

__xor__(*self*, *other*)

    self ^ *other*에서 호출된다.

__or__(*self*, *other*)

    self | *other*에서 호출된다.

우측 이진 메서드

__radd__(*self*, *other*)

__rsub__(*self*, *other*)

__rmul__(*self*, *other*)

__rtruediv__(*self*, *other*)

__rfloordiv__(*self*, *other*)

`__rmod__(self, other)`

`__rdivmod__(self, other)`

`__rpow__(self, other)`

`__rlshift__(self, other)`

`__rrshift__(self, other)`

`__rand__(self, other)`

`__rxor__(self, other)`

`__ror__(self, other)`

이 메서드들은 앞에서 살펴본 이진 연산자들에 대한 우측 버전들이다. 이진 연산자 메서드는 r 접두사로 시작하는 우측 변형을 가진다(예: `__add__`와 `__radd__`). 우측 변형은 동일한 인자 리스트를 가지지만, *self*가 연산자의 오른쪽에 있게 된다. 예를 들어, *self* + *other*는 `self.__add__(other)`를 호출하지만, *other* + *self*는 `self.__radd__(other)`를 호출한다.

r 우측 메서드는 인스턴스가 오른쪽에 있고 왼쪽 피연산자가 연산을 구현한 클래스의 인스턴스가 아닐 때에 한해 호출된다.

- 인스턴스+비인스턴스는 `__add__`를 실행
- 인스턴스+인스턴스는 `__add__`를 실행
- 비인스턴스+인스턴스는 `__radd__`를 실행

연산자를 오버로딩하는 두 개의 서로 다른 클래스 인스턴스가 나타나면, 왼쪽의 클래스에 우선권이 있다. `__radd__`는 가끔 순서를 바꾸어 `__add__`를 실행하기 위해 다시 덧셈을 한다.

증강 이진 메서드

`__iadd__(self, other)`

`__isub__(self, other)`

__imul__(*self*, *other*)

__itruediv__(*self*, *other*)

__ifloordiv__(*self*, *other*)

__imod__(*self*, *other*)

__ipow__(*self*, *other*[, *modulo*])

__ilshift__(*self*, *other*)

__irshift__(*self*, *other*)

__iand__(*self*, *other*)

__ixor__(*self*, *other*)

__ior__(*self*, *other*)

이 메서드들은 증강 대입(즉시 연산) 메서드들이다. 각각은 +=, -=, *=, /=, //=, %=, **=, <<=, >>=, &=, ^=, |= 대입문 포맷에서 호출된다. 이 메서드들은 연산을 즉시 수행(*self*를 수정)하여 결과를 반환한다. 메서드가 정의되지 않았다면 증강 연산은 일반 메서드가 담당한다. *X*가 __iadd__를 가지는 클래스의 인스턴스일 때, *X* += *Y* 평가를 위해 *X*.__iadd__(*Y*)가 호출된다. __iadd__가 없다면 __add__ 및 __radd__가 고려된다.

숫자 메서드(기타 연산자)

__neg__(*self*)

   -*self*에서 호출된다.

__pos__(*self*)

   +*self*에서 호출된다.

__abs__(*self*)

   abs(*self*)에서 호출된다.

__invert__(*self*)

~*self*에서 호출된다.

__complex__(*self*)

complex(*self*)에서 호출된다.

__int__(*self*)

int(*self*)에서 호출된다.

__float__(*self*)

float(*self*)에서 호출된다.

__round__(*self* [, *n*])

round(*self* [, *n*]) 시 호출된다. 파이썬 3.X에서 새로 도입됐다.

__index__(*self*)

operator.index() 구현을 위해 호출되며, 다른 문맥에서도 정수 객체가 필요할 때 호출된다. 이는 인덱스나 슬라이스 영역, 혹은 내장 bin(), hex(), oct() 함수 인자 같은 인스턴스 형태를 포함하며, 반드시 정수를 반환해야 한다.

파이썬 3.X와 2.X 모두 비슷하지만, 2.X에서는 hex()와 oct()에서 호출되지 않는다(2.X에서는 hex()와 oct()를 위해 __hex__와 __oct__ 메서드가 필요하다). 파이썬 3.X에서 __index__는 파이썬 2.X의 __oct__와 __hex__ 메서드를 포함하며, 반환되는 정수는 자동으로 포매팅된다.

서술자 메서드

다음 메서드들은 어떤 인스턴스를 정의하는 클래스(서술자 클래스)가 (소유자 클래스로 불리는) 다른 클래스의 속성으로 대입됐을 때에만 해당된다. 서술자의 메서드들은 이후에 소유자 클래스 및 그것의 인스턴스 속성에 접근하기 위해 자동으로 호출된다.

__get__(*self*, *instance*, *owner*)

소유자 클래스 혹은 그 클래스의 인스턴스 속성을 얻기 위해 호출된다. *owner*는 항상 소유자 클래스이다. *instance*는 속성에 접근할 인스턴스인데 소유자 클래스를 통해 직접 속성에 접근할 경우 None이 될 수도 있다. *self*는 서술자 클래스의 인스턴스다. 속성값을 반환하거나 AttributeError를 발생시킨다. *self*와 *instance* 둘 다 상태 정보를 가질 수 있다.

__set__(*self*, *instance*, *value*)

소유자 클래스 instance의 속성을 새로운 *value*로 설정하기 위해 호출된다.

__delete__(*self*, *instance*)

소유자 클래스 *instance*의 속성을 삭제하기 위해 호출된다.

서술자와 그 메서드들은 3.X의 모든 클래스를 포함하는 뉴 스타일 클래스에 적용할 수 있다. 2.X에서는 서술자와 소유자 클래스가 둘 다 뉴 스타일이어야 그 기능을 온전히 활용할 수 있다. __set__을 포함한 서술자를 데이터 서술자라 부르며, 상속 시 다른 이름들보다 우선순위가 있다(129쪽 "상속 규칙" 참고).

 여기서의 클래스 "서술자"는 "파일 서술자"와 다르다(67쪽 "파일"과 226쪽 "파일 서술자 도구" 참고).

컨텍스트 관리자 메서드

다음 메서드들은 컨텍스트 관리자 프로토콜을 구현하며 with 문에 의해 사용된다(이 메서드들이 사용하는 메커니즘에 대해서는 118쪽 "with 문"을 참고하자).

__enter__(*self*)

해당 객체와 연관된 런타임 컨텍스트에 진입한다. with 문은 (as 절이 있다면) 이 메서드의 반환값을 문장의 as 절에 지정된 대상으로 대입한다.

__exit__(*self*, *type*, *value*, *traceback*)

해당 객체와 연관된 런타임 컨텍스트에서 빠져나간다. *self* 다음의 파라미터들은 컨텍스트에서 빠져나온 원인이 된 예외를 설명한다. 만약 컨텍스트에서 예외 없이 빠져나왔다면, 세 인자는 모두 None이 된다. 예외가 있었다면 인자들은 sys.exc_info() 결과와 같게 된다(206쪽 "sys 모듈" 참고).

발생된 예외가 호출자에 의해 전파되는 것을 막기 위해 참 값을 반환한다.

파이썬 2.X 연산자 오버로딩 메서드

앞 절은 파이썬 3.X와 2.X에서 모두 사용 가능한 연산자 오버로딩 메서드들 간의 의미 체계 차이점에 주목했다. 이번 절에서는 그 두 가지의 내용상 차이점에 대해 다룬다.

앞에서 설명한 일부 메서드들은 파이썬 2.X의 뉴 스타일 클래스에 한해서 제대로 동작하는 파이썬 2.X 계열의 선택적 확장이다. 여기에는 __getattribute__, __slots__와 서술자 메서드가 포함된다. 다른 메서드들은 2.X에서 뉴 스타일 클래스에 대해 다르게 동작할 것이며(예: 내장에 대한 __getattr__), 일부 메서드들은 2.X의 나중 버전에 한해서 사용 가능하다(예: __dir__, __instancecheck__, __subclasscheck__). 다음은 각 계열에서 한정적으로 사용할 수 있는 메서드에 대한 설명이다.

파이썬 3.X 한정 메서드

다음 메서드들은 파이썬 3.X에서 지원되며, 파이썬 2.X에서는 지원되지 않는다.

- __round__
- __bytes__
- __bool__ (파이썬 2.X에서는 __nonzero__나 __len__ 메서드명을 사용)
- __next__ (파이썬 2.X에서는 next 메서드명을 사용)
- __truediv__ (파이썬 2.X에서는 실 나눗셈이 활성화된 경우에만 사용 가능: 16쪽 "연산자 사용 시 주의 사항" 참고)
- oct(), hex() 사용을 위한 __index__ (파이썬 2.X에서는 __oct__, __hex__ 사용)

파이썬 2.X 한정 메서드

다음 메서드들은 파이썬 2.X에서 지원되며, 파이썬 3.X에서는 지원되지 않는다.

__cmp__(*self, other*) (그리고 __rcmp__)

self > other, *other == self*, cmp(*self, other*) 등에 의해 호출된다. 이 메서드는 더 이상 특정한 메서드(예: __lt__)가 정의되지 않거나 상속되지도 않을 때, 모든 비교를 위해 호출된다. self가 *other*에 비해 작을 때는 -1, 같을 때는 0, 클 때는 1을 반환한

다. 만약 고급 비교나 __cmp__ 메서드가 정의되지 않았다면, 클래
스 인스턴스는 그것들의 메모리상 주소 일치 여부를 비교한다. __
rcmp__ 우측 메서드는 2.1부터 더 이상 지원되지 않는다.

파이썬 3.X에서는 앞에서 설명한 __lt__, __ge__, __eq__ 등의 비
교 메서드를 사용하며, 파이썬 3.X의 정렬을 위해서는 __lt__를
사용한다.

__nonzero__(*self*)

참/거짓 값에 의해 호출된다(__len__가 정의된 경우에는 그것을
사용한다). 파이썬 3.X에서는 __bool__로 이름이 바뀌었다.

__getslice__(*self, low, high*)

시퀀스 슬라이싱을 위해 *self[low:high]*를 수행할 때 호출된다.
__getslice__가 없고 확장된 세 아이템 슬라이스를 처리해야 할
경우에는 슬라이스 객체가 생성되서 __getitem__ 메서드에 대신
전달된다.

파이썬 2.X에서는 이 메서드와 다음의 두 메서드를 더 이상 사용
하지 말도록 하고 있으나, 아직까지는 지원된다. 이 메서드들이 정
의되어 있다면, 슬라이스 표현식에서 호출할 때 아이템 기반 방식
을 사용하는 것보다 선호된다. 파이썬 3.X에서 이 세 가지 메서드
는 완전히 제거됐다. 그 대신 슬라이스는 그 인자를 슬라이스 객체
로 하는 __getitem__, __setitem__, __delitem__을 항상 호출한
다. 176쪽 "내장 함수"의 slice()를 참고하자.

__setslice__(*self, low, high, value*)

시퀀스 슬라이스 대입을 위한 *self[low:high]=value*에서 호출된
다. 앞의 __getitem__ 사용 중단 주의 사항을 참고하도록 하자.

__delslice__(*self*, *low*, *high*)

시퀀스 슬라이스 삭제를 위한 del *self*[*low*:*high*]에서 호출된다. 앞의 **__getitem__** 사용 중단 주의 사항을 참고하자.

__div__(*self*, *other*) (그리고 **__rdiv__**, **__idiv__**)

(**__truediv__**가 대신 실행되는) 실 나눗셈이 활성화되지 않은 경우 *self*/*other*에 의해 호출된다. 파이썬 3.X에서 /는 항상 실 나눗셈이므로 **__truediv__**, **__rtruediv__**, **__itruediv__**에 의해 언제나 실행된다. 16쪽 "연산자 사용 시 주의 사항"를 참고하자. 두 가지 모델을 모두 지원하기 위해서는 **__truediv__** = **__div__** 대입을 사용한다.

__long__(*self*)

long(*self*)에서 호출된다. 파이썬 3.X에서 int 자료형은 long 자료형을 완전히 포괄하므로 이 메서드는 제거됐다.

__oct__(*self*)

oct(*self*)에서 호출된다. 이 메서드는 8진수 문자열 표현을 반환한다. 파이썬 3.X의 **__index__**()에 대해서는 정수를 대신 반환한다.

__hex__(*self*)

hex(*self*)에서 호출된다. 이 메서드는 16진수 문자열 표현을 반환한다. 파이썬 3.X의 **__index__**()에 대해서는 정수를 대신 반환한다.

__coerce__(*self*, *other*)

혼합 모드 계산식인 coerce()에서 호출된다. 이 메서드는 공통 자료형으로 변환된 (*self*, *other*) 튜플을 반환하게 된다. 만약에

__coerce__가 정의됐다면, 일반적으로 실제 연산자 메서드를 시도하기 전에 호출된다(예를 들어 __add__ 전에). 이는 공통 자료형으로 변환된 피연산자를 포함한 튜플을 반환한다(변환할 수 없을 때는 None 반환). 이에 대한 규칙을 좀 더 자세히 알고 싶다면 파이썬 언어 레퍼런스를 참고하도록 하자.

__unicode__(*self*)

2.X에서 *self*의 유니코드 문자열을 반환하기 위한 목적의 함수인 unicode(*self*)에 의해 호출된다(187쪽 "파이썬 2.X 내장 함수" 참고). 이것은 __str__의 유니코드 버전이다.

__metaclass__

클래스의 메타클래스에 대입된 클래스 속성이다. 파이썬 3.X에서는 클래스 헤더 라인에 metaclass=M 키워드 인자 문법을 대신 사용한다(112쪽 "메타클래스" 참고).

내장 함수

모든 내장 이름들(함수, 예외 등)은 builtins 모듈에 해당하는 묵시적 외부 내장 범위에 존재한다(파이썬 2.X에서는 __builtin__이다). 이 범위는 이름 조회 시 항상 마지막에 검색되므로, 이 함수들은 임포트 없이 프로그램에서 항상 사용 가능하다. 그러나 이 이름들은 예약어가 아니어서 전역/지역 범위 내에서 같은 이름을 대입하면 가려질 수 있다. 여기의 모든 호출에 대한 추가적인 사항은 help(*function*)을 실행하여 확인할 수 있다.

이번 절은 파이썬 3.X에 초점을 맞춘다. 하지만 대부분의 파이썬 버전에 일반적으로 적용되는 내장 함수 정보를 제공할 것이다. 파이썬 2.X에만 적용되는 항목들은 182쪽 "파이썬 2.X 내장 함수"를 참고한다.

abs(*N*)

숫자 *N*의 절댓값을 반환한다.

all(*iterable*)

*iterable*의 모든 요소가 참일 때만 True를 반환한다.

any(*iterable*)

*iterable*의 어떤 요소라도 참이면 True를 반환한다. filter(bool, *I*)와 [x for x in *I* if x] 둘 다 *I* 반복 내의 모든 참값을 수집한다.

ascii(*object*)

repr()처럼 객체의 출력 가능한 표현을 포함하는 문자열을 반환한다. 하지만 \x, \u, \U 이스케이프를 사용하여 repr() 결과 문자열 내의 비 ASCII 문자들을 이스케이프한다. 이 결과는 파이썬 2.X의 repr()에 의해 반환되는 결과와 유사하다.

bin(*N*)

정수 숫자를 이진 숫자 문자열로 변환하며, 그 결과는 유효한 파이썬 표현식이다. 만약 인자 *N*이 파이썬 int 객체가 아니라면, 정수를 반환하는 __index__() 메서드를 반드시 정의해야 한다. 코드의 0bNNN 이진 리터럴로부터의 변환을 위한 int(*string*, 2)와 str.format()의 b 자료형 코드를 참고하자.

bool([*X*])

표준 참/거짓 테스트 절차를 통해 객체 *X*의 불린값을 반환한다. 만약 *X*가 거짓이거나 생략됐을 경우 False를 반환하며, 그렇지 않을 경우 True를 반환한다. bool 또한 클래스이며, int의 하위 클래스다. bool 클래스는 더 이상 하위 클래스를 만들지 못한다. 그것의 인스턴스는 False나 True만 될 수 있다.

bytearray([*arg* [, *encoding* [, *errors*]]])

새로운 바이트 배열을 반환한다. bytearray 자료형은 **0...255** 범위
의 작은 정수로 구성된 가변 시퀀스이며, 가능한 한 ASCII 텍스트
로 출력된다. 본질적으로 bytes의 가변형이며, str 문자열 자료형
의 메서드는 물론 가변 시퀀스에 대한 대부분의 연산을 지원한다.
*arg*는 (이 목록의 뒤에 설명된) str()에서와 같이 encoding으로 인
코딩된 str 문자열일 수 있는데, NULL (0) 바이트의 배열을 초기
화시키기 위한 정수이다(errors는 생략 가능). 작은 정수의 반복은
bytes 문자열이나 다른 bytearray 같은 배열을 초기화시키는 데 사
용되고, (앞에서 버퍼로 부른) 메모리 뷰 인터페이스에 따르는 객
체는 배열을 초기화하는 데 사용되며, 생략된 경우에는 길이가 0
인 배열이 생성된다. 51쪽 "bytes와 bytearray 문자열"을 참고하자.

bytes([*arg* [, *encoding* [, *errors*]]])

새로운 bytes 객체를 반환하며, 이는 **0...255** 범위를 가지는 정수
의 불변 시퀀스다. bytes는 bytearray의 불변 버전이며, 같은 불
변 문자열 메서드와 시퀀스 연산을 가진다. 그것은 이진 데이터
의 8비트 바이트 문자열을 표현할 때 흔히 사용되며, 생성자 인자
는 bytearray()에 관하여 해석된다. 파이썬 3.X에서 bytes 객체는
b'ccc' 리터럴로도 생성될 수 있다(2.X에서, 이는 일반 str을 생성
한다). 51쪽 "bytes와 bytearray 문자열"을 참고하자.

callable(*object*)

*object*가 호출 가능하면 True를 반환하고, 그렇지 않으면 False
를 반환한다. 이 호출은 2.X에 존재한다. 3.X 중 3.0과 3.1에서 제
거됐었지만 3.2부터 복원됐다. 3.X의 초기 버전에서는 hasattr
(*object*, '__call__')를 대신 사용할 수 있다.

chr(*I*)

유니코드 코드 포인트가 정수 *I*인 단일 문자 문자열을 반환한다. 이것은 ord()의 반대이다(예를 들어, chr(97)은 'a'이고 ord('a')은 97이다).

classmethod(*function*)

*function*에 대한 클래스 메서드를 반환한다. 인스턴스 메서드가 인스턴스를 받는 것처럼 클래스 메서드는 암시적인 첫 인자로 대상 인스턴스의 가장 명확한(가장 낮은) 클래스를 받는다. 클래스당 데이터를 관리하는 데 유용하다. 2.4 및 그 이후 버전에서는 @classmethod 함수 데코레이터 형식을 사용한다(95쪽 "def 문" 참고).

compile(*string*, *filename*, *kind* [, *flags*[, *dont_inherit*]])

*string*을 코드 객체로 컴파일한다. *string*은 파이썬 프로그램 코드를 포함한 파이썬 문자열이다. *filename*은 에러 메시지에 사용되는 문자열이다(대개는 코드를 읽어온 파일명이거나, 대화식으로 타이핑됐을 경우에는 '<string>'이 된다). *kind*는 *string*이 문장을 포함할 경우에는 'exec'가 되고, string이 표현식일 경우엔 'eval'이나 'single'이 될 수 있는데, 그것은 None이 아닌 대상을 평가하는 식 문 출력한다. 결과 코드 객체는 exec()나 eval() 내장 함수 호출로 실행될 수 있다. 생략 가능한 마지막 두 인자는 문자열 컴파일에 영향을 주는 future 문을 제어할 수 있다. 그 두 인자가 생략되면, 문자열은 compile()이 호출된 위치에서 유효한 future 문으로 컴파일된다(상세한 내용은 파이썬 매뉴얼을 참고하도록 하자).

complex([*real* [, *imag*]])

복소수 객체를 구성한다(J나 *j* 접미사를 사용해서도 코딩할 수 있다: *real+imagJ*). *imag*는 0이 기본값이다. 만약 두 인자가 모두 생략되면 0j를 반환한다.

delattr(*object*, *name*)

*name*이란 이름의 속성을 *object*에서 삭제한다. del *object.name*과 유사하지만 *name*이 리터럴로 주어진 변수가 아니라 문자열이라는 차이가 있다(예를 들어 delattr(a, 'b')는 del a.b와 같다).

dict([*mapping* | *iterable* | *keywords*])

매핑, 시퀀스 혹은 다른 키/값 쌍 반복, 혹은 키워드 인자 집합에서 초기화된 새 딕셔너리를 반환한다. 만약 인자가 주어지지 않으면, 빈 딕셔너리를 반환한다. 이 클래스명은 하위 클래스를 만들 수 있다.

dir([*object*])

만약 인자가 전달되지 않으면 현재 지역 범위(이름 공간)의 이름들로 구성된 리스트를 반환한다. 속성을 가지는 어떠한 *object*라도 인자로 전달되면 *object*와 연관된 속성 이름들의 리스트를 반환한다. 속성을 가지는 내장 객체들(리스트, 딕셔너리 등)은 물론, 모듈, 클래스 및 클래스 인스턴스에도 동작한다. 그 결과는 상속된 속성을 포함하며, 정렬도 된다. 단일 객체에 한해 속성 리스트에 __dict__를 사용한다. 동적 혹은 프록시 클래스 내에서 산출된 속성의 이름들을 제공하는 object.__dir__()이 정의됐다면, 이 호출은 그것을 실행한다.

divmod(*X*, *Y*)

(*X* / *Y*, *X* % *Y*) 튜플을 반환환다.

enumerate(*iterable*, *start*=0)

반복 가능한 enumerate 객체를 반환한다. *iterable*은 반드시 반복 프로토콜을 지원하는 시퀀스나 다른 반복 객체여야 한다. enumerate()에 의해 반환되는 이터레이터의 __next__() 메서드는 start로부터의 계수(*count*, 기본값은 0)와 *iterable*의 반복으로 얻은 해당 값을 포함하는 튜플을 반환한다. for 루프 같은 반복에서 인덱스된 일련의 위치와 아이템을 얻는 데 유용하다(예: (0, x[0]), (1, x[1]), (2, x[2]), ...). 2.3과 그 이후 버전에서 사용할 수 있다. 파이썬 3.4의 고정 열거(enumerations)에 대해서는 274쪽 "enum 모듈"을 참고하자.

eval(*expr* [, *globals* [, *locals*]])

파이썬 표현식을 포함하는 파이썬 문자열이나 컴파일된 코드 객체, 둘 중 하나로 가정되는 *expr*을 평가한다. *expr*은 *globals* 및 *locals* 이름 공간 딕셔너리 인자가 전달되지 않으면 *eval* 호출 자체의 이름 공간 범위 내에서 평가된다. 만약 *globals*만 전달되면 *locals*의 기본값은 *globals*이 된다. 이 호출은 *expr* 결과를 반환한다. 프리컴파일에 대한 내용은 이 절의 앞에 나온 compile()을 참고하고, 문장 문자열 실행에 대한 내용은 이 절의 뒤에 나오는 exec() 내장을 참고하면 된다. 신뢰할 수 없는 코드가 프로그램 코드에선 동작하더라도, 그 코드의 문자열을 검토하는 용도로는 이 기능을 사용하지 말기를 권한다.

exec(*stmts* [, *globals* [, *locals*]])

파이썬 문장을 포함하는 파이썬 문자열이나 컴파일된 코드 객체,

둘 중 하나로 가정되는 *stmts*를 평가한다. 만약 *stmts*가 문자열이면, 그 문자열은 한 묶음의 파이썬 문장으로 파싱된 다음, 문법 에러가 발생하지 않는다면 실행된다. 만약 그것이 코드 객체라면 바로 실행된다. *globals*와 *locals*는 eval()과 동일하게 동작하며, 코드 객체를 프리컴파일하기 위해 compile()을 사용할 수 있다. 이것은 파이썬 2.X에서 문장 형식으로 사용할 수 있으며 (120쪽 "파이썬 2.X 문" 참고), 파이썬이 발전하는 과정 중에 문장 형식과 함수 형식 사이에서 몇 번의 변형을 겪었다. 신뢰할 수 없는 코드가 프로그램 코드에서 동작하더라도, 그 코드의 문자열을 검토하는 용도로는 이 기능을 사용하지 말기를 권한다.

filter(*function, iterable*)

*iterable*의 원소를 *function*에 적용할 때 참값이 반환되는 원소들을 반환한다. *function*은 한 개의 인자를 받는다. 만약 *function*이 None이면, *iterable* 내에서 참 값을 가지는 모든 아이템들을 반환한다. 이는 내장 bool을 *function*에 전달하는 것과 동일하다. 파이썬 2.X에서, 이 호출은 리스트를 반환한다. 파이썬 3.X에서, 그것은 값을 즉시 생성하고 단 한 번만 탐색할 수 있는 반복 가능한 객체를 반환한다(필요 시 결과 생성을 강제하기 위해 list()로 감싼다).

float([*X*])

숫자나 문자열 *X*를 부동 소수점 숫자로 변환한다(만약 아무 인자도 전달되지 않았다면 0.0을 반환한다). 사용 예시에 대해서는 24쪽 "숫자"를 참고한다. 이 클래스명은 하위 클래스를 만들 수 있다.

format(*value* [, *formatspec*])

객체 *value*를 문자열 *formatspec*으로 제어해 포매팅된 표현으로 변환한다. *formatspec*의 해석은 *value* 인자의 자료형에 따른다. 대부분의 내장 자료형은 표준 포매팅 문법을 사용하며, 문자열 포매팅 메서드에 대해서는 이 책의 앞부분에서 설명했다(36쪽 "포매팅 메서드 문법"의 *formatspec* 참고). format(*value*, *formatspec*)은 *value*.__format__(*formatspec*)을 호출하며, str.format() 메서드의 기본 연산이다 (예를 들어 format(1.3333, '.2f')은 '{0:.2f}'.format(1.3333)과 같다).

frozenset([*iterable*])

*iterable*로부터 얻은 요소들로 이루어진 고정 집합 객체를 반환한다. 고정 집합은 업데이트 메서드를 가지지 않는 불변 집합이며, 다른 집합 내에 중첩될 수 있다.

getattr(*object*, *name* [, *default*])

*object*로부터 속성 *name*(문자열)의 값을 반환한다. *object.name*과 유사하지만, *name*이 문자열로 평가되고 리터럴로 주어진 변수명이 아니라는 차이가 있다(예를 들어 getattr(a, 'b')은 a.b와 같다). 명명된 속성이 존재하지 않을 경우 *default*가 제공되면 그것이 반환되고, 그렇지 않으면 AttributeError가 발생한다.

globals()

호출자의 전역 변수를 포함하는 딕셔너리를 반환한다(예: 포함하는 모듈의 이름들).

hasattr(*object*, *name*)

*object*가 *name*(문자열) 속성을 가지면 True를 반환하고, 그렇지 않으면 False를 반환한다.

hash(*object*)

　*object*의 해시값(그것이 존재할 경우)을 반환한다. 해시값은 딕셔너리 조회 중에 빠르게 딕셔너리 키를 비교할 때 사용되는 정수이다. 이는 *object*.__hash__()를 호출한다.

help([*object*])

　내장 도움말 시스템을 호출한다. 이 함수는 대화 모드에 사용하기 위한 것이다. 만약 인자가 주어지지 않으면 인터프리터 콘솔에서 대화식 도움말 세션이 시작된다. 인자가 문자열이라면 모듈, 함수, 클래스, 메서드, 키워드, 혹은 문서 토픽의 이름으로 조회되며 내용에 따른 도움말 텍스트가 나타난다. 만약 인자가 다른 종류의 객체라면 그 객체를 위한 도움말이 생성된다(예: help(list.pop)).

hex(*N*)

　정수 숫자 *N*을 16진수 숫자 문자열로 변환한다. 만약에 인자 *N*이 파이썬 int 객체가 아니라면, 파이썬 3.X에서는 정수를 반환하는 __index__() 메서드를 반드시 정의해야 한다(2.X에서는 __hex__()가 대신 호출된다).

id(*object*)

　*object*의 식별 정수를 반환하며, 그 식별 정수는 모든 객체들 사이에서 특정 프로세스를 호출할 수 있는 유일한 값이다(즉, 그것은 메모리상의 주소다).

__import__(*name*, [... other args ...])

　런타임 시 문자열로 주어진 *name*으로 모듈을 임포트하고 그것을 반환한다(예: mod = __import__('mymod')). 일반적으로 이 호출은 exec()를 통해 import 문 문자열을 생성하고 실행하는 것보다 빠르다. 이 함수는 내부적으로 import와 from 문에 의해 호출되며 임포트 연산을 사용자 지정하기 위해 오버라이딩될 수 있다. 첫 번째를 제외한 모든 인자는 고급 기능을 가지는데, 이는 파이썬 라이브러리 레퍼런스를 참고하기 바란다. 103쪽 "import 문"을 비롯하여 표준 라이브러리의 imp 모듈과 importlib.import_module() 호출도 참고하자.

input([*prompt*])

prompt 문자열이 주어졌다면 그것을 출력하고, *stdin* 입력 스트림 (sys.stdin)에서 한 개의 라인을 읽은 후 그것을 문자열로 반환한다. 이것은 라인 끝에 따라오는 \n을 제거하고, *stdin* 스트림의 마지막에서는 EOFError를 발생한다. GNU readline이 지원되는 플랫폼상에서, input()은 그것을 사용한다. 파이썬 2.X에서 이 함수는 raw_input()이다.

int([*number* | *string* [, *base*]])

숫자나 문자열을 보통의 정수로 변환한다. 부동 소수점 숫자를 정수로 변환할 때 0 이하는 끊는다. *base*는 첫 인자가 문자열일 경우에 한해 전달될 수 있으며, 기본값은 10이다. 만약 *base*가 0으로 전달되면, *base*는 (코드 리터럴로서의) 문자열 내용에 의해 결정된다. 그렇지 않으면, *base*에 전달된 값이 문자열 변환 시의 기수 (base)가 된다. *base*는 0 및 2...36이 될 수 있다. string은 앞에 부호가 붙을 수 있고, 공백에 둘러싸여 있을 수 있다. 만약 인자가 전혀 없다면 0을 반환한다. 사용 예시에 대해서는 24쪽 "숫자"를 참고하자. 이 클래스명은 하위 클래스를 만들 수 있다.

isinstance(*object*, *classinfo*)

*object*가 *classinfo*의 인스턴스이거나 그것의 하위 클래스 인스

턴스인 경우 True를 반환한다. *classinfo*는 클래스나 자료형의 튜플일 수도 있다. 파이썬 3.X에서, 자료형은 클래스이므로 자료형에 대해 특별히 다른 것은 없다. 파이썬 2.X에서는 두 번째 인자도 자료형 객체가 될 수 있다. 이 함수는 두 파이썬 계열에서 대체 자료형 검사 도구로 유용하게 활용된다(type(*X*) is *Type* 대신 isinstance(*X*, *Type*)).

issubclass(*class1*, *class2*)

*class1*이 *class2*로부터 파생된 경우 True를 반환한다. *class2*는 클래스의 튜플이 될 수도 있다.

iter(*object* [, *sentinel*])

반복 가능한 *object*의 아이템으로 진입하는 데 사용할 수 있는 이터레이터 객체를 반환한다. 반환된 이터레이터 객체는 다음 아이템을 반환하는 __next__() 메서드를 가지며, 진행의 끝에서는 StopIteration을 발생시킨다. object에서 지원할 경우, 파이썬의 모든 반복 컨텍스트들은 진행하는 데 이 프로토콜을 사용한다. next(*I*) 내장 함수도 *I*.__next__()을 자동으로 호출한다. 인자가 한 개라면 *object*는 자체 이터레이터를 제공한다고 보거나 혹은 시퀀스라고 본다. 인자가 두 개라면, *object*는 sentinel을 반환할 때까지 호출되는 호출 가능 객체가 된다. iter() 호출은 __iter__()로 클래스에서 오버로딩될 수 있다.

파이썬 2.X에서, 이터레이터 객체는 __next__() 대신 next()라 불리는 메서드를 가진다. 호환성 및 역호환성을 위해, next() 내장 함수는 2.X(2.6부터)에서도 사용할 수 있으며, 이는 *I*.__next__() 대신 *I*.next()를 호출한다. 2.6 전에는 *I*.next()가 명시적으로 호출될 수 있었다. 이 목록의 next()와 58쪽 "반복 프로토콜"을 참고하자.

len(*object*)

컬렉션 *object*의 아이템 개수(길이)를 반환하며, 이는 시퀀스, 매핑, 집합 및 그 외의 것(예: 사용자가 정의한 컬렉션)이 될 수 있다.

list([*iterable*])

모든 *iterable* 객체의 전체 아이템을 포함하는 새 리스트를 반환한다. *iterable*이 이미 리스트라면, 그것의 (얕은) 복사본이 반환된다. 만약 인자가 없다면 새로운 빈 리스트를 반환한다. 이 클래스명은 하위 클래스를 만들 수 있다.

locals()

호출자의 지역 변수를 포함하는 딕셔너리를 반환한다(지역당 한 개의 키:값 엔트리를 가진다).

map(*function*, *iterable* [, *iterable*]*)

*function*을 시퀀스나 다른 반복 가능 객체인 *iterable*의 각 아이템에 적용하고, 개별적인 결과를 반환한다. 예를 들어, map(abs, (1, -2))는 1과 2를 반환한다. 추가적인 반복 가능 인자가 전달되면 *function*은 그 다수의 인자를 받아야 하며, 매 호출 시 각 *iterable*에서 한 개의 아이템을 전달받는다. 이 모드에서 반복은 가장 짧은 *iterable*의 끝에서 멈춘다.

파이썬 2.X에서는 개별적인 호출 결과의 리스트를 반환한다. 파이썬 3.X에서는 값을 즉시 생성하고 단 한 번만 탐색할 수 있는 반복 가능한 객체를 반환한다(필요 시 결과 생성을 강제하기 위해 list()로 감싼다).

또한, 파이썬 2.X에서(파이썬 3.X는 아님) *function*이 None이면, map()은 모든 *iterable* 아이템을 결과 리스트에 모은다. 다수의 *iterable*을 위해서 결과 아이템들을 튜플로 연결하고, 모든

*iterable*들을 가장 긴 것에 맞추어 None으로 채운다. 파이썬 3.X 에서는 표준 라이브러리 모듈인 *itertools*를 통해 유사한 기능을 사용할 수 있다.

max(*iterable* [, *arg*]* [, key=*func*])

단일 *iterable* 인자에 비어있지 않은 반복(예: 문자열, 튜플, 리스트, 집합) 중 가장 큰 값을 가지는 아이템을 반환한다. 두 개 이상의 인자에 대해서는 모든 인자 중 가장 큰 값을 반환한다. 생략 가능한 키워드 전용 key 인자는 list.sort()와 sorted()에 사용되는 것과 같은 단일 인자값 변환 함수를 지정한다(53쪽 "리스트"와 176쪽 "내장 함수" 참고).

memoryview(*object*)

주어진 *object* 인자에서 생성된 메모리 뷰 객체를 반환한다. 메모리 뷰는 객체 복사 없이 프로토콜을 지원하는 객체의 내부 데이터에 파이썬 코드가 접근할 수 있도록 허용한다. 메모리는 간단한 바이트 혹은 더 복잡한 데이터 구조로 해석될 수 있다. 메모리 뷰 프로토콜을 지원하는 내장 객체는 bytes와 bytearray를 포함한다. 메모리 뷰는 파이썬 2.X의 buffer() 프로토콜 및 내장 함수에 대한 대체물이다. memoryview()는 3.X 호환성을 위해 파이썬 2.7로 역이식됐다.

min(*iterable* [, *arg*]* [, key=*func*])

단일 iterable 인자에 비어있지 않은 반복(예: 문자열, 튜플, 리스트, 집합) 중 가장 작은 값을 가지는 아이템을 반환한다. 두 개 이상의 인자에는 모든 인자 중 가장 작은 값을 반환한다. key 인자는 (이 목록에 나온) max()에서와 같이 동작한다.

next(*iterator* [, *default*])

    __next__() 메서드 호출로 *iterator* 객체에서 다음 아이템을 가져온다(3.X). *iterator*에서 더 이상 가져올 것이 없고 *default*가 주어졌다면 그것을 반환한다. 그렇지 않으면 StopIteration을 발생시킨다. 이 함수는 파이썬 2.6과 2.7에서도 사용 가능한데, 이때는 *iterator*.__next__() 대신 *iterator*.next()를 호출한다. 이것은 3.X의 2.X에 대한 호환성 및 2.X의 3.X에 대한 역호환성을 지원한다. 2.6 이전의 파이썬 2.X에서는 이 호출을 사용할 수 없으므로, 수동 반복을 위해서 *iterator*.next()을 대신 사용한다. 이 목록의 iter()과 58쪽 "반복 프로토콜"을 참고하기 바란다.

object()

    새로운 단순(featureless) 객체를 반환한다. (리터럴명인) object는 모든 뉴 스타일 클래스의 상위 클래스로 파이썬 3.X의 모든 클래스를 포함하고, 파이썬 2.X에서는 object에서 명시적으로 파생된 클래스를 포함한다. 이것은 약간의 기본 메서드를 가진다 (dir(object) 참고).

oct(*N*)

    숫자 *N*을 8진수 숫자 문자열로 변환한다. 파이썬 3.X에서는 인자 *N*이 파이썬 int 객체가 아니면 정수를 반환하는 __index__() 메서드를 반드시 선언해야 한다(2.X에서는 __oct__()가 대신 호출된다).

open(...)

```
open(file
    [, mode='r'
    [, buffering=-1
    [, encoding=None          # 텍스트 모드만
```

```
[, errors=None           # 텍스트 모드만
[, newline=None          # 텍스트 모드만
[, closefd=True,         # 서술자만
[, opener=None ]]]]]]])  # 사용자 지정 오프너 3.3+
```

*file*이라 명명된 외부 파일로 연결되는 새로운 파일 객체를 반환하며, 파일을 여는 데 실패하면 IOError가 발생한다(3.3부터는 OSError 하위 클래스 예외가 발생). 이 절에서는 파이썬 3.X의 open()을 설명한다. 파이썬 2.X에서 사용하는 방법은 182쪽 "파이썬 2.X 내장 함수"를 참고한다.

*file*은 대개 열어야 할 파일의 이름(그 파일이 현재 작업 디렉터리에 있지 않으면 그것의 경로까지 포함하는)을 전달하는 텍스트나 바이트 문자열 객체다. *file*은 래핑될 파일의 정수 파일 서술자가 될 수도 있다. 파일 서술자가 주어진 경우, closefd가 False로 설정되지 않는 한 반환된 I/O 객체가 닫히면 파일 서술자도 닫힌다. 이후의 모든 옵션은 키워드 인자로 전달될 수 있다.

mode는 생략 가능한 문자열로, 열리는 파일의 모드를 지정한다. 기본값은 'r'이며 이는 텍스트 모드에서 읽기로 여는 것을 의미한다. 흔히 쓰는 값으로는 'w'가 있는데, 이는 쓰기로 여는 것을 의미하고(파일이 이미 존재할 경우에는 자른다), 'a'는 추가를 의미한다. 텍스트 모드에서 encoding이 지정되지 않으면 사용되는 인코딩은 플랫폼에 종속되며, 뉴라인은 기본적으로 '\n'으로 해석된다. 원시 바이트를 읽고 쓰기 위해서는 'rb', 'wb', 'ab' 같은 이진 모드를 사용하고, encoding을 지정되지 않은 상태로 둔다.

연결할 수 있는 모드는 다음과 같다. 읽기를 위한 'r'(기본값), 쓰기를 위한 'w'(먼저 파일을 자른다), 덧붙이기 위한 'a'(파일이 존재할 경우 그 끝에 추가한다), 이진 모드를 위한 'b', 텍스트 모드를 위한 't'(기본값), 업데이트(읽기, 쓰기)하기 위해 디스크 파일을 열기 위한

'+', 범용 뉴라인 모드를 위한 'U'(역호환성 한정) 등이 있다. 기본값인 'r' 모드는 'rt'와 같다(텍스트를 읽기 위해 열기). 이진 임의 접근을 위해, 'w+b' 모드는 파일을 열고 그 크기를 0 바이트로 자른다. 반면에 'r+b'는 파일을 자르지 않고 연다.

운영 체제가 파일을 이진 모드로 여는지 텍스트 모드로 여는지 구별하지 않더라도, 파이썬은 이를 구별한다.

- 입력에서 (mode에 'b'를 추가해서) 이진 모드로 열린 파일은 어떠한 유니코드 디코딩 및 라인 엔드 변환도 거치지 않고 내용을 bytes 객체로 반환한다. (기본값 혹은 mode에 't'를 추가한) 텍스트 모드에서는 바이트가 명시적으로 전달된 유니코드 encoding 이름 또는 플랫폼 종속적인 기본값으로 디코딩된 다음, 파일의 내용이 str 문자열로 반환되며, newline에 의해 라인 엔드가 변환된다.
- 출력에서 이진 모드는 bytes나 bytearray를 예상하고 그것을 그대로 쓴다. 텍스트 모드는 str을 예상하고, 그것을 유니코드 encoding로 인코딩하며, 쓰기 전에 newline에 의해 라인 엔드 변환을 적용한다.

buffering은 버퍼링 정책을 설정하기 위해 사용되는 선택적 정수다. (값이 전달되지 않았거나 −1이 전달됐을 때) 기본적으로 전체 버퍼링이 활성화되며, 이것에 0을 전달하면 버퍼링을 비활성화한다(이진 모드에서만 허용). 1을 전달하면 (텍스트 모드에 한해) 라인 버퍼링을 하고, 전체 버퍼링 및 버퍼 크기를 위해서는 1보다 큰 정수를 전달한다. 버퍼링된 데이터 전송은 즉시 이행되지 않을 수 있다(버퍼를 비우도록 강제하기 위해서 file.flush()를 사용한다).

encoding은 전송 시 텍스트 파일 내용을 디코딩 및 인코딩하는 데 사용할 인코딩 이름이다. 이것은 텍스트 모드에 한해 사용해야 한다.

기본 인코딩은 플랫폼에 종속되지만(`locale.getpreferredencoding()`에서 얻는다), 파이썬에 의해 지원되는 인코딩은 어떠한 것이라도 전달 가능하다. 지원되는 인코딩 목록은 파이썬 표준 라이브러리의 `codecs` 모듈을 참고하자.

`errors`는 인코딩 에러를 어떻게 다룰지 지정하는 선택적 문자열이다. 이것은 텍스트 모드에 한해 사용돼야 한다. 인코딩 에러 시 `ValueError` 예외를 발생시키기 위해 `'strict'`(None에 대한 기본값)가 전달될 수 있고, (데이터 손실을 일으킬 수 있음에도) 에러를 무시하기 위해 `'ignore'`가 전달될 수 있으며, 유효하지 않은 데이터에 대한 대체 표시를 사용하기 위해 `'replace'`가 전달될 수도 있다. 허용된 에러 값에 대해서는 파이썬 매뉴얼 및 파이썬 표준 라이브러리의 `codecs.register_error()`를 참고하고, 관련된 도구에 대해서는 이 목록의 `str()`을 참고하도록 하자.

`newline`은 범용 뉴라인의 동작 방식을 제어하며, 텍스트 모드에 한해서 적용한다. 이것은 None(기본값) 및 `''`, `'\n'`, `'\r'`, `'\r\n'`이 될 수 있다.

- 입력에서 `newline`이 None이면 범용 뉴라인 모드가 활성화된다. 이때 `'\n'`, `'\r'`, `'\r\n'` 중 하나로 끝나는 모든 라인들은 호출자에게 반환되기 전에 `'\n'`으로 변환된다. 만약 `newline`이 `''`이면 범용 뉴라인 모드가 활성화되지만, 라인의 끝은 변환되지 않고 호출자에게 반환된다. 만약 `newline`에 다른 적절한 값이 주어지면 그 값이 라인의 끝에 변환되지 않은 채로 호출자에게 반환된다.
- 출력에서 `newline`이 None이면 모든 `'\n'` 문자는 시스템 기본 라인 구분 기호인 `os.linesep`으로 변환된다. 만약 `newline`이 `''`이면 변환은 일어나지 않는다. 만약 `newline`에 다른 적절한 값이 주어지면 모든 `'\n'` 문자는 주어진 문자열로 변환된다.

만약 closefd가 False라면, 파일 서술자는 파일이 닫혔을 때 열린 상태를 유지할 것이다. 이것은 파일명이 문자열로 주어지면 동작하지 않으며, 이 경우엔 closefd을 반드시 True(기본값)로 해야 한다. 만약 파이썬 3.3과 그 이후 버전에서 *opener*가 호출 가능한 객체를 전달하면, os.open()용 인자와 함께 *opener(file, flags)*로 파일 서술자를 얻을 수 있다(228쪽 "os 시스템 모듈" 참고).

open()에 의해 반환되는 객체의 인터페이스는 67쪽 "파일"을 참고하자. 파일 객체 메서드 인터페이스를 지원하는 모든 객체는 파일이 사용될 것으로 예상되는 문맥에 일반적으로 사용될 수 있다(*socketobj.*makefile(), 파이썬 3.X의 io.StringIO(*str*) 및 io.BytesIO(*bytes*), 파이썬 2.X의 StringIO.stringIO(*str*), 모든 파이썬 표준 라이브러리 참고).

> ✅ 3.X에서 파일 모드는 설정 옵션과 문자열 자료형을 둘 다 내포하기 때문에, open()을 모드 문자열에 지정된 대로 텍스트와 이진, 두 가지 다른 기능으로 생각하는 것이 유용하다. 파이썬 개발자들은 두 가지 파일형을 지원하기 위해 서로 다른 두 개의 open() 함수를 제공하기보다는 한 개의 함수를 오버로딩하고 몇 가지 추가적인 정보를 제공하도록 정했다. 3.X에서 하부의 io 클래스 라이브러리(3.X에서 open()은 이것의 프론트엔드다)는 모드에 대한 파일 객체형을 상세히 다룬다. io 모듈에 대한 상세 사항은 파이썬 매뉴얼을 참고하자. 2.X(2.6부터)에서 내장 file 유형의 대체물로 io를 사용할 수 있다. 그러나 3.X에서는 io가 open()에 대한 표준 파일 인터페이스다.

ord(*C*)

단일 문자 문자열 *C*의 정수 코드 포인트값을 반환한다. ASCII 문자에서 이것은 *C*의 7비트 ASCII 코드이며, 일반적으로 단일 문자 유니코드 문자열 *C*의 유니코드 코드 포인트다. 이 목록에서 이 호출의 반대 개념인 chr()도 참고하자.

pow(*X*, *Y* [, *Z*])

X의 Y 거듭제곱을 반환한다. Z가 주어지면 결과를 Z로 나눈 나머지
를 반환한다. 이는 ** 표현식 연산자와 비슷하다.

print(...)

```
print([object [, object]*]
    [, sep=' '] [, end='\n']
    [, file=sys.stdout] [, flush=False])
```

(생략 가능한) *object*들을 스트림 file에 출력한다. sep로 구분되
며, end가 뒤에 붙는다. flush를 통해 출력을 강제로 내보낼 수 있
다. 뒷부분의 인자 네 개는 반드시 키워드 인자로 주어져야 하며,
위에 표시된 것이 기본값이다. flush는 파이썬 3.3부터 사용할 수
있다.

키워드가 아닌 모든 인자는 str()의 대체물을 사용해서 문자열로
변환되고, 스트림에 쓰인다. sep와 end는 문자열이거나 None(기본
값)이어야 한다. 만약 아무 *object*도 주어지지 않으면 end가 쓰인
다. file은 write(*string*) 메서드를 가지는 객체여야 하지만, 반드
시 실제 파일일 필요는 없다. 그것이 전달되지 않았거나 None일 경
우는 sys.stdout이 사용될 것이다.

파이썬 2.X에서는 문장 형식으로 출력 기능을 사용할 수 있다. 91
쪽 "print 문"을 참고하도록 하자.

property([*fget*[, *fset*[, *fdel*[, *doc*]]]])

뉴 스타일 클래스(3.X의 모든 클래스를 포함, object에서 파생된
클래스)에 대한 프로퍼티 속성을 반환한다. *fget*은 속성값을 얻기
위한 함수이며, *fset*은 설정, *fdel*은 삭제를 위한 함수다. 이 호출
은 자체적인 함수 데코레이터로 사용될 수도 있고(@property), 데

코레이터 역할로 사용될 수 있는 *getter*, *setter*, *deleter* 메서드를 가지는 객체를 반환한다(95쪽 "def 문" 참고). 서술자와 함께 구현된다(149쪽 "서술자 메서드" 참고).

range([*start*,] *stop* [, *step*])

*start*와 *stop* 사이의 연속적인 정수를 반환한다. *stop* 인자 한 개만 전달되면 0부터 *stop*-1까지의 정수를 반환한다. *start*, *stop* 인자가 전달되면 *start*부터 *stop*-1까지의 정수를 반환한다. *start*, *stop*, *step* 인자가 전달되면 *start*부터 *stop*-1까지의 정수를 반환하는데, 결과의 각 선행 작업에 *step*을 더한다. *start*와 *step*의 기본값은 각각 0과 1이다.

아이템을 건너뛰기 위해서 *step*을 1보다 크게 설정하거나(range(0, 20, 2)는 0부터 18 사이의 짝수 리스트다) *start*부터 역으로 세기 위해서 *step*에 음수를 설정할 수도 있다(range(5, -5, -1)의 결과는 5부터 -4까지다). 이 호출은 for 루프나 다른 반복들에서 오프셋 리스트를 생성하거나 반복 횟수를 세기 위한 목적으로 자주 사용된다.

파이썬 2.X에서 이 호출은 리스트를 반환한다. 파이썬 3.X에서는 즉시 값을 생성하는 반복 객체를 반환하며 이는 여러 번 탐색 가능하다(필요하면 결과 생성을 강제하기 위해 list() 호출로 감싼다).

repr(*object*)

하위 레벨의 '코드 같은' object의 출력 가능한 문자열을 반환한다. 문자열은 일반적으로 eval()에 의해 잠재적으로 파싱 가능한 형식을 가지며, str()보다 더 상세한 정보를 준다. 파이썬 2.X에 한해, 이것은 `object`와 동일하다(역 인용 부호 표현식은 파이썬 3.X에서 제거됐다). 137쪽 "연산자 오버로딩 메서드"의 __repr__()을 참고하자.

reversed(*seq*)

역방향 반복을 반환한다. seq는 __reversed__() 메서드를 가진 객체이거나 시퀀스 프로토콜(__len__() 메서드 및 0에서 시작하는 정수 인자와 함께 호출되는 __getitem__() 메서드)을 지원해야 한다.

round(*X* [, *N*])

소수점 이하 *N*자리까지 반올림한 부동 소수점값 *X*를 반환한다. *N*의 기본값은 0이며, 소수점 왼쪽을 나타내고 싶을 때는 음수가 될 수 있다. 한 개의 인자로 호출되면 정수가 반환되고, 그렇지 않을 경우 X와 같은 자료형이 반환된다. 파이썬 2.X에 한해 결과는 항상 부동 소수점값이다. 파이썬 3.X에 한해 이것은 *X*.__round__()를 호출한다.

set([*iterable*])

*iterable*에서 얻은 요소로 이루어진 집합을 반환한다. 요소들은 불변성을 가진다. 집합의 집합을 표현하기 위한 중첩 집합은 frozenset 객체여야 한다. *iterable*이 지정되지 않으면 새로운 빈 집합이 반환된다. 이것은 2.4 이후로 사용할 수 있다. 73쪽 "집합" 및 파이썬 3.X와 2.7의 {...} 집합 리터럴을 참고하자.

setattr(*object*, *name*, *value*)

*object*의 속성 *name*(문자열)에 *value*를 대입한다. *object.name* = *value*와 비슷하지만 *name*이 문자열로 평가되며 리터럴로 주어지지 않는다는 차이가 있다(예를 들어, setattr(a, 'b', c)은 a.b = c와 같다).

slice([*start* ,] *stop* [, *step*])

읽기 전용 속성인 *start*, *stop*, *step*을 받아 범위를 표현하는 슬
라이스 객체를 반환하며, *start*, *stop*, *step* 중 어느 것이라도
None이 될 수 있다. 인자들은 range()에서와 동일하게 해석된다.
슬라이스 객체는 *i:j:k* 슬라이스 표기 대신 사용될 수 있다(예를
들어, *X*[*i:j*]은 *X*[slice(*i*, *j*)]과 동일하다).

sorted(*iterable*, key=None, reverse=False)

*iterable*의 아이템들을 정렬해서 새로운 리스트를 반환한다. 생
략 가능한 키워드 인자인 key와 reverse는 54쪽 "리스트"에서 설명
한 list.sort() 메서드에서의 그것과 동일한 의미를 가진다. key는
단일 인자값 변환 함수다. 이것은 모든 반복상에서 동작하며, 리스
트를 즉시 바꾸지 않고 그 대신 새 객체를 반환한다. 따라서 None
을 반환할 수 있는 문장을 분리하기 위한 정렬 호출 분할을 피하려
고 하는 for 루프에 유용하다. 2.4 및 그 이후 버전에서 사용할 수
있다.

파이썬 2.X에서 이것은 sorted(*iterable*, cmp=None, key=None,
reverse=False) 호출 용법을 가진다. 이때 선택적 인자인 cmp,
key, reverse는 "리스트"에서 설명한 파이썬 2.X list.sort() 메서
드에서의 그것과 동일한 의미다.

staticmethod(*function*)

*function*에 대한 정적 메서드를 반환한다. 정적 메서드는 암시적
인 첫 번째 인자로서 인스턴스를 받지 않는다. 따라서 인스턴스까
지 미치는 클래스 속성 처리에 유용하다. 2.4 및 그 이후 버전은
@staticmethod 함수 데코레이터를 사용한다(95쪽 "def 문" 참고).
파이썬 3.X에 한해서, (인스턴스 객체가 아닌) 클래스 객체만을 통

해 호출되는 클래스의 간단한 함수에서는 이 내장이 필요없다.

str([*object* [, *encoding* [, *errors*]]])

(하위 클래스를 만들 수 있는) 이 호출은 파이썬 3.X에서 호출 패턴에 의해 두 가지 모드 중 하나로 정해진다.

- 문자열 출력: *object*만 주어진 경우 이것은 상위 레벨의 '사용자에게 친숙한' *object*의 출력 문자열 표현을 반환한다. 이 함수는 문자열을 반환하며 repr(*X*)와는 달리 str(*X*)는 eval()이 허용하는 문자열만을 반환하려고 시도하지는 않는다. 이 함수의 목표는 읽을 수 있고 출력할 수 있는 문자열을 반환하는 것이다. 인자가 주어지지 않으면 빈 문자열을 반환한다. 137쪽 "연산자 오버로딩 메서드"에서 이 모드에 의해 호출되는 __str__()을 참고하자.

- 유니코드 디코딩: *encoding* 및 *errors*가 전달되면, 이것은 객체를 디코딩할 것이다. 디코딩할 객체는 *encoding*에 대한 코덱을 사용하는 바이트 문자열 혹은 문자 버퍼가 될 수 있다. *encoding* 파라미터는 유니코드 인코딩의 이름을 표시하는 문자열이다. 인코딩을 인식할 수 없으면 LookupError가 발생한다. 에러는 *errors*에 의해 처리되는데, 인코딩 에러 시 ValueError를 발생시키기 위해서는 'strict'(기본값)를, 잠재적인 데이터 손실을 허용하고 조용히 에러를 무시하기 위해서는 'ignore'를, 디코딩할 수 없는 입력 문자를 공식 유니코드 대체물인 U+FFFFD로 바꾸기 위해서는 'replace'로 설정한다. 표준 라이브러리의 codecs 모듈 및 유사한 메서드인 bytes.decode()를 참고하도록 하자(예를 들어, b'a\xe4'.decode('latin-1')는 str(b'a\xe4', 'latin-1')과 동일하다).

파이썬 2.X에서, 이 호출은 유사한 용법인 str([*object*])을 가지며, *object*의 상위 레벨 출력 표현을 포함하는 문자열을 반환한다(앞 리스트의 첫 번째 아이템에서 설명한 모드와 같다). 유니코드 디코딩은 2.X에서 문자열 메서드 혹은 2.X unicode() 호출에 의해 구현된다. 이는 여기 나온 3.X str()과 본질적으로 동일하다(다음 절 참고).

sum(*iterable* [, *start*])

*start*와 *iterable*의 모든 아이템들을 더한 후 총합을 반환한다. *start*의 기본값은 0이다. 반복 내의 아이템들은 일반적으로 숫자이며, 문자열은 허용되지 않는다. 문자열 반복을 연결하기 위해서는 ''.join(*iterable*)을 사용한다.

super([*type* [, *object*]])

type의 상위 클래스를 반환한다. 두 번째 인자가 생략되면 반환되는 상위 객체는 바인딩되지 않는다. 만약 두 번째 인자가 객체라면 isinstance(*object*, *type*)는 반드시 참이 돼야 한다. 만약 두 번째 인자가 자료형이면 issubclass(*object*, *type*)은 반드시 참이 돼야 한다. 이 호출은 3.X의 모든 클래스에 대해 동작한다. 하지만 파이썬 2.X에서는 뉴 스타일 클래스에 한해 동작하며, *type*도 생략할 수 없다.

3.X에 한해, 클래스 메서드의 인자 없는 super() 호출은 super(*containing-class*, *method-self-argument*)와 암시적으로 같다. 암시적이건 명시적이건, 이 호출 형식은 바인딩된 프록시 객체를 생성하는데, 그 프록시 객체를 통해 self 인스턴스는 *self* 클래스의 MRO상 호출 클래스에 접근할 수 있다. 이 프록시 객체는 이후 생기는 상위 클래스 속성 참조 및 메서드 호출에 사용할 수 있다. MRO 순서에 대해 더 알고 싶다면 129쪽 "뉴 스타일 클래스:

MRO"를 참고하자.

super()가 항상 MRO상의 다음 클래스(진짜 상위 클래스이건 아니건 요청된 속성을 갖는 호출 클래스 다음의 첫 클래스)를 선택하므로 메서드 호출 라우팅에 사용될 수 있다. 단일 상속 클래스 트리에서 이 호출은 부모 상위 클래스를 명시적으로 호출하지 않고 포괄적으로 부르는 데 사용될 수 있다. 다중 상속 트리에서 이 호출은 트리를 통해 호출을 전파하는 협동적 메서드 호출 발송(cooperative method-call dispatch)을 구현하는 데 사용될 수 있다.

후자의 사용 모드, 즉, 협동적 메서드 호출 발송은 다이아몬드에서 메서드 호출 체인이 각 상위 클래스를 단 한 번씩만 방문하도록 할 때 유용하게 사용할 수 있다. 그러나, 일부 프로그램에 대해서는 super()가 원하지 않는 상위 클래스 호출을 발생시킬 가능성도 높다. super() 메서드 발송 기법에는 일반적으로 다음 세 가지 요건이 필요하다.

• 앵커: super()가 호출할 메서드가 반드시 존재해야 하며, 이 메서드는 호출 체인 앵커가 없을 경우 추가적인 코드가 필요하다.

• 인자: super()가 호출하는 메서드는 모든 클래스 트리에 걸쳐 동일한 인자 형태를 가져야 한다. 이는 생성자 같은 구현 레벨 메서드에 대한 유연성을 해칠 수 있다.

• 배포: super()가 호출하는 메서드의 형태는 마지막 메서드를 제외하고는 모두 자체 super()를 사용해야 한다. 하지만 이는 기존 코드 사용, 호출 순서 변경, 메서드 오버라이딩, 자체 포함(self-contained) 클래스 코딩을 어렵게 만들 수 있다.

이러한 제약들 때문에, 어떤 경우에는 super()를 사용하는 대신 명시적인 상위 클래스 이름으로 상위 클래스 메서드를 호출하는

것이 더 쉽고, 예측 가능하고, 필수적일 수 있다. 상위 클래스 S
에 대해, 명시적이고 전통적 형식인 S.method(self)는 암시적인
super().method()와 동일하다. 전체 상속을 실행하는 대신 결과 객
체가 클래스 트리 MRO의 문맥 종속 끝부분을 스캔하여 처음 매
칭된 서술자나 값을 선택하는 경우도 있는데, 그런 특별한 경우의
super() 속성 조회에 대해 더 알고 싶다면 131쪽 "뉴 스타일 상속
알고리즘"을 참고하자.

tuple([iterable])

전달되는 *iterable*과 동일한 요소를 가지는 새 튜플을 반환한다.
만약 *iterable*이 이미 튜플이라면, (복사되지 않고) 바로 반환되는
데, 튜플이 불변성을 가지므로 이것으로 충분하다. 인자가 없으면
새로운 빈 튜플을 반환한다. 이 클래스명 또한 하위 클래스를 만들
수 있다.

type(*object* | (*name, bases, dict*))

(하위 클래스를 만들 수 있는) 이 호출은 호출 패턴에 의해 두 가지
다른 모드로 사용된다.

- 인자가 한 개면 *object*의 유형을 나타내는 유형 객체를 반환한
  다. if 문의 유형 테스트에 유용하다(예: type(*X*)==type([])).
  내장 이름이 아닌 프리셋(preset) 유형 객체에 대해서는 표
  준 라이브러리의 types 모듈을 참고하고, 이 절의 앞에 나온
  isinstance()도 참고하도록 하자. 뉴 스타일 클래스에서 type
  (object)는 일반적으로 *object.__class__*와 같다. 파이썬 2.X
  에 한해, types 모듈 또한 대부분의 내장 유형 이름에 대한 동의
  어를 포함한다.
- 인자가 세 개인 경우 새 유형 객체를 반환하는 생성자 역할을 한

다. 이 경우는 class 문의 동적 형식이다. *name* 문자열은 클래스 명이며 __name__ 속성이 되고, *bases* 튜플은 기본 (상위) 클래스 들을 아이템으로 하며 __bases__ 속성이 된다. *dict* 딕셔너리는 클래스의 본문에 관련된 속성 정의를 포함하는 이름 공간이며 __dict__ 속성이 된다. 예를 들어, 다음은 서로 동일하다.

```
class X(object): a = 1
X = type('X', (object,), dict(a=1))
```

이 매핑은 메타클래스 생성에 사용되는데, type의 하위 클래스에 서는 type()과 같은 호출이 자동으로 발생하며, 일반적으로 클래스 생성 인자와 함께 메타클래스의 __new__() 및 __init__()을 호출 한다.

111쪽 "메타클래스"와 '파이썬 3.X, 2.6, 2.7의 클래스 데코레이터' 그리고 135쪽 "연산자 오버로딩 메서드"의 __new__()를 참고하도 록 하자.

vars([*object*])

인자가 없을 때 현재 지역 범위의 이름들을 포함하는 딕셔너리를 반환한다. 인자로 모듈, 클래스, 클래스 인스턴스 *object* 등이 전 달되면 해당 *object*의 속성 이름 공간 딕셔너리를 반환한다(즉, 그 객체의 __dict__). 결과는 수정될 수 없다. 변수를 문자열 포맷으 로 참고할 때 유용하다.

zip([*iterable* [, *iterable*]*])

일련의 튜플을 반환하는데, 각각의 *i*번째 튜플은 인자 iterable의 i번째 요소를 포함한다. 예를 들어 zip('ab', 'cd')는 ('a', 'c') 와 ('b', 'd')를 반환한다. 적어도 하나의 iterable이 필요한데, 만 약 없으면 빈 결과를 반환한다. 결과는 가장 짧은 인자 반복의 길이에 맞춰서 잘린다. 한 개의 반복 인자가 주어지면, 튜플 한 개의 연속된 값을 반환한다. 다음과 같이 압축(zip)된 튜플을 압축 해제(unzip)하는 데 사용될 수도 있다.

```
X, Y = zip(*zip(T1, T2)).
```

파이썬 2.X에서 이것은 리스트를 반환한다. 파이썬 3.X에서는 값을 즉시 생성하고 단 한 번만 탐색할 수 있는, 반복 가능한 객체를 반환한다(필요 시 결과 생성을 강제하기 위해 list()로 감싼다). (파이썬 3.X를 제외한) 파이썬 2.X에서 같은 길이의 반복들이 인자로 전달된 경우, zip()은 첫 인자가 None인 map()과 유사하다.

파이썬 2.X 내장 함수

앞 절에서는 파이썬 3.X와 2.X 양쪽 모두에서 사용 가능한 내장 함수 간의 의미 체계상 차이점에 대해 주목했다. 이 절은 두 계열 간의 내용상 차이점에 대해 주목해 보기로 한다.

파이썬 2.X에서 지원하지 않는 파이썬 3.X 내장

파이썬 2.X에는 보통 다음과 같은 파이썬 3.X 내장 함수가 없다.

ascii()
파이썬 2.X의 repr()과 같이 동작한다.

exec()
파이썬 2.X의 문장 형식과 유사한 의미 체계를 가진다.

memoryview()
파이썬 2.7에서는 3.X 버전 호환성을 위해 사용할 수 있다.

print()

파이썬 2.X의 __builtin__ 모듈에 존재하지만 __future__ 임포트 없이 문법적으로 직접 사용할 수는 없다. 이는 파이썬 2.X에서 출력에 대한 문장 형식 및 예약어이다(91쪽 "print 문" 참고).

파이썬 3.X에서 지원하지 않는 파이썬 2.X 내장

파이썬 2.X에는 다음과 같은 내장 함수가 더 있다. 일부는 파이썬 3.X에서 다른 형식으로 사용 가능하다.

apply(*func, pargs* [, *kargs*])

모든 호출 가능한 객체의 *func*(함수, 메서드, 클래스 등)를 호출한다. *pargs* 튜플에는 위치 인자를, *kargs* 딕셔너리에는 키워드 인자를 전달하며, *func* 호출 결과가 반환된다.

파이썬 3.X에서는 제거됐지만, 그 대신 인자 풀림 호출 문법(argument-unpacking call syntax)인 *func*(**pargs*, ***kargs*)를 사용할 수 있다. 이 별표 형식은 파이썬 2.X에서도 선호되는데, 두 계열 모두에서 이쪽이 더 일반적이고, 함수 정의의 별표 용어와 대칭을 이루기 때문이다(88쪽 "식 문" 참고).

basestring()

일반 문자열 및 유니코드 문자열에 대한 기본 (상위) 클래스다 (isinstance() 테스트에 유용하다).

파이썬 3.X에서는 str 자료형이 모든 텍스트(8비트 및 고급 유니코드 둘 다)를 표현한다.

buffer(*object* [, *offset* [, *size*]])

해당 *object*에 대한 새로운 버퍼 객체를 반환한다(파이썬 2.X 라이브러리 레퍼런스 참고).

이 호출은 파이썬 3.X에서 제거됐다. 3.X에서는 memoryview() 내장이 유사한 기능을 제공하며, 파이썬 2.7에서도 호환성을 위해 이를 사용할 수 있다.

cmp(*X*, *Y*)

X < *Y*, *X* == *Y*, *X* > *Y*에 대해 각각 음의 정수, 0, 양의 정수를 반환한다.

파이썬 3.X에서는 제거됐지만 (*X* > *Y*) – (*X* < *Y*) 을 사용하여 동일한 결과를 얻을 수 있다. 그러나 일반적인 cmp() 사용 사례(정렬에서의 함수 비교 및 클래스의 __cmp__() 메서드)는 파이썬 3.X에서 제거됐다.

coerce(*X*, *Y*)

공통 자료형으로 변환된 두 개의 수치 인자인 *X*, *Y*를 포함하는 튜플을 반환한다.

이 호출은 파이썬 3.X에서 제거됐다(이것의 주된 사용 사례로는 파이썬 2.X의 고전적인 클래스를 들 수 있다).

execfile(*filename* [, *globals* [, *locals*]])

eval()과 비슷하지만, (표현식이 아닌) *filename*으로 전달된 문자열 이름을 가지는 파일 내의 모든 코드를 실행한다. 임포트와는 달리 파일을 위한 새로운 모듈 객체를 생성하지 않는다. None을 반환하며 *filename* 내의 코드에 대한 이름 공간은 eval()에 대한 것이다.

파이썬 3.X에서는 exec(open(*filename*).read())로 동일한 결과를 얻을 수 있다.

file(*filename* [, *mode*[, *bufsize*]])

open() 내장 함수에 대한 별칭이며, 하위 클래스를 만들 수 있는 내장 파일 유형의 클래스명이다.

파이썬 3.X에서 file은 제거됐다. 파일에 접근하기 위해 open()을 대신 사용하거나, 그것을 사용자 지정하기 위해서 io 표준 라이브러리 모듈을 사용한다(3.X에서는 open() 함수의 내부에서 io 표준 라이브러리를 사용하며, 2.X 버전에서는 2.6부터 선택적으로 사용한다).

input([*prompt*])(2.X 원형에 대한 설명)

*prompt*가 주어지면 이를 출력한다. 그 후, *stdin* 스트림(sys.stdin)으로부터 입력 라인을 읽고 그것을 파이썬 코드로 평가한 다음 결과를 반환한다. 2.X에서 이것은 eval(raw_input(*prompt*))과 비슷하다. 신뢰할 수 없는 코드가 프로그램 코드에서 동작하더라도, 그 코드의 문자열을 검토하는 용도로는 이 기능을 사용하지 말기를 권한다.

파이썬 3.X에서 raw_input()이 input()으로 개명됐기 때문에, 원래의 파이썬 2.X input()은 더 이상 사용할 수 없다. 그러나 eval(input(*prompt*))로 동일한 결과를 얻을 수 있다.

intern(*string*)

"인턴(interned) 문자열" 테이블에 *string*을 집어넣고 인턴 문자열을 반환한다. 인턴 문자열은 불변성을 가지며 성능을 최적화시키는 역할을 한다(== 등가보다 빠른 is 일치(equality)와 비교될 수 있다).

파이썬 3.X에서 이 호출은 sys.intern()로 바뀌었으며, 이를 사용하려면 sys 모듈을 임포트해야 한다. 자세한 내용은 210쪽 "sys 모듈"을 참고하자.

— Python

long(*X* [, *base*])

숫자 혹은 문자열 *X*를 long 정수로 변환한다. base는 *X*가 문자열일 경우에 한해 전달 가능하다. base가 0이면, 기수는 문자열 내용에 의해 결정된다. *base*가 0이 아니면 그것이 변환의 기수로 사용된다. 이 클래스명은 하위 클래스를 만들 수 있다.

파이썬 3.X에서 int 정수는 임의의 long 정밀도를 지원하며, 파이썬 2.X의 long 자료형을 포괄한다. 따라서 파이썬 3.X에서는 int()를 사용한다.

raw_input([*prompt*])

이것은 앞에서 설명한 파이썬 3.X input() 함수의 파이썬 2.X 이름이다. *prompt*를 출력하고 읽고 반환한다. 그러나 입력 라인을 평가하지는 않는다.

파이썬 3.X에서는 input() 내장을 사용한다.

reduce(*func*, *iterable* [, *init*])

두 개의 인자를 가지는 함수 *func*를 *iterable*의 연속적인 아이템에 적용하여 컬렉션을 단일 값으로 줄인다. *init*이 주어지면 *iterable*의 앞에 추가된다.

파이썬 3.X에서도 functools.reduce()로 이 내장을 아직 사용할 수 있으며, 이를 위해 functools 모듈을 임포트한다.

reload(*module*)

모듈의 현재 이름 공간에 이미 임포트된 *module*을 다시 로딩하고, 파싱하고, 실행한다. 재실행은 모듈 속성들의 이전 값을 즉시 교체한다. *module*은 반드시 기존의 모듈 객체를 참조해야 하며, 새로운 이름이나 문자열이 아니다. 이것은 대화 모드에서 파이썬을 재시작하지 않고, 모듈을 고친 후 다시 로딩할 때 유용하다. 이는

module 객체를 반환한다. 임포트된 모듈이 유지되는(그리고 강제로 다시 임포트하기 위해 삭제될 수 있는) sys.modules 테이블도 참고하자.

파이썬 3.X에서 이 내장은 imp.reload()로 아직 사용 가능하며, 이를 사용하기 위해 imp 모듈을 임포트한다.

unichr(*I*)

유니코드 코드 포인트가 정수 *I*인 한 문자의 유니코드 문자열을 반환한다(예를 들어, unichr(97)은 문자열 u'a'를 반환한다). 이것은 유니코드 문자열에 대한 ord()의 반대 개념이며, chr()의 유니코드 버전이다. 인자는 반드시 0...65,535 범위 내에 있어야 한다. 그렇지 않을 경우, ValueError가 발생한다.

파이썬 3.X에서는 일반 문자열이 유니코드 문자들을 표현한다. 따라서 chr() 호출을 대신 사용한다(예를 들어, ord('\xe4')은 228이고, chr(228)과 chr(0xe4)은 둘 다 'ä'을 반환한다).

unicode([*object* [, *encoding* [, *errors*]]])

3.X의 str()과 유사하게 동작한다(자세한 사항은 앞에 나온 str()을 참고). 한 개의 인자만 있으면 *object*와 관련하여 높은 레벨의 출력 문자열 표현을 반환하는데, 반환 결과는 str이 아닌 2.X 유니코드 문자열이다. 두 개 이상의 인자를 받으면 *encoding*에 지정된 코덱을 사용하여 *object* 문자열에 대해 유니코드 디코딩을 수행한다. 이때 *errors*에 의한 에러 처리를 수행하는데, 에러 처리의 기본값은 엄격한 에러 처리 모드이고, 이때 모든 인코딩 에러는 ValueError를 발생시킨다.

인코딩을 지원하는 파일에 대해서는 파이썬 라이브러리 레퍼런스의 codecs 모듈을 참고하자. 2.X에서 객체들은 unicode(*X*)에 대해 자체적으로 유니코드 문자열을 반환하는 __unicode__() 메서드를 제공할 수 있다.

파이썬 3.X에서는 유니코드에 대한 개별적인 자료형이 없고, str 자료형이 모든 텍스트(8비트 및 고급 유니코드)를 표현하며, bytes 자료형은 8비트 이진 데이터의 바이트들을 표현한다. 그러므로 유니코드 텍스트에는 일반 str 문자열을 사용하면 되고, 원시 바이트로부터 인코딩된 유니코드를 디코딩하기 위해서는 bytes.decode() 나 str()을 사용하면 된다. 유니코드 텍스트 파일을 처리하기 위해서는 일반 open() 파일 객체를 사용하면 된다.

xrange([*start*,] *stop* [, *step*])

range()와 유사하지만, 전체 리스트를 한 번에 실제로 저장하지 않는다(그 대신 한 번에 하나의 정수를 생성한다). 이는 적은 메모리 상에서 넓은 범위를 처리해야 하는 for 루프에 유용하다. 이것은 공간을 최적화하지만 일반적으로 속도 이득은 없다.

파이썬 3.X에서 메모리에 결과 리스트를 생성하던 원래의 range() 함수는 반복을 반환하는 것으로 변경됐다. 따라서 이는 삭제된 파이썬 2.X의 xrange()를 포괄한다.

이밖에도 파이썬 3.X의 파일 open() 호출은 여기 설명한 파이썬 2.X 의 내용에 비해 매우 근본적인 변화가 생겼다(파이썬 2.X에서 codecs. open()은 전송 시 유니코드 인코딩 변환을 포함하여 파이썬 3.X open()의 많은 기능을 갖고 있다).

open(*filename* [, *mode*, [*bufsize*]])

*filename*이라는 이름의 외부 파일로 연결되는 새로운 file 객체를 반환하며, 파일을 여는 데 실패하면 IOError가 발생한다. 파일명이 디렉터리 경로 접두사를 포함하지 않았다면 현재 작업 디렉터리를

매핑한다. 처음 두 개의 인자는 일반적으로 C의 fopen() 함수와 동일하며, 파일은 stdio 시스템에 의해 관리된다. open()과 함께, 파일로부터 읽은 바이트들을 포함하는 파일 데이터는 스크립트 안에서 항상 일반 str 문자열로 표현된다(codecs.open()은 파일 내용을 unicode 객체로 표현되는 인코딩된 유니코드 텍스트로 해석한다). *mode*가 생략된 경우의 기본값은 'r'이다. 이는 읽기를 위한 'r', 쓰기를 위한 'w'(먼저 파일을 자름), 추가를 위한 'a', (\n에 대한 라인 엔드 변환을 막는) 이진 파일을 위한 'rb', 'wb', 'ab'로 설정할 수 있다. 대부분의 시스템에서 입력/출력 업데이트 모드로 열기 위해 +를 각 모드에 추가할 수 있다(예: 읽기/쓰기를 위한 'r+', 읽기/쓰기를 하지만 초기에 파일을 비우지 않는 'w+').
*bufsize*는 구현 종속적인 값으로 초기화되지만, 버퍼링을 하지 않으려면 0, 라인 버퍼링을 하려면 1, 시스템 기본값으로 하려면 음수로 초기화하거나 혹은 특정 크기로 초기화할 수도 있다. 버퍼링된 데이터 전송은 즉시 이행되지 않을 수 있다(강제하기 위해서는 파일 객체의 flush() 메서드를 사용한다). 2.X에서는 file의 대체물이며 3.X의 open()에 대한 일반 파일 인터페이스인 파이썬 표준 라이브러리의 io 모듈을 참고하기 바란다.

내장 예외

이 절에서는 파이썬에 의해 미리 정의된 예외를 설명하는데, 이는 프로그램 실행 중에 파이썬에 의해 발생하거나 사용자 코드에 의해 발생될 수 있다. 주로 파이썬 3.3의 내장 예외 상태에 대해 소개하지만(상태 정보를 가지는 이전의 일반적인 클래스들을 포함하는, 시스템 관련 에러들에 대한 새로운 클래스들을 소개한다), 대부분의 파이썬 버전에 공통된 세부 사항도 제공한다. 버전별 차이점에 대해서는 이 절 끝부분의 파이썬 3.2 및 2.X 항목을 참고하자.

파이썬 1.5부터 모든 내장 예외는 클래스 객체가 됐다(1.5 이전에는 문자열이었다). 내장 예외는 내장 범위 이름 공간 내에서 제공되며(121쪽 "이름 공간과 범위 규칙" 참고), 많은 수의 내장 예외들은 예외에 대한 구체적인 내용을 제공하는 연관 상태 정보를 갖고 있다. 사용자 정의 예외는 일반적으로 이 내장 집합에서 파생된다(115쪽 "raise 문" 참고).

상위 클래스: 범주

다음 예외들은 단지 다른 예외의 상위 클래스로만 사용된다.

BaseException

모든 내장 예외의 루트 상위 클래스다. 하지만 사용자 정의 클래스가 이것을 직접 상속하지는 않으며, 대신 Exception을 상속한다. 이 클래스 인스턴스의 str()이 호출되면, 인스턴스 생성이 반환될 때 생성자 인자의 표현이 전달된다(그런 인자가 없으면 빈 문자열이 전달된다). 이 인스턴스 생성자 인자는 튜플로 된 인스턴스의 args 속성에 저장되고 사용된다. 하위 클래스들은 이 프로토콜을 상속한다.

Exception

모든 내장 및 시스템에 존재하지 않는 예외를 위한 루트 상위 클래스다. 이 클래스는 BaseException의 직접적인 하위 클래스다.

모든 사용자 정의 예외는 이 클래스에서 파생돼야 한다(이 클래스를 상속해야 한다). 이는 파이썬 3.X의 모든 예외 클래스에 필요하며, 파이썬 2.6과 2.7에서는 뉴 스타일 클래스에 필요하지만, 독립 예외 클래스도 허용된다.

이 예외를 잡는 try 문은 시스템 종료 이벤트를 제외한 모든 예외를 잡는다. 왜냐하면 이 클래스는 SystemExit, KeyboardInterrupt, GeneratorExit을 제외한 모든 예외의 상위 클래스이기 때문이다 (이 세 가지 예외는 BaseException으로부터 직접 파생된다).

ArithmeticError

계산 에러 예외 범주: OverflowError, ZeroDivisionError, FloatingPointError의 상위 클래스이며, Exception의 하위 클래스다.

BufferError

버퍼 관련 연산을 수행할 수 없을 때 발생된다. Exception의 하위 클래스다.

LookupError

시퀀스 및 매핑 인덱스 에러: IndexError와 KeyError의 상위 클래스이며, 일부 유니코드 인코딩 조회 에러에 대해서도 발생한다. Exception의 하위 클래스다.

OSError(파이썬 3.3 버전)

시스템 함수가 I/O 및 파일 연산 실패를 포함하는 시스템 관련 에러를 일으킬 때 발생된다. 이 예외는 파이썬 3.3부터 197쪽 "상세 OSError 예외"에 열거된 새로운 서술적 시스템 관련 예외들에 대한 루트 클래스이며, 이는 201쪽 "파이썬 3.2 내장 예외"에 설명된 상태 정보를 가지는 3.2 및 그 이전 버전의 일반적인 예외를 포함한다.

파이썬 3.3에서 OSError는 Exception의 하위 클래스이며, errno(수치 코드), strerror(문자열 메시지), winerror(윈도우상에서 동작 시), filename(파일 경로 관련 예외) 등의 시스템 에러에 대한 구체적인 내용을 제공하는 공통 정보 속성을 포함한다. 3.3에서 이 클래스는 이전의 EnvironmentError, IOError, WindowsError, VMSError, socket.error, select.error, mmap.error를 통합하며, os.error의 동의어다. 속성에 관련된 상세 사항을 추가적으로 알고 싶다면 뒤에 나오는 218쪽 "os 시스템 모듈"을 참고하자.

상세 예외

다음은 실제로 발생하는 더 상세한 예외들에 관한 내용이다. NameError, RuntimeError, SyntaxError, ValueError, Warning은 상세 예외인 동시에 다른 내장 예외의 범주 상위 클래스다.

AssertionError

   assert 문의 테스트가 거짓일 때 발생한다.

AttributeError

   속성 참조나 대입 실패 시 발생한다.

EOFError

   input()이 즉각적인 end-of-file을 감지하면 발생된다(혹은 파이썬 2.X의 raw_input()). 파일 객체 읽기 메서드는 파일의 끝에서 이것을 발생시키는 대신 빈 객체를 반환한다.

FloatingPointError

   부동 소수점 연산 실패 시 발생한다.

GeneratorExit

   제너레이터의 close() 메서드가 호출될 때 발생된다. 이것은 에러가 아니기 때문에 Exception 대신 BaseException에서 직접 파생된다.

ImportError

import나 from이 모듈이나 속성을 찾는 데 실패할 때 발생한다. 파이썬 3.3부터 인스턴스는 에러를 일으킨 모듈을 식별하는 name과 path 속성을 포함하는데, 이는 생성자에 키워드 인자로 전달된다.

IndentationError

소스 코드에서 잘못된 들여쓰기가 발견됐을 때 발생한다. Syntax Error에서 파생됐다.

IndexError

(가져오기 혹은 대입의) 시퀀스 오프셋 범위 초과 시 발생한다. 슬라이스 인덱스는 허용되는 범위로 조용히 되돌려진다. 만약 인덱스가 정수가 아니면 TypeError가 발생한다.

KeyError

존재하지 않는 매핑 키에 대한 참조(가져오기) 시 발생한다. 존재하지 않는 키에 대입하면 그 키를 생성한다.

KeyboardInterrupt

사용자의 인터럽트 키(대개 Ctrl-C 혹은 Delete) 진입 시 발생된다. 프로그램 실행 도중 인터럽트에 대한 확인이 주기적으로 동작한다. 이 예외는 BaseException에서 직접 파생되는데, 이를 통해 코드가 Exception을 잘못 감지하여 인터프리터가 종료되는 것을 방지한다.

MemoryError

복구할 수 있는 메모리 고갈 시 발생된다. 동작 중인 프로그램이 그 원인일 경우 스택 추적을 동작시켜 자세한 내용을 표시한다.

NameError

지역 혹은 전역의 무제한적 이름(unqualified name)을 찾을 수 없
을 때 발생한다.

NotImplementedError

기대되는 프로토콜을 규정하는 데 실패했을 때 발생한다. 추상 클
래스 메서드는 그것의 메서드를 다시 정의할 필요가 있을 때 이 예
외를 발생시킬 수 있다. RuntimeError로부터 파생됐다. (연산 유형
이 지원되지 않을 때 일부 연산자 오버로딩 메서드에 의해 반환되
는 특별한 내장 객체인 NotImplemented와 이것을 혼동하지 말기를
바란다. 140쪽 "연산자 오버로딩 메서드" 참고.)

OverflowError

과도하게 큰 산술 연산 결과에 의해 발생한다. 이 예외는 정수에
대해서는 발생하지 않는데, 그것이 임의의 정밀도를 지원하기 때
문이다. 밑바탕을 이루는 C 언어 제약 때문에 대부분의 부동 소수
점 연산 또한 오버플로를 확인하지 않는다.

ReferenceError

약한 참조 결합 시 발생되며, 회수될 수 있는 객체를 향하는 참조
를 관리하는 도구가 될 수 있다(예: 캐시). 파이썬 표준 라이브러리
의 weakref 모듈을 참고하자.

RuntimeError

드물게 사용되는 다목적(catch-all) 예외.

StopIteration

이터레이터 객체의 진행 중 마지막 값에서 next(*I*) 내장 및 *I*.__
next__() 메서드(파이썬 2.X는 *I*.next())에 의해 발생한다.

파이썬 3.3부터 인스턴스는 value 속성을 포함하는데, 이는 명시적인 생성자 위치 인자를 반영하거나, 반복을 종료시키는 제너레이터 함수의 return 문에 주어진 반환값으로 자동 설정된다. 이 값의 기본값은 None이며, 예외의 일반 args 튜플에도 적용할 수 있고, 자동 반복으로 사용되지 않는다. 3.3 이전의 제너레이터 함수는 값을 반환하면 안 됐기 때문에(그리고 그것을 시도하면 문법 에러가 발생하기 때문에), 2.X와 3.X의 초기 버전은 이 확장에 대해 호환성이 없다. 100쪽 "yield 문"도 참고하도록 하자.

SyntaxError

파서가 문법 에러를 만났을 때 발생한다. 이것은 임포트 작업 및 eval(), exec() 호출 중이거나 최상위 스크립트 파일 혹은 표준 입력으로부터 코드를 읽을 때 발생할 수 있다. 이 클래스의 인스턴스는 세부 사항에 접근하기 위한 filename, lineno, offset, text 속성을 가진다. 예외 인스턴스의 str()은 단지 기본적인 메시지만을 반환한다.

SystemError

(보고해야 하지만) 종료해야 할 정도로 심각하지 않은 인터프리터 내부 에러 시 발생한다.

SystemExit

sys.exit(N) 호출 시 발생한다. 처리되지 않을 경우 파이썬 인터프리터가 종료되며, 스택 역추적도 전혀 출력되지 않는다. 전달된 N값이 정수라면 프로그램의 시스템 종료 상태를 지정한다(C의 종료 함수에 전달). 만약 N 값이 None이거나 생략됐다면 종료 상태는 0이 된다(성공). 만약 다른 유형이라면 객체의 값이 출력되고 종료 상태는 1이 된다(실패). 이 예외는 BaseException에서 직접 파생되는데,

이를 통해 코드가 Exception을 잘못 감지하여 인터프리터가 종료되는 것을 방지한다. 207쪽 "sys 모듈"의 sys.exit()를 참고하자. sys.exit()은 이 예외를 발생시키는데, 그렇게 해서 try 문의 finally 절 같은 마무리 핸들러가 실행되고, 디버거가 스크립트에 대한 제어를 잃지 않도록 한다. os._exit() 함수는 원하는 때에 즉시 종료한다 (예: fork()를 호출한 후의 자식 프로세스). 종료 함수 명세에 대해서는 표준 라이브러리의 atexit 모듈을 참고하도록 하자.

TabError

소스 코드에서 부적절한 스페이스와 탭의 혼합이 발견됐을 때 발생한다. IndentationError에서 파생됐다.

TypeError

연산이나 함수가 부적절한 유형의 객체에 적용됐을 때 발생한다.

UnboundLocalError

아직 값을 대입하지 않은 지역 이름에 대한 참조 시 발생한다. NameError에서 파생됐다.

UnicodeError

유니코드 관련 인코딩, 디코딩 에러 시 발생한다. 상위 클래스 범주이며 ValueError의 하위 클래스다. 일부 유니코드 도구들은 LookupError도 발생시킬 수 있다.

UnicodeEncodeError
UnicodeDecodeError
UnicodeTranslateError

유니코드 관련 처리 에러 시 발생한다. UnicodeError의 하위 클래스다.

ValueError

정확한 자료형의 인자를 받는 내장 연산이나 함수가 부적절한 값을 받았는데, IndexError 같이 더 상세한 예외에 의해 서술되지 않은 상황일 때 발생한다.

ZeroDivisionError

우측 피연산자가 0인 나눗셈이나 나머지 연산 시 발생한다.

상세 OSError 예외

다음 OSError의 하위 클래스들은 시스템 에러를 식별하는데, 파이썬 3.3 및 그 이후 버전에서 사용 가능하다. 이는 이전 파이썬 버전의 EnvironmentError에서 사용 가능한 시스템 에러 코드들을 따른다(201쪽 "파이썬 3.2 내장 예외" 참고). 여기 하위 클래스들에 대한 공통적인 정보 제공 속성에 관해서는 191쪽 "상위 클래스: 범주"의 OSError를 참고하기 바란다.

BlockingIOError

특정 연산이 논블로킹 연산을 위한 특정 객체 집합을 블로킹할 때 발생한다. 추가적인 characters_written 속성을 가지며, 이는 블로킹되기 전에 스트림에 쓰인 문자의 개수를 나타낸다.

ChildProcessError

자식 프로세스의 연산이 실패했을 때 발생한다.

ConnectionError

연결 관련 예외인 BrokenPipeError, ConnectionAbortedError, ConnectionRefusedError, ConnectionResetError에 대한 상위 클래스다.

BrokenPipeError

반대편이 닫힌 파이프상에 쓰기를 시도할 때나 닫힌 소켓에 쓰기를 시도할 경우에 발생한다.

ConnectionAbortedError

피어(peer)에 의해 연결 시도가 중단됐을 때 발생한다.

ConnectionRefusedError

피어에 의해 연결 시도가 거부됐을 때 발생한다.

ConnectionResetError

피어에 의해 연결이 리셋됐을 때 발생한다.

FileExistsError

이미 존재하는 파일이나 디렉터리를 생성하려고 시도할 때 발생한다.

FileNotFoundError

요청된 파일이나 디렉터리가 존재하지 않을 경우 발생한다.

InterruptedError

들어오는 시그널에 의해 시스템 호출이 인터럽트됐을 때 발생한다.

IsADirectoryError

os.remove() 같은 파일 연산이 디렉터리에 요청됐을 때 발생한다.

NotADirectoryError

os.listdir() 같은 디렉터리 연산이 디렉터리가 아닌 것에 요청됐을 때 발생한다.

PermissionError

적당한 접근 권한 없는 작업 실행에 대해 발생한다(예: 파일 시스템 권한).

ProcessLookupError

프로세스가 존재하지 않을 때 발생한다.

TimeoutError

시스템 레벨에서 시스템 함수 시간 초과 시 발생한다.

경고 범주 예외

다음 예외는 경고 범주로 사용된다.

Warning

다음의 모든 경고에 대한 상위 클래스이며, Exception의 직접적인 하위 클래스다.

UserWarning

사용자 코드에 의해 생성되는 경고다.

DeprecationWarning

사용되지 않는 기능에 대한 경고다.

PendingDeprecationWarning

앞으로 사용되지 않을 기능에 대한 경고다.

SyntaxWarning

모호한 문법에 대한 경고다.

RuntimeWarning

모호한 런타임 동작에 대한 경고다.

FutureWarning

앞으로 의미론적으로 변경될 구성에 대한 경고다.

ImportWarning

모듈 임포트 시의 가능성 있는 실수에 대한 경고다.

UnicodeWarning

유니코드 관련 경고다.

BytesWarning

bytes 및 버퍼(메모리 뷰) 객체와 관련된 경고다.

ResourceWarning

파이썬 3.2부터 추가됐으며, 자원 사용과 관련된 경고에 대한 상위
클래스다.

경고 프레임워크

앞으로 언어가 변화해 미래의 파이썬 릴리스나 다른 문맥에서 기존 코
드가 제대로 동작하지 않을 수 있을 때 경고가 발생한다. 경고는 메시
지를 출력하고 예외를 발생시키거나 무시하도록 설정할 수 있다. 경고
프레임워크는 warnings.warn() 함수를 호출해 경고를 발생시킨다.

```
warnings.warn("usage obsolete", DeprecationWarning)
```

그밖에도 특정 경고를 비활성화하기 위해 필터를 추가할 수 있는데,
경고 발생을 막기 위해 메시지나 모듈명에 다양한 단계의 정규식 패턴
을 적용할 수 있다. 예를 들어, 다음을 호출하면 사용되지 않는 regex

모듈의 사용에 대한 경고 발생을 막을 수 있다.

```
import warnings
warnings.filterwarnings(action = 'ignore',
                        message='.*regex module*',
                        category=DeprecationWarning,
                        module = '__main__')
```

이것은 __main__ 모듈에서 일어나는 DeprecationWarning 클래스의 경고에 한해서 작용하는 필터를 추가하며, regex 모듈이 더는 사용되지 않는다는 메시지가 나오면, 그에 매칭되는 정규식을 적용하여 그러한 경고를 무시하도록 한다. 경고는 단 한 번 출력될 수도 있고, 문제의 코드가 실행될 때마다 출력될 수도 있으며, (적절히 처리되지 않을 경우에) 프로그램을 멈추게 하는 예외 상황으로 들어갈 수도 있다. 더자세한 내용은 파이썬 매뉴얼(2.1과 그 이후 버전)의 warnings 모듈 문서를 참고하고, 6쪽 "파이썬 명령 옵션"의 -W 인자도 참고하도록 하자.

파이썬 3.2 내장 예외

파이썬 3.2과 그 이전 버전에서는 다음 예외들을 추가적으로 사용할 수 있다. 파이썬 3.3부터는 OSError로 병합됐다. 호환성을 위해 3.3에서는 유지됐으나, 앞으로의 릴리스에서는 제거될 수 있다.[18]

EnvironmentError

파이썬 외부에서 발생하는 예외에 대한 범주이다. IOError 및 OSError의 상위 클래스이며 Exception의 하위 클래스다. 발생된 인스턴스는 정보 제공 속성으로 errno와 strerror를 포함하는데(예외 관련 파일 경로에 대한 filename도 포함 가능), args 내에서 시스

---

18 (옮긴이) 2016년 7월 이 책을 번역하는 시점의 최신 개발 버전인 3.6.0a3까지 아직 모두 남아있다.

템 에러 코드와 상세 메시지를 제공한다.

IOError

I/O 혹은 파일 관련 연산 실패 시 발생한다. 앞에서 설명한 상태 정보를 갖고 있는 EnvironmentError에서 파생됐다.

OSError (파이썬 3.2 버전)

os 모듈 에러(os.error 예외) 시 발생한다. 앞에서 설명한 상태 정보를 가지는 EnvironmentError에서 파생됐다.

VMSError

VMS 관련 에러 시 발생한다. OSError의 하위 클래스다.

WindowsError

윈도우 관련 에러 시 발생한다. OSError의 하위 클래스다.

파이썬 2.X 내장 예외

파이썬 2.X는 앞 절에서 설명한 3.X에 비해 예외 클래스 계층의 형태는 물론 사용 가능한 예외 집합도 다르다. 예를 들어, 파이썬 2.X에서는 다음과 같은 특성이 있다.

- Exception이 최상위 루트 클래스다(파이썬 2.X엔 BaseException이 없다).
- StandardError은 추가적인 Exception 하위 클래스이며, SystemExit을 제외한 모든 내장 예외보다 높은 루트 클래스다.

특정 버전에 대한 상세 사항을 알고 싶다면 파이썬 2.X 라이브러리 매뉴얼들을 참고하기 바란다.

내장 속성

일부 객체는 파이썬에 의해 미리 정의된 특별한 속성을 익스포트한다. 객체의 유형마다 고유의 개별 속성들을 가지므로 다음 목록은 부분적인 내용에 불과하다. 특별한 유형에 대해서는 파이썬 라이브러리 레퍼런스 내용을 참고하기 바란다.[19]

X.__dict__

객체 *X*의 쓰기 가능한(변경 가능한) 속성을 저장하기 위해 사용되는 딕셔너리이다.

I.__class__

인스턴스 *I*가 생성된 클래스 객체다. 2.2 및 그 이후 버전에서 자료형 및 __class__ 속성을 가지는 대부분의 객체에도 적용된다 (예: [].__class__ == list == type([])).

C.__bases__

클래스 *C*의 기본 클래스 튜플이다. 이는 *C*의 클래스 문장 헤더에 있는 목록이다.

C.__mro__

뉴 스타일 클래스 *C*의 트리를 통해 계산된 MRO 경로다(129쪽 "뉴 스타일 클래스: MRO" 참고).

---

19 파이썬 2.1부터, 단지 값을 대입하는 것만으로 함수 객체에 임의의 사용자 정의 속성을 첨부할 수 있다(97쪽 "함수 기본값과 속성" 참고). 파이썬 2.X는 특별한 속성인 *I*.__methods__ 및 *I*.__members__를 지원하는데, 이는 일부 내장 자료형 인스턴스에 대한 메서드 및 데이터 멤버 이름의 리스트다. 이것들은 파이썬 3.X에서는 제거됐으며, 대신 내장 dir() 함수를 사용한다.

X.__name__

문자열로 된 객체 *X*의 이름이다. *X*가 클래스일 경우에는 문장 헤더에 있는 이름이고, *X*가 모듈일 경우에는 임포트에 사용된 이름이며, *X*가 프로그램의 최상위 모듈(예를 들어, 프로그램을 실행하기 위한 중심 파일) 일 경우에는 "__main__"이다.

표준 라이브러리 모듈

표준 라이브러리 모듈들은 항상 사용 가능하지만, 클라이언트 모듈에서 사용하기 위해서는 반드시 임포트해야 한다. 또한 이 모듈에 접근하기 위해, 다음 포맷 중 하나를 사용한다.

- import *module* 후 속성 이름을 가져온다(*module.name*)
- from *module* import *name* 후 무제한적 모듈 이름을 사용한다 (*name*).
- from *module* import * 후 무제한적 모듈 이름을 사용한다(*name*).

예를 들어, sys 모듈의 argv 이름을 사용하기 위해 import sys 후에 sys.argv를 사용하거나, from sys import argv 후에 argv를 사용할 수 있다. 전자의 전체 형식, 즉 *module.name*은 여러 장에 걸쳐서 설명하는 내용의 목록 제목에서만 사용되며, 설명에서는 보통 *name*만 사용한다.

수백 가지의 표준 라이브러리 모듈이 있으며, 매우 자주 바뀌는 편이다. 따라서 이어지는 내용에서는 이 모두를 다루지는 않으며, 일반적으로 사용되는 모듈의 일반적으로 사용되는 이름만을 다룬다. 표준 라이브러리 모듈들에 대해 더 완전한 레퍼런스를 원한다면 파이썬 라이브러리 레퍼런스를 참고하도록 한다.

이후의 모든 모듈 관련 절은 다음 규칙을 따른다.

- 괄호가 뒤에 붙는 익스포트 이름들은 호출돼야 하는 함수들이며, 그 외의 것들은 단순 속성들이다(즉, 호출하지 않고 가져오는 모듈 내 변수 이름들).
- 파이썬 3.X의 모듈 내용을 다루지만, 따로 표시하지 않는 한, 대개 3.X와 2.X 양쪽 모두에 적용된다. 버전별 차이점에 대해 더 자세히 알고 싶다면 파이썬 매뉴얼을 참고한다.

sys 모듈

sys 모듈은 인터프리터 관련 도구, 즉, 인터프리터 관련 아이템들이나 파이썬 3.X와 2.X 양쪽 모두의 프로세스를 포함한다. 또한 명령 라인 이나 표준 스트림 같은 일부 환경 요소들에도 접근할 수 있도록 해준 다. 추가적인 프로세스 관련 도구에 대해 알고 싶다면 218쪽 "os 시스 템 모듈"의 os를 참고하자.

sys.argv

[*scriptname, arguments...*]를 제공하는 명령 라인 인자 문자열 리스트다. C의 argv 배열과 비슷하다. argv[0]는 스크립트 파일의 이름인데(전체 경로일 수도 있다), -c 명령 라인 옵션에서는 '-c', -m 옵션에서는 모듈 경로명, - 옵션에서는 '-'일 수도 있으며, 만약 스크립트 이름이 없거나 명령 옵션이 전달되지 않았다면 빈 문자 열일 수도 있다. 7쪽 "명령 라인 프로그램" 또한 참고하기 바란다.

sys.byteorder

고유의 바이트 순서를 나타낸다(예: 빅 엔디언이면 '**big**', 리틀 엔 디언이면 '**little**').

sys.builtin_module_names

현재 파이썬 인터프리터에 컴파일된 C 모듈들의 문자열 이름 튜플.

sys.copyright

파이썬 인터프리터 저작권 내용을 포함하는 문자열.

sys.displayhook(*value*)

대화 세션의 결과값을 나타내기 위해서 파이썬에 의해 호출되며, 출력을 커스터마이징하기 위해 한 개의 인자로 구성된 함수에 sys.displayhook을 대입한다.

sys.dont_write_bytecode

이것이 참인 동안에는 파이썬은 소스 모듈 임포트 시 *.pyc*나 *.pyo* 파일들을 쓰려고 시도하지 않을 것이다(실행 시 선택에 대해서는 4쪽 "파이썬 명령 라인 사용법"의 –B 명령 라인 옵션을 참고하기 바란다).

sys.excepthook(*type*, *value*, *traceback*)

파이썬이 *stderr*에 처리되지 않은 예외 상세 사항을 나타내기 위해서 이것을 호출하며, 겉으로 드러나는 예외를 커스터마이징하기 위해 세 개의 인자로 구성된 함수에 sys.excepthook을 대입한다.

sys.exc_info()

현재 처리된 예외를 표현하는 세 가지 값의 튜플(*type*, *value*, *traceback*)을 반환한다. *type*은 예외 클래스이고, *value*는 발생된 예외 클래스의 인스턴스이며, *traceback*은 예외가 발생했을 때 존재하던 런타임 호출 스택에 접근할 수 있도록 해주는 객체다. 현재 스레드에 한정되며, 파이썬 1.5 및 그 이후 버전의 exc_ type, exc_value, exc_traceback를 포괄한다(세 가지 모두 파이썬 2.X의 초기 버전에는 존재했지만, 파이썬 3.X에서는 완전히 제거 됐다). 역추적 객체 처리에 대해서는 파이썬 라이브러리 레퍼런스 의 traceback 모듈을 참고하고, 예외에 대해 더 알아보기 위해서는 112쪽 "try 문"을 참고하자.

sys.exec_prefix

플랫폼 종속적인 파이썬 파일이 설치된 사이트별 디렉터리 접두사 를 제공하는 문자열이다. 기본값은 */usr/local*이거나 구성 시간 인 자이다. (*<exec_prefix>/lib/python<version>/lib−dynload* 내의) 공유 라이브러리 모듈들 및 설정 파일을 찾는 데 사용된다.

sys.executable

호출자를 실행하는 파이썬 인터프리터 프로그램의 전체 파일 경로 명을 제공하는 문자열이다.

sys.exit([*N*])

SystemExit 내장 예외 발생에 의해 상태 *N*(기본값은 0)과 함께 파이 썬 프로세스를 종료한다(try 문으로 감지할 수 있으며, 원하면 무시 할 수도 있다). 사용 시의 상세 사항에 대해서는 195쪽 "내장 예외" 의 SystemExit을 참고하고, (os.fork() 후의 자식 프로세스에 유용 한) 예외 처리 없이 바로 종료하는 관련 도구에 대해서는 236쪽 "os 시스템 모듈"의 os._exit() 함수를 참고한다. 일반 종료 함수 명세에 대한 파이썬 표준 라이브러리의 atexit 모듈도 참고하도록 하자.

sys.flags

파이썬 명령 라인 옵션값들이며, 옵션당 한 개의 속성으로 구성된 다(파이썬 매뉴얼 참고).

sys.float_info

속성을 통해 파이썬 부동 소수점 구현의 상세 사항을 표시한다(파이썬 매뉴얼 참고).

sys.getcheckinterval()

파이썬 3.1과 그 이전 버전에서 인터프리터의 "확인 간격(check interval)"[20]을 반환한다(이 목록 뒷부분의 setcheckinterval() 참고). 파이썬 3.2 및 그 이후 버전에서 getswitchinterval()로 대체됐다.

sys.getdefaultencoding()

유니코드 구현에 의해 사용되는 현재 기본 문자열 인코딩의 이름을 반환한다.

sys.getfilesystemencoding()

유니코드 파일명을 시스템 파일명으로 바꾸는 데 사용되는 인코딩의 이름을 반환한다. 만약 시스템 기본 인코딩이 사용될 경우 None을 반환한다.

sys._getframe([depth])

파이썬 호출 스택에서 프레임 객체를 반환한다(파이썬 라이브러리 레퍼런스 참고).

sys.getrefcount(object)

object의 현재 참조 계수값(호출 인자 자체에 대해 +1 된)을 반환한다.

---

20 (옮긴이) 확인 간격이란 스레드 전환 및 시그널 핸들러 같은 주기적인 작업을 얼마나 자주 확인하고 수행할 것인지를 정한 값이다. 기본값은 100인데, 이는 파이썬의 가상 인스트럭션을 100번 수행한 후 확인한다는 의미다.

sys.getrecursionlimit()

파이썬 호출 스택의 최대 깊이 한계를 반환한다. 이 목록 뒷부분의 setrecursionlimit()를 참고하자.

sys.getsizeof(*object* [, *default*])

object의 크기를 바이트 단위로 반환한다. *object*는 어떠한 유형의 객체라도 될 수 있다. 모든 내장 객체는 정확한 결과를 반환하지만, 서드파티 확장 결과는 구현에 따라 다를 수 있다. *default*는 객체 유형이 크기 검색 인터페이스를 구현하지 않은 경우 반환될 기본값을 제공한다.

sys.getswitchinterval()

파이썬 3.2와 그 이후 버전에서 인터프리터의 현재 스레드 전환 간격 설정을 반환한다(이 목록 뒷부분의 setswitchinterval() 참고). 파이썬 3.1과 이전 버전에서는 getcheckinterval()을 사용한다.

sys.getwindowsversion()

현재 실행 중인 윈도우 버전을 설명하는 객체를 반환한다(파이썬 매뉴얼 참고).

sys.hexversion

단일 정수로 인코딩된 파이썬 버전 숫자다(hex() 내장 함수로 보는 것이 가장 좋을 것이다). 새 릴리스마다 값이 증가된다.

sys.implementation

파이썬 3.3부터 사용할 수 있으며, 현재 실행 중인 파이썬 인터프리터의 구현에 대한 정보(이름, 버전 등)를 제공하는 객체다. 파이썬 매뉴얼을 참고하도록 하자.

sys.int_info

속성에 의한 파이썬 정수 구현의 상세 사항이다(파이썬 매뉴얼 참고).

sys.intern(*string*)

'인턴(interned)' 문자열 테이블에 *string*을 집어넣고 인턴 문자열 (문자열 그 자체 혹은 그 복사본)을 반환한다. 인턴 문자열은 딕셔너리 조회 시에 약간의 성능 향상을 얻을 수 있다. 딕셔너리의 키와 조회 키가 둘 다 인턴된 경우, 문자열 대신 포인터를 비교하는 방식으로 (해싱 이후의) 키 비교를 할 수 있다. 일반적으로 파이썬 프로그램에서 사용되는 이름들은 자동으로 인턴이 되며 모듈, 클래스, 인스턴스 속성들을 유지하기 위해 사용되는 딕셔너리들은 인턴 키를 가진다.

sys.last_type , sys.last_value , sys.last_traceback

마지막으로 처리되지 않은 예외의 유형, 값, 역추적 객체다(대부분 포스트모텀 디버깅을 위함).

sys.maxsize

Py_ssize_t 자료형의 변수가 가질 수 있는 최댓값 정수다. 32비트 플랫폼에서는 대개 2**31 – 1이고 64비트 플랫폼에서는 대개 2**63 – 1이다.

sys.maxunicode

유니코드 문자를 위해 지원되는 가장 큰 코드 포인트 정수다. 파이썬 3.3과 그 이후 버전에서는, 3.3의 유연한 가변 크기 문자열 저장 시스템으로 인해 그 값이 항상 1114111(16진수로는 0x10FFFF)로 고정된다. 3.3 이전 버전에서는 유니코드 문자가 UCS-2로 저장되느냐 UCS-4로 저장되느냐에 따라 달라지는데, 그 값은 각각 0xFFFF 혹은 0x10FFFF가 된다.

sys.modules

이미 로딩된 모듈의 딕셔너리이며, 모듈당 한 개의 *name:object* 엔트리가 존재한다. 이 딕셔너리는 앞으로의 임포트에 영향을 주기 위해 변경될 수 있다(예를 들어, del sys.modules['*name*']는 다음 임포트 시 모듈이 다시 로딩되도록 강제한다).

sys.path

모듈 임포트 검색 경로를 지정하는 문자열들의 리스트다. PYTHONPATH 셸 변수, 모든 *.pth* 경로 파일들, 모든 설치 종속적 기본값에 의해 초기화된다. 이것의 속성과 리스트는 앞으로의 임포트에 영향을 주기 위해 변경될 수 있다(예를 들어, sys.path.append('C:\\dir')는 모듈 검색 경로에 동적으로 디렉터리를 추가한다).

첫 번째 아이템인 path[0]는 파이썬 인터프리터를 호출할 때 사용된 스크립트를 포함하는 디렉터리다. 만약 그 스크립트 디렉터리를 사용할 수 없다면(예를 들어, 만약 인터프리터가 대화식으로 호출됐거나 스크립트가 표준 입력으로부터 읽혔다면) path[0]는 빈 문자열이 되고, 이 경우 파이썬은 현재 작업 디렉터리를 우선적으로 검색한다. 스크립트 디렉터리는 PYTHONPATH로부터 삽입된 엔트리들의 앞에 삽입된다. 103쪽 "import 문"을 참고하도록 하자.

sys.platform

파이썬이 어떤 시스템상에서 실행 중인지 식별하는 문자열이다. 'win32', 'darwin', 'linux2', 'cygwin', 'os2', 'freebsd8', 'sunos5', 'PalmOS3' 등이 될 수 있다. 플랫폼 종속적인 코드를 테스트하는 데 유용하다.

이것은 현존하는 모든 윈도우에 대해 `'win32'`가 되지만, 테스트는 보통 `sys.platform[:3]=='win'` 혹은 `sys.platform.startswith('win')`로 한다. 파이썬 3.3부터 모든 리눅스 플랫폼에 대해서 `'linux'`가 되지만, 이전에는 `'linux2'`나 `'linux3'`였기 때문에, 테스트는 `str.startswith('linux')`로 한다.

sys.prefix

플랫폼 독립적인 파이썬 파일이 설치된 사이트별 디렉터리 접두사를 제공하는 문자열이다. 기본값은 */usr/local*이거나 구성 시간 인자이다. 파이썬 라이브러리 모듈들은 *<prefix>/lib/python<version>* 디렉터리에 설치되며, 플랫폼 독립적인 헤더 파일들은 *<prefix>/include/python<version>*에 저장된다.

sys.ps1

대화 모드의 일차 프롬프트를 지정하는 문자열이며, 정해지지 않은 경우의 기본값은 >>>이다.

sys.ps2

대화 모드에서 복합문 연속을 표현하기 위한 이차 프롬프트를 지정하는 문자열이며, 정해지지 않은 경우의 기본값은 ...이다.

sys.setcheckinterval(*reps*)

파이썬 3.2와 그 이후 버전에서는 (이 목록의 뒷부분에서 함께 다룬) `setswitchinterval()`에 의해 대체됐다. 이 함수는 3.2와 그 이후 버전에 아직 존재하지만 스레드 전환 및 비동기 태스크가 다시 쓰였으므로 아무런 기능이 없다.

파이썬 3.1 및 그 이전 버전에서는 인터프리터가 주기적 태스크(예: 스레드 전환, 시그널 핸들러)를 얼마나 자주 확인할지 정한

*reps*를 설정하기 위해 호출되며, 가상 머신 명령에서 측정된다(기본값은 **100**이다). 일반적으로 파이썬 문장은 여러 개의 가상 머신 명령으로 변환된다. 낮은 값은 스레드 반응성을 증가시키지만, 스레드 전환 오버헤드도 증가시키게 된다.

sys.setdefaultencoding(*name*)

파이썬 3.2부터 제거됐다. 유니코드 구현으로 사용되는 현재 기본 문자열 인코딩인 *name*을 설정하기 위해 호출된다. site 모듈에서 사용되도록 의도됐으며, 구동 시작 중에만 사용할 수 있다.

sys.setprofile(*func*)

시스템 프로파일 함수인 *func*(프로파일러 '후크')를 설정하기 위해 호출한다. 상세 사항에 대해서는 파이썬 라이브러리 레퍼런스를 참고하도록 하자

sys.setrecursionlimit(*depth*)

파이썬 호출 스택의 최대 깊이인 *depth*를 설정하기 위해 호출한다. 이것은 C 스택의 오버플로 및 파이썬의 오동작을 야기하는 무한 반복을 방지한다. 윈도우상에서의 기본값은 **1,000**이지만, 이는 달라질 수 있다. 자기 자신을 여러 번 반복해서 호출하는 재귀 함수에 대해서는 큰 값이 필요할 수 있다.

sys.setswitchinterval(*interval*)

파이썬 3.2과 그 이후 버전에서, 인터프리터의 초 단위 스레드 전환 간격인 *interval*을 설정한다. 이것은 동시에 실행되는 파이썬 스레드들에게 할당되는 시간 슬라이스의 이상적인 지속 시간을 결정하는 부동 소수점값(예를 들어, 0.005는 5밀리초를 의미한다)이다. 실제 지속 시간은 더 길어질 수 있는데, 특히 실행 시간이 긴

내부 함수나 메서드가 사용될 때가 그렇다. 구간의 끝에서는 운영 체제에 의해 스케줄링된 스레드가 선택된다(파이썬 인터프리터는 자체 스케줄러를 가지지 않는다).

파이썬 3.1 및 그 이전 버전에서는 (이 목록에서 함께 다루어진) setcheckinterval()을 대신 사용한다

sys.settrace(*func*)

시스템 추적 함수인 *func*를 설정하기 위해 호출한다. 이것은 디버거 등에 의해 사용되는 프로그램 위치 혹은 상태 변경 콜백 '후크'다. 상세 사항은 파이썬 라이브러리 레퍼런스를 참고하자.

sys.stdin

미리 열려서 표준 입력 스트림인 *stdin*에 초기에 연결된 파일 객체다. 스크립트 안에서 입력을 리셋하기 위해 read 메서드를 가지는 모든 객체로 대입될 수 있다(예: sys.stdin = MyObj()). input() 내장 함수를 포함(파이썬 2.X는 raw_input()도 포함)하여 인터프리터 입력을 위해 사용된다.

sys.stdout

미리 열려서 표준 출력 스트림인 *stdout*에 초기에 연결된 파일 객체다. 스크립트 안에서 출력을 리셋하기 위해 write 메서드를 가지는 모든 객체로 대입될 수 있다(예: sys.stdout=open('log', 'a')). 일부 프롬프트 및 print() 내장 함수에서(그리고 파이썬 2.X의 print 문에서) 사용된다. 필요 시 플랫폼 종속적인 인코딩을 오버라이딩하기 위해 PYTHONIOENCODING을 사용하며(9쪽 "파이썬 환경 변수" 참고), 버퍼링 되지 않는 스트림을 위해서는 –u를 사용한다(6쪽 "파이썬 명령 옵션" 참고).

sys.stderr

미리 열려서 표준 초기에 에러 스트림인 *stderr*에 연결된 파일 객체
다. 스크립트 안에서 *stderr*를 리셋하기 위해 write 메서드를 가지
는 모든 객체로 대입될 수 있다(예: sys.stderr=*wrappedsocket*).
인터프리터 프롬프트/에러를 위해 사용된다.

sys.__stdin__, sys.__stdout__, sys.__stderr__

프로그램을 시작할 때 stdin, stderr, stdout에 담긴 원래 값들이
다(예를 들어, sys.stdout 등에 대입할 때 복원에 사용할 최후의 수
단으로 원래 값을 저장했다가 finally 절에서 그것을 복원한다). 콘
솔이 없는 윈도우상의 GUI 애플리케이션에 대해서는 None일 수도
있다.

sys.thread_info

파이썬의 스레드 구현 관련 상세 사항에 대한 속성이다. 파이썬
3.3에서 새로 도입됐다(파이썬 매뉴얼 참고).

sys.tracebacklimit

처리되지 않은 예외에 대해 출력할 역추적 레벨의 최대 개수다. 정
해지지 않은 경우의 기본값은 1,000이다.

sys.version

파이썬 인터프리터의 버전 번호를 포함하는 문자열이다.

sys.version_info

다섯 개의 버전 식별 요소(메이저, 마이너, 마이크로, 릴리스 레
벨, 시리얼)를 포함하는 튜플이다. 파이썬 3.0.1에서는 (3, 0, 1,
'final', 0)이다. 최근 릴리스에 한해서 이것은 요소들에 대해 튜
플 아이템 혹은 속성 이름 두 가지 방법 모두를 통해 접근 가능

한 명명된(named) 튜플이다. 파이썬 3.3.0에서는 sys.version
_info(major=3, minor=3, micro=0, releaselevel='final',
serial=0)을 표시한다. 더 상세한 사항은 파이썬 라이브러리 레퍼
런스를 참고한다.

sys.winver
윈도우 플랫폼상에서 레지스트리 키들을 구성하는 데 사용되는 버
전 번호다(윈도우상에서만 사용할 수 있다. 파이썬 라이브러리 레
퍼런스 참고).

string 모듈

string 모듈은 문자열 객체를 처리하기 위한 상수들과 변수들을 정
의한다. 문자열 템플릿 치환 및 이 모듈에서 정의된 포매팅 도구인
Template과 Formatter에 대해 더 상세한 사항을 알고 싶다면 39쪽 "문
자열"을 참고하자.

함수 및 클래스
파이썬 2.0부터 이 모듈 내의 함수 대부분은 문자열 객체의 메서드로
도 사용할 수 있다. 메서드 기반 호출이 더 효율적이어서 2.X에서 선
호되며, 3.X가 유지한 유일한 옵션이다. 상세 사항에 대해서는 27쪽
"문자열"을 참고하고, 사용 가능한 모든 문자열 메서드에 대해 여기서
다시 반복하여 설명되지는 않을 것이다. 이 절에서는 string 모듈에서
만 사용할 수 있는 항목들에 대해서 다룬다.

string.capwords(s, sep=None)
인자 s를 s.split()을 사용해서 개별적인 단어들로 분할하고,
s.capitalize()를 사용하여 각 단어의 머리글자를 대문자로 바꾼

후, 그 단어들을 s.join()을 사용하여 다시 연결한다. 만약 생략 가능한 인자인 sep이 비었거나 None이면, 연속된 공백 문자들은 한 개의 스페이스로 대체되고, 문자열 앞과 뒤의 공백은 제거된다. sep이 제공되면, 단어를 분할하고 연결하는 데 sep이 사용된다.

string.maketrans(*from*, *to*)

bytes.translate()에 전달하기 적합한 변환 테이블을 반환한다. bytes.translate()는 *from*의 각 문자들을 같은 위치의 *to* 문자로 매핑한다. *from*과 *to*는 반드시 길이가 같아야 한다.

string.Formatter

str.format() 메서드와 같은 메커니즘을 사용하여 사용자 지정 포매터의 생성을 허용하는 클래스다. 34쪽 "문자열 포매팅 메서드"에서 설명했다.

Xstring.Template

38쪽 "템플릿 문자열 치환"에서 설명한 문자열 템플릿 치환 클래스다.

상수

string.ascii_letters

ascii_lowercase + ascii_uppercase 문자열이다.

string.ascii_lowercase

'abcdefghijklmnopqrstuvwxyz' 문자열이다. 로캘(locale) 종속적이지 않고 변경되지 않는다.

string.ascii_uppercase

'ABCDEFGHIJKLMNOPQRSTUVWXYZ' 문자열이다. 로캘 종속적이지 않

고 변경되지 않는다.

string.digits

'0123456789' 문자열이다.

string.hexdigits

'0123456789abcdefABCDEF' 문자열이다.

string.octdigits

'01234567' 문자열이다.

string.printable

digits, ascii_letters, punctuation, whitespace의 조합이다.

string.punctuation

로캘에서 구두점 문자로 간주되는 문자들의 문자열이다.

string.whitespace

스페이스, 탭, 라인 피드, 리턴, 세로 탭, 폼 피드를 포함하는 문자
열(' \t\n\r\v\f')이다.

os 시스템 모듈

os 모듈은 주요 운영체제의 서비스 인터페이스로, 파이썬 3.X와 2.X
양쪽 모두에 들어있다. 일반적인 OS 지원 및 표준, 그리고 플랫폼 독
립적인 OS 유틸리티 집합을 제공한다. os 모듈은 환경, 프로세스, 파
일, 셸 명령 등에 대한 도구를 지원한다. 또한, 중첩된 하위 모듈로
os.path를 포함하는데, 이것은 디렉터리 처리 도구에 관해 이식 가능
한 인터페이스를 제공한다.

시스템 프로그래밍을 위해 os와 os.path를 사용하는 스크립트들은

일반적으로 파이썬 플랫폼에 관계없이 대개 이식이 가능하다. 그러나 모든 플랫폼에서 동작하지 않는 os 익스포트들도 일부 있다(예를 들어, os.fork()는 유닉스와 시그윈(Cygwin)에서 사용할 수 있지만, 파이썬의 표준 윈도우 버전에서는 사용할 수 없다). 그러한 호출의 이식성은 시간이 지나면 변경될 수 있으므로 플랫폼 상세 사항은 파이썬 라이브러리 레퍼런스를 참고하자.

다음 절들은 이 모듈에서 자주 사용되는 도구들에 대해 초점을 맞출 예정이다. 이 목록엔 일부 내용만 다룰 뿐이고, 어떤 플랫폼에선 200개가 넘는 도구가 있는 이 모듈의 전체 상세를 알고 싶다면 파이썬 표준 라이브러리 매뉴얼을 참고하기 바란다. 또한, 여기서는 플랫폼과 버전의 차이점에 대한 설명은 생략한다. 하위 절들에서 이 거대한 모듈의 기능 영역을 다룰 것이다.

- 관리 도구: 모듈 관련 익스포트
- 이식성 상수: 디렉터리 및 검색 경로 상수
- 셸 명령: 명령 라인 및 파일 실행
- 환경 도구: 실행 환경 및 컨텍스트
- 파일 서술자 도구: 파일 서술자에 의한 파일 처리
- 파일 경로명 도구: 파일 경로명에 의한 파일 처리
- 프로세스 제어: 프로세스 생성 및 관리
- os.path 모듈: 디렉터리 경로 이름 관련 서비스

파이썬의 표준 라이브러리에서 이와 관련된 다음 시스템 모듈들도 참고하기 바란다.

- sys - 인터프리터 처리 도구(205쪽 "sys 모듈" 참고)
- subprocess - 스펀(spawned) 명령 제어(273쪽 "subprocess 모듈" 참고)

- threading과 queue - 멀티스레딩 도구(276쪽 "스레딩 모듈" 참고)
- socket - 네트워킹 및 IPC (264쪽 "인터넷 모듈 및 도구" 참고)
- glob - 파일명 확장(예를 들어, glob.glob('*.py'))
- tempfile - 임시 파일
- signal - 시그널 처리
- multiprocessing - 프로세스를 위한 유사 스레딩 API
- getopt, optparse, 3.2 및 그 이후 버전의 argparse - 명령 라인 처리

관리 도구

다음은 갖가지 모듈 관련 익스포트들이다.

os.error

내장 OSError 예외에 대한 별칭이다(191쪽 "내장 예외" 참고). 모든 os 모듈 관련 에러에 대해 발생된다. 이 예외는 두 개의 속성(errno, strerror)이 있다. errno는 POSIX에 의한 숫자 에러 코드(예: C errno 변수의 값)이며, strerror는 운영체제에 의해 제공되는 해당 에러 메시지인데, 하부의 C 함수들에 의해 포매팅된다(예를 들어, os.strerror()에 대해서는 perror()에 의해). 예외 인스턴스는 파일 경로명 관련 예외에 대해서는(예: chdir(), unlink()) filename 속성도 포함하는데, 이 속성을 통해 파일명이 전달된다. 하부의 OS에 의해 정의된 에러 코드들의 이름에 대해서는 파이썬 라이브러리 레퍼런스의 errno 모듈을 참고하기 바란다.

os.name

os의 최상위에 복사되는 OS별 모듈의 이름이다(예: posix, nt, mac, os2, ce, java). 211쪽 "sys 모듈"의 sys.platform을 참고하자.

os.path

이식 가능한 경로명 관련 유틸리티들에 대한 중첩 모듈이다. 예를 들어, os.path.split()은 적절한 플랫폼별 작업을 수행하는 플랫폼 독립적인 디렉터리명 관련 도구다.

이식성 상수

여기서는 디렉터리 및 검색 경로, 라인 피드 등에 대한 파일 이식성 도구들에 관해 설명한다. 이것들은 스크립트가 실행 중인 플랫폼에 적절한 값으로 자동 설정되며, 플랫폼 종속적인 문자열의 파싱 및 생성 모두에 유용하다. 238쪽 "os.path 모듈"을 참고하자.

os.curdir

현재 디렉터리를 표현하기 위해 사용되는 문자열이다(윈도우와 POSIX에서는 .이고 매킨토시에서는 :이다).

os.pardir

부모 디렉터리를 표현하기 위해 사용되는 문자열이다(POSIX에서는 ..이고, 매킨토시에서는 ::이다).

os.sep

디렉터리를 구분하기 위해 사용되는 문자열이다(유닉스에서는 / 이고, 윈도우에서는 \이며, 매킨토시에서는 :이다).

os.altsep

대체 구분 기호 문자열이다(윈도우에 대해서 /로 설정). None일 수도 있다.

os.extsep

기본 파일명을 구분하는 문자이다(예: .).

os.pathsep

PATH 및 PYTHONPATH 셸 변수 설정에서 검색 경로 요소를 구분하기 위해 사용되는 문자다(윈도우에서는 ;이고 유닉스에서는 :이다).

os.defpath

셸의 PATH 설정이 없는 경우, os.exec*p* 호출에 의해 사용되는 기본 검색 경로이다.

os.linesep

현재 플랫폼상에서 라인을 종료하기 위해 사용하는 문자열이다 (POSIX에서는 \n이고, 맥 OS에서는 \r이며, 윈도우에서는 \r\n이다). 텍스트 모드 파일의 라인에는 필요하지 않으며 파일 객체의 '\n' 자동 변환을 사용한다(168쪽 "내장 함수"의 open() 참고).

os.devnull

(버려질 텍스트를 위한) '널' 장치의 파일 경로다. 이것은 POSIX에서는 '/dev/null'이고, 윈도우에서는 'nul'이다(os.path 하위 모듈에도 있다).

셸 명령

여기의 함수들은 하부의 운영체제 시스템에서 명령 라인이나 파일을 실행한다. 파이썬 2.X에서는 이 모듈에 os.popen2/3/4 호출이 있는데, 이는 파이썬 3.X에서 subprocess.Popen(일반적으로 스펀 명령에 대해 더 세분화된 제어를 제공하는 도구)으로 대체됐다(273쪽 "subprocess 모듈" 참고). 파이썬 프로세스에서 허용되는 어떠한 명령이라도, 신뢰할 수 없는 셸 명령 문자열을 실행하기 위해 이 기능을 사용하지 않도록 한다.

os.system(*cmd*)

> *cmd* 셸 명령 라인 문자열을 하위 셸 프로세스에서 실행하고, 스퍼닝된(spawned) 프로세스의 종료 상태를 반환한다. popen()과는 다르게 cmd의 표준 스트림에 파이프를 통해 연결하지 않는다. 유닉스에서 명령을 백그라운드로 실행하기 위해서는 cmd의 끝에 &를 추가한다(예: os.system('python main.py &')). 윈도우에서는 프로그램을 쉽게 실행하기 위해 윈도우(DOS) start 명령을 사용한다 (예: os.system('start file.html')).

os.startfile(*filepathname*)

> 파일을 그것과 연관된 애플리케이션과 함께 시작한다. 윈도우 탐색기에서 파일을 더블클릭하거나 윈도우 start 명령에 인자로 파일명을 제공(예: os.system('start *path*'))하는 것과 비슷하게 동작한다. 파일은 그것의 확장명과 연관된 애플리케이션에서 열린다. 호출은 대기하지 않으며, 일반적으로 윈도우 콘솔 창을 띄우지 않는다(일명, 명령 프롬프트). 윈도우에 한해 동작하며, 2.0 버전에 추가됐다.

os.popen(*cmd*, mode='r', buffering=None)

> 데이터를 주고 받기 위해 셸 명령 라인 문자열 *cmd*와 연결되는 파이프를 연다. 열린 파일 객체를 반환하는데, 이를 통해 *cmd*의 표준 출력 스트림인 *stdout*에서 읽거나(기본값은 'r' 모드) *cmd*의 표준 입력 스트림인 *stdin*으로 쓸 수 있다('w' 모드). 예를 들어, dirlist = os.popen('ls -l *.py').read()는 유닉스 ls 명령의 출력을 읽는다. *cmd*는 시스템 콘솔이나 셸 프롬프트에 타이핑될 수 있는 것이면 무슨 명령 문자열이건 상관없다. 모드는 'r'이나 'w'가 될 수 있는데, 기본값은 'r'이다. buffering은 내장 open() 함수의 그것

과 같다. cmd는 독립적으로 실행되며, 종료 상태는 그것이 0(에러 없음)일 때 None이 반환되는 경우를 제외하면 결과 파일 객체의 close() 메서드에 의해 반환된다. 출력을 한 라인씩 읽기 위해서는 readline()이나 파일 객체 반복을 사용한다.

파이썬 2.X에는 스퍼닝된 명령의 다른 스트림들에 연결하기 위한 popen2(), popen3(), popen4() 변형들이 있다(예를 들어, popen2() 는 (*child_stdin*, *child_stdout*) 튜플을 반환한다). 파이썬 3.X 에서 이 호출들은 제거됐으며, 대신 subprocess.Popen()을 사용한 다. 2.4와 그 이후 버전의 subprocess 모듈은 스크립트가 새 프로 세스를 스퍼닝하고, 그것의 스트림에 연결한 후, 그것의 반환 코 드를 얻을 수 있도록 하는 기능을 제공한다(273쪽 "subprocess 모 듈" 참고).

os.spawn*(*args...*)

프로그램 및 명령을 스퍼닝하기 위한 함수 집합이다. 더 상세한 사 항에 대해서는 파이썬 라이브러리 레퍼런스와 234쪽에 나올 "프로 세스 제어"를 참고하기 바란다. subprocess 모듈은 이 호출의 대체 물로 사용할 수 있다(273쪽 "subprocess 모듈" 참고).

환경 도구

이 속성들은 셸 환경, 현재 디렉터리 등의 실행 컨텍스트를 익스포트 한다.

os.environ

딕셔너리 같은 셸 환경 변수 객체이다. os.environ['USER']는 셸 의 USER 변수값이며(유닉스에서는 $USER와 같고, 윈도우에서는 %USER%와 같다), 프로그램 구동 시작 시 초기화된다. C의 putenv()

호출을 통해 파이썬의 외부에 키 대입이 익스포트되어 os.environ 이 변경되며, 그 변경은 연결된 C 코드는 물론, 이후에 어떤 방식으로건 스퍼닝되는 모든 프로세스들에 의해 상속된다. 파이썬 3.2 및 그 이후 버전의 os.environb 환경 bytes 인터페이스에 대해서는 파이썬 매뉴얼을 참고하도록 하자.

os.putenv(*varname*, *value*)

*varname*이라고 명명된 셸 환경 변수를 문자열 *value*로 설정하며, 이는 system(), popen(), spawnv(), fork(), execv() 등으로 시작하는 하위 프로세스에 영향을 준다. os.environ 키에 대한 대입은 os.putenv()을 자동으로 호출하지만, os.putenv() 호출은 os.environ을 업데이트하지 않는다. 따라서, os.environ을 사용하는 것이 좋다.

os.getenv(*varname*, default=None)

환경 변수 *varname*이 존재할 경우 그 값을 반환하고, 존재하지 않으면 *default*를 반환한다. 현재 이것은 단지 os.environ.get (*varname*, *default*)로 미리 로딩된 환경 딕셔너리를 인덱싱한다. *varname*, *default* 및 결과는 모두 str이다. 유니코드 인코딩 규칙과 파이썬 3.2부터 bytes에 대한 대체물인 os.getenvb()에 대해서는 파이썬 매뉴얼을 참고하기 바란다.

os.getcwd()

현재 작업 디렉터리 이름을 문자열로 반환한다.

os.chdir(*path*)

지금 동작하는 프로세스를 위한 현재 작업 디렉터리를 문자열 *path*가 가리키는 디렉터리로 변경한다. 이후의 파일 연산은 현재 작업하는 새 디렉터리에서 이루어진다. 이것은 모듈 임포트에 사용되는 sys.path의 첫 엔트리가 일반적인 현재 작업 디렉터리 지정자일지라도 그것을 업데이트하지 않는다.

os.strerror(*code*)

code에 해당하는 에러 메시지를 반환한다.

os.times()

프로세스를 호출하기 위해 경과된 다섯 가지 CPU 시간 정보를 부동 소수점 초 단위로 포함하는 튜플을 반환하는데, 이는 다음과 같다. (*user-time, system-time, child-user-time, child-system -time, elapsed-real-time*). 268쪽 "time 모듈"을 참고하자.

os.umask(*mask*)

수치 umask를 *mask*로 설정하고 이전 값을 반환한다.

os.uname()

(*systemname, nodename, release, version, machine*)과 같이 문자열로 된 OS 이름 튜플을 반환한다.

파일 서술자 도구

다음 함수들은 파일 서술자에 의해 파일을 처리하는데, *fd*는 파일 서술자 정수이다. os 모듈 파일 서술자 기반의 파일은 낮은 레벨의 파일 태스크에 대한 것이며, 내장 open() 함수에 의해 반환되는 stdio 파일 객체와 같지 않다. 보통은 여기 나오는 파일 서술자가 아니라, 파일 객체가 대부분의 파일 처리에 사용될 것이다. 상세 사항에 대해서는 168쪽 "내장 함수"의 open()을 참고하자. 필요시에는 os.fdopen()과 파일 객체의 fileno() 메서드가 두 형식 간 변환을 수행하며, 3.X의 내장

open() 함수는 파일 서술자를 받아들인다.

 여기서 '파일 서술자'는 클래스 '서술자'와 다르다(149쪽 "서술자 메서드" 참고). 또한, 파이썬 3.4에서는 파일 서술자가 하위 프로세스에서 기본적으로 상속되지 않으며, 이 기본값을 관리하기 위해 os 내에 새로운 get_inheritable(fd) 및 set_inheritable(fd, boolean) 호출을 제공한다.

os.close(fd)

파일 서술자 fd를 닫는다(파일 객체 아님).

os.dup(fd)

파일 서술자 fd의 복사본을 반환한다.

os.dup2(fd, fd2)

파일 서술자 fd를 fd2로 복사한다(fd2가 열려있으면 먼저 닫는다).

os.fdopen(fd, *args, **kwargs)

파일 서술자 fd(정수)와 연결된 내장 stdio 파일 객체를 반환한다. 이것은 open() 내장 함수에 대한 별칭이며, fdopen()의 첫 번째 인자가 항상 정수 파일 서술자여야 한다는 것을 제외하면 동일한 인자를 받는다(168쪽 "내장 함수"의 open() 참고). 파일 서술자 기반 파일에서 파일 객체로의 변환은 대개 내장 open() 함수에 의해 자동으로 처리된다. 파일 객체를 파일 서술자로 변환하기 위해서 fileobject.fileno()를 사용한다.

os.fstat(fd)

파일 서술자 fd에 대한 상태를 반환한다(os.stat()과 유사하다).

os.ftruncate(fd, length)

파일 서술자 fd에 해당하는 파일을 최대 length 바이트 크기가 되게 자른다.

os.isatty(*fd*)

파일 서술자 *fd*가 열려있으며 tty 같은 (대화식의) 장치에 연결된
경우 True를 반환하고, 그렇지 않으면 False를 반환한다(예전의 파
이썬 버전에서는 1 혹은 0을 반환할 수 있다).

os.lseek(*fd*, *pos*, *how*)

파일 서술자 *fd*의 현재 위치를 (임의 접근을 위해) *pos*로 설정한다.
how는 파일의 시작을 기준으로 하면 0, 현재 위치를 기준으로 하면
1, 파일의 끝을 기준으로 하면 2로 설정한다.

os.open(*filename*, *flags* [, mode=0o777], [dir_fd=None])

파일 서술자 기반 파일을 열고 그것의 파일 서술자를 반환한다. 파
일 서술자는 다른 os 모듈 파일 연산 호출에 전달될 수 있는 정수
이며, stdio 파일 객체가 아니다. 대부분의 파일 처리 시에 선호되
는 내장 open() 함수와는 다르게, 낮은 레벨의 파일 태스크만을 처
리하도록 설계됐다(168쪽 "내장함수" 참고).

*filename*은 파일의 경로명 문자열이다(상대 경로명도 가능하다).
*flags*는 비트마스크(bitmask)인데, os 모듈에 정의된 플랫폼 중립
적 플래그 상수 및 플랫폼 특징적 플래그 상수들을 조합하기 위해
|를 사용한다(표 18 참고). mode는 0o777(8진수)을 기본값으로 가
지며, 현재 umask 값은 가려진다. dir_fd는 파이썬 3.3에서 새로 도
입됐으며, 디렉터리 파일 서술자에 관한 경로를 지원한다(파이썬
매뉴얼 참고). 동시 업데이트 혹은 다른 프로세스 동기화에 대한
파일의 이식성 있는 잠금을 위해, os.open()은 os.O_EXCL 플래그와
함께 사용될 수 있다.

`os.pipe()`

익명 파이프를 생성한다. 234쪽 "프로세스 제어"를 참고하자.

`os.read(fd, n)`

파일 서술자 *fd*로부터 최대 *n*바이트를 읽고 그것을 문자열로 반환한다.

`os.write(fd, str)`

문자열 str의 모든 바이트들을 파일 서술자 fd에 쓴다.

O_APPEND	O_EXCL	O_RDONLY	O_TRUNC
O_BINARY	O_NDELAY	O_RDWR	O_WRONLY
O_CREAT	O_NOCTTY	O_RSYNC	
O_DSYNC	O_NONBLOCK	O_SYNC	

표 18 os.open에 대해 or 가능한 플래그(모든 os.flag)

파일 경로명 도구

다음 함수들은 파일의 경로명에 의해 파일을 처리하며, 파일의 경로명인 path는 문자열이다(238쪽 "os.path 모듈" 참고). 파이썬 2.X에서 이 모듈은 임시 파일 도구들도 포함하는데, 이는 파이썬 3.X에서 `tempfile` 모듈로 대체됐다. 여기 나오지는 않았지만 파이썬 3.3부터 이러한 도구들 중 일부는 디렉터리 파일 서술자에 관한 경로를 지원하기 위해 선택적인 `dir_fd` 인자를 추가로 가진다. 상세 사항에 대해서는 파이썬 매뉴얼을 참고하도록 하자.

`os.chdir(path)`
`os.getcwd()`

현재 작업 디렉터리 도구들이다. 224쪽 "환경 도구"를 참고하도록 하자.

os.chmod(*path*, *mode*)

파일 *path*의 모드를 *mode* 숫자로 변경한다.

os.chown(*path*, *uid*, *gid*)

*path*의 소유자/그룹 ID를 *uid*/*gid* 숫자로 변경한다.

os.link(*srcpath*, *dstpath*)

srcpath 파일로 연결되는 *dstpath*라는 이름의 하드 링크를 생성한다.

os.listdir(*path*)

디렉터리 *path* 안에 있는 모든 요소의 이름으로 구성된 리스트를 반환한다. glob.glob(*pattern*) 호출이나 os.popen()을 통한 셸 리스팅(listing) 명령 대신 사용할 수 있는 빠르고 이식성 있는 대안이다. 파일명 패턴 확장에 대해서는 파이썬 매뉴얼의 glob 모듈을 참고하기 바라며, 전체 디렉터리 트리 탐색에 대해서는 이 절 뒷부분의 os.walk()를 참고하자.

파이썬 3.X에서 이것은 플랫폼 기본값에 의한 유니코드 파일명 디코딩이 일어나지 않도록 str 대신 bytes를 전달받고 반환한다(이 동작은 glob.glob()과 os.walk()에도 적용된다). 파이썬 3.2 및 그 이후 버전에서는 *path*가 생략되면 기본값으로 현재 작업 디렉터리인 "."이 설정된다.

os.lstat(*path*)

os.stat()과 유사하지만, 심볼릭 링크를 따르지 않는다.

os.mkfifo(*path* [, mode=0o666])

mode 숫자에 의한 접근 권한을 가지고, 문자열 *path*에 의해 식별되는 FIFO(명명된 파이프)를 생성한다(하지만 열지는 않는다). 기본 모드는 0o666(8진수)이다. 현재 umask 값은 mode로부터 가려진다. 이 호출에는 3.3의 선택적인 키워드용 인자인 dir_fd가 있다.

FIFO는 파일 시스템 내에 존재하는 파이프이며, 일반 파일처럼 열고 처리할 수 있다. 공유된 파일명을 통해 각각 독립적으로 시작된 클라이언트와 서버 간의 동기 접근을 지원한다. FIFO는 삭제되기 전까지 존재한다. 이 호출은 유닉스 유사 플랫폼 환경에서 사용할 수 있는데, 이는 윈도우에서 동작하는 시그윈을 포함한다. 하지만 표준 윈도우 파이썬에서는 사용할 수 없다. 소켓을 통해 유사한 기능을 구현할 수 있다(264쪽 "인터넷 모듈 및 도구"의 socket 모듈과 파이썬 매뉴얼 참고).

os.mkdir(*path* [, *mode*])

mode 모드로 *path*에 디렉터리를 만든다. 모드의 기본값은 0o777(8진수)이다.

os.makedirs(*path* [, *mode*])

반복적인 디렉터리 생성 함수다. mkdir()과 유사하지만, 최하위 디렉터리를 포함하기 위해 필요한 중간 레벨 디렉터리를 모두 만든다. 최하위 디렉터리가 이미 존재하거나 생성할 수 없으면 예외를 발생시킨다. mode는 0o777(8진수)를 기본값으로 가진다. 파이썬 3.2 및 그 이후 버전에서 이 호출은 선택적 인자인 exists_ok를 추가로 가진다. 파이썬 매뉴얼을 참고하도록 하자.

os.readlink(*path*)

심볼릭 링크 *path*에 의해 참조된 경로를 반환한다.

os.remove(*path*)

os.unlink(*path*)

*path*라 명명된 파일을 제거한다. remove()는 unlink()와 거의 같다. 디렉터리 제거를 위한 rmdir()과 removedirs()도 이 목록에서 참고하자.

os.removedirs(*path*)

반복적인 디렉터리 제거 함수다. rmdir()과 유사하지만, 최하위 디렉터리가 성공적으로 제거되면, 최하위 디렉터리에 이르는 전체 중간 경로도 함께 제거된다. 최하위 디렉터리를 제거할 수 없는 경우 예외를 발생시킨다.

os.rename(*srcpath*, *dstpath*)

srcpath 파일의 이름을 *dstpath*로 바꾼다(옮긴다). 파이썬 매뉴얼에서 파이썬 3.3부터 도입된 os.replace()도 참고하도록 하자.

os.renames(*oldpath*, *newpath*)

디렉터리 혹은 파일의 이름을 반복적으로 바꾸는 함수다. rename()과 유사하지만, 새 경로명을 만드는 데 필요한 모든 중간 디렉터리 생성을 먼저 시도한다. 이름을 바꾼 다음 예전 이름과 관련된 경로는 removedirs()를 사용해 제거한다.

os.rmdir(*path*)

*path*라 명명된 디렉터리를 제거한다.

os.stat(*path*)

*path*에 대해 stat 시스템 호출을 실행하며, 낮은 레벨의 파일 정보를 가지는 정수들로 구성된 튜플이 반환된다(이것의 아이템들은 표준 라이브러리 모듈인 stat의 도구들에 의해 정의되고 처리된다).

os.symlink(*srcpath*, *dstpath*)

srcpath 파일에 *dstpath*라 명명되는 심볼릭 링크를 생성한다.

os.utime(*path*, (*atime*, *mtime*))

path 파일 접근 및 수정 시간을 설정한다.

os.access(*path*, *mode*)

관련 세부 사항은 파이썬 라이브러리 레퍼런스나 유닉스 매뉴얼 페이지(manpages)를 참고하자.

os.walk(...)

```
os.walk(top
  [, topdown=True
  [, onerror=None]
  [, followlinks=False]]])
```

디렉터리 트리를 하향식이나 상향식으로 탐색하여 파일명들을 생성한다. 상대적인 디렉터리 경로도 가능한 *top* 문자열을 루트로 하는(*top*도 포함되는) 트리의 각 디렉터리에 대해 (*dirpath*, *dirnames*, *filenames*)와 같이 세 개의 아이템으로 구성된 튜플(일명, 트리플)을 제공한다. 각 아이템의 의미는 다음과 같다.

- *dirpath*는 문자열이며, 디렉터리 경로이다.
- *dirname*은 *dirpath*의 하위 디렉터리의 이름으로 구성된 리스트다(.과 ..는 제외된다).
- *filename*은 *dirpath*의 디렉터리가 아닌 파일들의 이름으로 구성된 리스트다.

리스트의 이름들은 경로 요소들을 포함하지 않는다. *dirpath*의 파일이나 디렉터리의 (*top*으로 시작하는) 전체 경로를 얻고 싶다면 os.path.join(dirpath, name)을 실행한다.

만약 선택적 인자인 topdown이 참이거나 지정되지 않았다면, 한 디렉터리에 대한 트리플은 그것의 모든 하위 디렉터리의 트리플들보다 앞에 생성된다(하향식으로 생성된다). 만약 *topdown*이 거짓이라면, 한 디렉터리에 대한 트리플은 그것의 모든 하위 디렉터리의 트리플들보다 뒤에 생성된다(상향식으로 생성된다). 선택적인 *onerror*는 os.error 인스턴스 인자 한 개와 함께 호출되는 함수로 지정될 수 있다. 기본적으로 os.walk는 심볼릭 링크를 탐색하지 않지만, 시스템이 심볼릭 링크 기능을 지원하고, 심볼릭 링크까지 방문하고 싶다면 followlinks를 True로 설정한다.

*topdown*이 참일 경우 *dirnames* 리스트는 검색 제어를 위해 즉시 수정될 수 있으며, os.walk()는 *dirnames*에 이름이 남은 하위 디렉터리에 한해서 반복된다. 이것은 검색을 조절하고, 특정한 방문 순서를 적용하는 데 유용하다.

파이썬 2.X는 유사한 트리 탐색 기능이 있는 os.path.walk() 호출을 제공하는데, 이는 제너레이터 대신 이벤트 핸들러 함수 호출을 사용한다. 파이썬 3.X에서는 os.path.walk()을 중복으로 보아 제거했으며, 대신 os.walk()를 사용한다. 연관된 파일명 확장에 대해서는 파이썬 매뉴얼의 glob 모듈을 참고하자(예: glob.glob(r'***.py')).

프로세스 제어

다음 함수들은 프로세스와 프로그램을 생성하고 관리하기 위해 사용된다. 프로그램과 파일들을 시작하는 또 다른 방식에 대해서는 222쪽 "셸 명령"을 참고하도록 하자. 이 기능을 통해서 파이썬 프로세스에 대한 모든 명령을 실행시킬 수 있지만, 불확실한 셸 명령 문자열을 실행하기 위해 이 기능을 사용하진 않도록 하자.

os.abort()

현재 프로세스에 SIGABRT 시그널을 보낸다. 유닉스상에서의 기본 동작은 코어 덤프를 생성하는 것이며, 윈도우상에서는 프로세스가 즉시 종료 코드 3을 반환한다.

os.execl(*path*, *arg0*, *arg1*,...)

execv(*path*, (*arg0*, *arg1*,...))과 동일하다.

os.execle(*path*, *arg0*, *arg1*,..., *env*)

execve(*path*, (*arg0*, *arg1*,...), *env*)과 동일하다.

os.execlp(*path*, *arg0*, *arg1*,...)

execvp(*path*, (*arg0*, *arg1*,...))과 동일하다.

os.execve(*path*, *args*, *env*)

execv()와 유사하지만 *env* 딕셔너리가 셸 변수 환경을 대체한다. *env*는 문자열끼리 매핑해야만 한다.

os.execvp(*path*, *args*)

execv(*path*, *args*)와 유사하지만 디렉터리 리스트의 실행 가능한 파일을 찾는 셸의 작업을 복사한다. 디렉터리 리스트는 os.environ['PATH']로부터 얻는다.

os.execvpe(*path*, *args*, *env*)

execve()와 execvp()을 혼합한 것이다. 디렉터리 리스트는 os.environ['PATH']로부터 얻는다.

os.execv(*path*, *args*)

*path*에 있는 실행 가능한 파일을 명령 라인 인자인 *args*와 함께 실행하며, 해당 프로세스(파이썬 인터프리터)의 현재 프로그램을 대

— Python

체한다. *args*는 튜플이나 문자열의 리스트가 될 수 있으며, 관례에 따라 실행 파일의 이름으로 시작한다(argv[0]). 이 함수 호출은 새 프로그램 시작 시 에러가 발생하지 않는 한 절대 반환되지 않는다.

os._exit(*n*)

일반적인 프로그램 종료 절차 수행 없이 상태 *n*과 함께 즉시 프로 세스를 종료한다. 대개 fork 후의 자식 프로세스에 한해서 사용한 다. 종료를 위한 표준 방식은 sys.exit(*n*)을 호출하는 것이다.

os.fork()

자식 프로세스를 스퍼닝한다(호출 프로세스의 가상 복사본이며, 병렬로 실행된다). 자식에서는 0을 반환하며, 부모에서는 새로 만 들어진 자식의 프로세스 ID를 반환한다. 표준 윈도우 파이썬에서 는 사용할 수 없지만, 윈도우상의 시그윈 파이썬에서는 사용할 수 있다(popen(), system(), spawnv(), subprocess 모듈이 일반적으 로 더 이식성이 있다).

os.getpid()
os.getppid()

현재 (호출한) 프로세스의 프로세스 ID를 반환한다. getppid()는 부모 프로세스 ID를 반환한다.

os.getuid()
os.geteuid()

프로세스의 사용자 ID를 반환한다. geteuid는 유효 사용자 ID를 반환한다.

os.kill(*pid*, *sig*)

pid ID를 가지는 프로세스에 *sig* 시그널을 보내며, (일부 시그널

유형에 대해) 잠재적으로 프로세스를 중단시킨다. 시그널 상수 및 시그널 핸들러 등록에 대해서는 파이썬 매뉴얼의 signal 표준 라이브러리 모듈을 참고하도록 하자.

os.mkfifo(*path* [, *mode*])

231쪽 "파일 경로명 도구"를 참고하자(프로세스 동기화를 위해 명명된 파일이 사용된다).

os.nice(*increment*)

프로세스의 '정밀함(niceness)'에 *increment*를 더한다(즉, 프로세스의 CPU 우선순위를 낮춘다).

os.pipe()

새로운 익명(명명되지 않은) 파이프를 읽고 쓰기 위한 파일 서술자(*readfd, writefd*) 튜플을 반환한다. 관련된 프로세스들의 교차 프로세스 통신에 사용된다.

os.plock(*op*)

프로그램 세그먼트를 메모리에 고정시킨다. *op*(<sys./lock.h>에 정의)는 어떤 세그먼트가 고정될지 결정한다.

os.spawnv(*mode, path, args*)

*path*의 프로그램을 새 프로세스에서 실행하며, 명령 라인처럼 *args*에서 지정된 인자들을 전달한다. *args*는 리스트나 튜플이 될 수 있다. *mode*는 다음 이름들로 구성된 조작 상수다. P_WAIT, P_NOWAIT, P_NOWAITO, P_OVERLAY, P_DETACH. 이는 os 모듈에도 정의되어 있다. 윈도우상에서는, fork()와 execv()의 조합과 비슷하다(표준 윈도우 파이썬에서, popen()과 system()은 사용할 수 있지만, fork()는 사용할 수 없다). 이 호출보다 더 기능이 풍부한 대체

물에 대해서는 표준 라이브러리의 subprocess 모듈을 참고하자
(273쪽 "subprocess 모듈" 참고).

os.spawnve(*mode*, *path*, *args*, *env*)

spawnv()와 유사하지만 스퍼닝된 프로그램의 셸 환경으로서 *env*
매핑의 내용을 전달한다(그렇지 않으면 부모의 것을 상속한다).

os.wait()

자식 프로세스의 완료를 기다린다. 자식의 ID와 종료 상태로 구성
된 튜플을 반환한다.

os.waitpid(*pid*, *options*)

pid ID를 가지는 자식 프로세스가 완료되기를 기다린다. 일반적으
로 사용할 경우 *options*는 0이지만, 사용 가능한 자식 상태가 없을
경우엔 중단을 피하기 위해서 os.WNOHANG을 설정할 수 있다. *pid*가
0이면 현재 프로세스의 프로세스 그룹에 포함되는 모든 자식에게
요청이 적용된다. 파이썬 라이브러리 레퍼런스에 문서화된 프로세
스 종료 코드 및 함수들을 참고하자(예: 종료 코드를 추출하기 위
한 WEXITSTATUS(*status*)).

os.path 모듈

os.path 모듈은 파일 디렉터리 경로명 관련 서비스와 이식성 도구를
추가로 제공한다. 이 os.path 모듈은 os 모듈의 하부에 포함된 중첩 모
듈(nested module)이다. 따라서 os 모듈의 하위 모듈인 os.path에 그
것과 관련된 이름들이 존재한다(예: exists 함수는 os를 임포트한 후
os.path.exists 이름을 사용하여 접근할 수 있다).

이 모듈에 있는 대부분의 함수는 path 인자를 받는데, 이는 파일의
문자열 디렉터리 경로명이다(예: 'C:\dir1\spam.txt'). 디렉터리 경

로는 일반적으로 플랫폼의 관례에 따라 코딩되며, 앞에 붙는 디렉터리 경로가 없으면 현재 작업 디렉터리로 매핑된다. 슬래시(/)는 모든 플랫폼상에서 대개 디렉터리 구분 기호로 동작한다. 파이썬 2.X에서 이 모듈은 `os.path.walk()` 도구를 포함하는데, 이는 파이썬 3.X에서 `os.walk()`로 대체됐다(233쪽 "파일 경로명 도구" 참고).

`os.path.abspath(path)`

path의 정규화된 절대 경로를 반환한다. 대부분의 플랫폼에서 이 것은 `normpath(join(os.getcwd(), path))`와 같다.

`os.path.basename(path)`

`split(path)`에 의해 반환되는 튜플의 두 번째 값과 같다.

`os.path.commonprefix(list)`

list의 모든 경로들에서 (문자 비교를 통해) 앞부분의 가장 긴 공통 경로를 반환한다.

`os.path.dirname(path)`

`split(path)`에 의해 반환되는 튜플의 첫 번째 값과 같다.

`os.path.exists(path)`

문자열 path가 존재하는 파일 경로의 이름이면 참이다.

`os.path.expanduser(path)`

path에서 내장된 ~ 사용자명을 확장한 경로의 문자열을 반환한다.

`os.path.expandvars(path)`

path에서 내장된 $ 환경 변수를 확장한 경로의 문자열을 반환한다.

os.path.getatime(*path*)

    *path*의 마지막 접근 시간을 반환한다(초 단위 에포크(epoch) 시간).

os.path.getmtime(*path*)

    *path*의 마지막 수정 시간을 반환한다(초 단위 에포크 시간).

os.path.getsize(*path*)

    *path*의 크기를 바이트 단위로 반환한다.

os.path.isabs(*path*)

    문자열 *path*가 절대 경로이면 참이다.

os.path.isfile(*path*)

    문자열 *path*가 정규 파일이면 참이다.

os.path.isdir(*path*)

    문자열 *path*가 디렉터리이면 참이다.

os.path.islink(*path*)

    문자열 *path*가 심볼릭 링크이면 참이다.

os.path.ismount(*path*)

    문자열 *path*가 마운트 포인트이면 참이다.

os.path.join(*path1* [, *path2* [, ...]])

    한 개 이상의 경로 요소들을 지능적으로 연결한다(각 부분을 연결하는 데 플랫폼별 구분 기호 관례를 사용한다).

os.path.normcase(*path*)

    경로명의 대소문자를 정규화한다. 유닉스에서는 아무 효과가 없으며, 대소문자를 구분하지 않는 파일 시스템에서는 소문자로 변환한다. 또한, 윈도우에서는 /를 \로 변환한다.

os.path.normpath(*path*)

경로명을 정규화한다. 중복된 구분 기호와 상위 레벨 참조를 없앤다. 윈도우에서는 /를 \로 변환한다.

os.path.realpath(*path*)

지정된 파일명의 정식 경로를 반환하며, 경로에 있는 모든 심볼릭 링크들을 제거한다.

os.path.samefile(*path1*, *path2*)

두 경로명 인자가 같은 파일이나 디렉터리를 가리키면 참이다.

os.path.sameopenfile(*fp1*, *fp2*)

두 파일 객체가 같은 파일을 가리키면 참이다.

os.path.samestat(*stat1*, *stat2*)

튜플의 두 *stat*이 같은 파일을 가리키면 참이다.

os.path.split(*path*)

*path*를 (*head*, *tail*)로 분할한다. *tail*은 마지막 경로명 요소이며, *tail* 앞의 모든 것은 head다. (dirname(*path*), basename(*path*))와 동일하다.

os.path.splitdrive(*path*)

(윈도우에서는) *path*를 ('*drive:*', *tail*)로 분할한다.

os.path.splitext(*path*)

path를 (*root*, *ext*)로 분할한다. *root*의 마지막 요소는 .를 포함

하지 않으며, *ext*는 빈 값이거나 .로 시작하는 값이 된다.

os.path.walk(*path*, *visitor*, *data*)

파이썬 2.X에 한정되는 os.walk()의 대체물이다. 디렉터리 제너레이터 대신 *data* 상태를 받는 디렉터리 핸들러 콜백 함수인 *visitor*를 기반으로 한다. 파이썬 3.X에서는 제거됐으므로 os.path.walk() 대신 os.walk()를 사용한다.

re 패턴 매칭 모듈

re 모듈은 파이썬 3.X와 2.X 양쪽에서 모두 사용 가능한 정규식 패턴 매칭 인터페이스다. 정규식(Regular expression, RE) 패턴 및 그것들에 의해 매칭될 텍스트는 문자열로 지정된다. 이 모듈은 임포트되어야만 한다.

모듈 함수

모듈의 최상위 인터페이스는 즉시 매칭 혹은 프리컴파일된 패턴 매칭을 하기 위한 도구를 포함하며, 다음 절에 정의된 패턴 객체(pobj)와 매치 객체(mobj)를 생성한다.

re.compile(*pattern* [, *flags*])

이후의 매칭을 위해 RE *pattern* 문자열을 RE 패턴 객체(*pobj*)로 컴파일한다. (| 비트 연산에 의해 조합할 수 있는) *flags*는 다음을 포함하며, re 모듈의 최상위에서 사용 가능하다.

re.A or re.ASCII or (?a)

\w, \W, \b, \B, \s, \S가 전체 유니코드 매칭 대신 ASCII 한정 매칭을 수행하도록 만든다. 이것은 유니코드 패턴에만 의미

가 있고 바이트 패턴에 대해서는 무시된다. 역호환성을 위해 **re.U** 플래그가 아직 존재하지만(동의어인 **re.UNICODE**와 그것의 복사본인 **?u**도 존재), 파이썬 3.X에서는 문자열에 대한 매칭이 기본적으로 유니코드에 의해 처리되므로 이것들은 필요가 없다(유니코드 매칭은 바이트에 대해 허용되지 않는다).

re.I or re.IGNORECASE or (?i)
대소문자를 구분하지 않는 매칭.

re.L or re.LOCALE or (?L)
\w, \W, \b, \B, \s, \S, \d, \D가 현재 로캘 설정을 따르도록 한다(파이썬 3.X에 대한 기본 설정은 유니코드다).

re.M or re.MULTILINE or (?m)
전체 문자열이 아니라 각 뉴라인별로 매칭한다.

re.S or re.DOTALL or (?s)
x.이 뉴라인을 포함한 모든 문자들에 매칭되도록 한다.

re.U or re.UNICODE or (?u)
\w, \W, \b, \B, \s, \S, \d, \D가 유니코드 문자 특성을 따르도록 한다(2.0 버전에 새로 도입됐고, 파이썬 3.X에서는 불필요하다).

re.X or re.VERBOSE or (?x)
패턴 내의 문자 집합 외의 공백은 무시한다.

re.match(*pattern*, *string* [, *flags*])
*string*의 앞에서부터 *pattern* 문자열과 0개 이상 매칭되는 부분이 있는지 확인하고, 그에 해당하는 매치 객체 인스턴스(*mobj*)를

반환한다. 만약 매칭되는 부분이 없으면 None을 반환한다. *flags*는
compile() 사용하는 flags와 그 기능이 같다.

re.search(*pattern*, *string* [, *flags*])
    *pattern*과 매칭되는 위치를 찾기 위해 *string*을 스캔하고, 그
에 해당하는 매치 객체 인스턴스(*mobj*)를 반환한다. 만약 매칭되
는 부분이 없으면 None을 반환한다. *flags*는 compile()에 사용하는
flags와 그 기능이 같다.

re.split(*pattern*, *string* [, maxsplit=0])
    *pattern*에 의해 *string*을 분할한다. *pattern*에 캡처를 위한 ()가
사용되면 패턴이나 그 하위 패턴들도 반환된다.

re.sub(*pattern*, *repl*, *string* [, count=0])
    *string*에서 왼쪽부터(*count*번까지) *pattern*(문자열 혹은 RE 객
체)과 매칭되는 부분을 *repl*로 대체하여 반환한다. *repl*은 문자열
이 될 수도 있고, 단일 매치 객체(*mobj*) 인자와 함께 호출되는 함수
일 수도 있는데, 그 함수는 대체 문자열을 반환해야 한다. *repl*은
그룹들에 매칭되는 부분 문자열을 사용하기 위해 시퀀스 이스케이
프인 \1, \2 등을 포함할 수 있다. 전체 선택을 위해서는 \0를 사용
한다.

re.subn(*pattern*, *repl*, *string* [, count=0])
    *sub*와 같지만 (*new-string*, *number-of-subs-made*) 튜플을 반환
한다.

re.findall(*pattern*, *string* [, *flags*])
    *string*에서 *pattern*과 매칭되는 모든 문자열의 리스트를 반환한
다. 패턴 내에 그룹이 한 개 이상 있을 경우엔 그룹들의 리스트를

반환한다.

re.finditer(*pattern*, *string* [, *flags*])

    *string*에서 RE *pattern*과 매칭되는 모든 결과에 대한 반복을 반환한다.

re.escape(*string*)

    *string*에서 문자나 숫자가 아닌 것에 백슬래시를 적용한 문자열을 반환하며, 이는 문자열 리터럴로 컴파일될 수 있다.

정규식 객체

RE 패턴 객체들(*pobj*)은 re.compile()에 의해 반환되며 다음 속성들을 가지는데, 그것들 중 일부는 매치 객체를 생성한다(*mobj*).

pobj.flags

    flags 인자는 RE 패턴 객체가 컴파일될 때 사용된다.

pobj.groupindex

    패턴의 {*group-name: group-number*} 딕셔너리.

pobj.pattern

    패턴 문자열이며, 이것으로부터 RE 패턴 객체가 컴파일된다.

pobj.match(*string* [, *pos* [, *endpos*]])
pobj.search(*string* [, *pos* [, *endpos*]])
pobj.split(*string* [, maxsplit=0])
pobj.sub(*repl*, *string* [, count=0])
pobj.subn(*repl*, *string* [, count=0])
pobj.findall(*string* [, *pos*[, *endpos*]])
pobj.finditer(*string* [, *pos*[, *endpos*]])

앞에서 본 re 모듈 함수들과 같지만, *pattern*이 내포됐다. *pos*와
*endpos*는 매칭을 위한 시작/종료 문자열 인덱스들을 제공한다. 앞
의 두 함수는 매치 객체(*mobj*)를 생성할 수 있다.

매치 객체

매치 객체(*mobj*)는 성공적인 match( ) 및 search( ) 연산에 의해 반환되
며, 다음 속성들을 가진다(덜 사용되는 속성들은 생략했다. 이 부분은
파이썬 라이브러리 레퍼런스를 참고하자).

mobj.pos, *mobj*.endpos

search나 match에 전달된 pos와 endpos 값.

mobj.re

RE 패턴 객체이다. RE 패턴 객체의 match나 search가 이 매치 객체
를 생성했다(pattern 문자열 참고).

mobj.string

match나 search로 전달되는 문자열.

mobj.group([*g* [, *g*]*)

패턴 내에서 괄호로 둘러싸인 그룹들에 의해 매칭된 부분 문자열
들을 반환한다. 한 개 이상의 그룹 번호 및 그룹 식별자 *g*를 받을
수 있으며, 각각 (R)과 (?P<*name*>R) 패턴으로 구분된다. 만약 인자
가 한 개이면 결과는 식별자가 전달된 그룹과 매칭되는 부분 문자
열이다. 인자가 여러 개이면 결과는 인자당 하나의 부분 문자열이
매칭되는 튜플이다. 인자가 없다면 매칭되는 전체 부분 문자열을
반환한다. 만약 어떤 그룹의 번호가 0이면, 반환값은 전체 매칭 문
자열이다. 그 이외의 그룹 번호에 대해서는 해당 괄호의 그룹과 매

칭되는 문자열을 반환한다. 패턴 내의 그룹은 왼쪽부터 오른쪽 방향으로, 1...N순으로 번호가 매겨진다.

mobj.groups()

매치의 모든 그룹으로 구성된 튜플을 반환하며, 매치에 포함되지 않는 그룹들은 None 값을 가진다.

mobj.groupdict()

매치의 모든 명명된 하위 그룹을 포함하는 딕셔너리를 반환하며, 하위 그룹의 이름이 키가 된다.

mobj.start([g]), *mobj*.end([g])

그룹 *g*에 의해 매칭되는 부분 문자열의 시작과 끝 인덱스다(만약 group이 없다면 전체 매칭 문자열이다). 매치 객체 *M*에 대해서 *M*.string[*M*.start(*g*):*M*.end(*g*)] == *M*.group(*g*)이다.

mobj.span([g])

(*mobj*.start(*g*), *mobj*.end(*g*)) 튜플을 반환한다.

mobj.expand(*template*)

문자열 *template*에 대해 sub 메서드에 의한 백슬래시 치환을 적용하여 얻어진 문자열을 반환하며, \n과 같은 이스케이프들은 적절한 문자로 변환되고, 숫자 백레퍼런스(예: \1, \2)와 이름 백레퍼런스(예: \g<1>, \g<name>)는 해당 그룹으로 대체된다.

패턴 문법

패턴 문자열은 연속된 형식(표 19 참고) 및 문자 클래스 이스케이프(표 20 참고)에 의해 지정되며, 파이썬 문자 이스케이프(예: 탭을 위한 \t) 또한 사용될 수 있다. 패턴 문자열은 괄호 안의 하위 패턴에 의해 매칭되는 그룹화된 부분 문자열 및 텍스트 문자열에 대해 매칭되고, 불린 매치 결과를 산출한다.

```
>>> import re
>>> pobj = re.compile('hello[ \t]*(.*)')
>>> mobj = pobj.match('hello world!')
>>> mobj.group(1)
'world!'
```

표 19에서 C는 임의의 문자이고, R은 표의 왼쪽 열에 있는 정규식 형식 중 어떤 것이라도 될 수 있으며, m과 n은 정수다. 일반적으로 각각의 형식은 비탐욕(nongreedy)[21] 형식을 제외하면 가능한 한 문자열의 많은 부분이 매칭되도록 한다(비탐욕 형식은 가능한 한 작은 부분을 매칭한다).

형식	설명
.	모든 문자에 매칭된다(DOTALL 플래그가 지정되면 뉴라인도 포함한다).
^	문자열의 시작에 매칭된다(MULTILINE 모드에서는 모든 라인의 시작에 매칭된다).
$	문자열의 끝에 매칭된다(MULTILINE 모드에서는 모든 라인의 끝에 매칭된다).
C	특수 문자가 아닌 모든 문자.
R*	정규식 R의 0회 이상 반복(가능한 한 최대로).
R+	정규식 R의 1회 이상 반복(가능한 한 최대로).
R?	정규식 R의 0회나 1회 출현.
R{m}	정규식 R이 정확히 m회 반복해서 매칭된다.
R{m, n}	정규식 R이 m회에서 n회까지 반복해서 매칭된다.

21 (옮긴이) 패턴 매칭은 매칭 특성에 따라 탐욕(greedy) 매칭, 비탐욕(nongreedy) 매칭으로 나눌 수 있다. 탐욕 매칭은 가능한 한 문자열의 많은 부분을 매칭하는 방식이며, 비탐욕 매칭은 그와는 반대로 최소로 매칭을 시도하는 방식이다.

R?, R+?, R??,* *R{m, n}?*	*, +, ?과 같으나 가능한 한 적은 문자/횟수로 매칭된다. 즉, 비탐욕적으로 수행된다.
[...]	문자 집합을 정의한다. 예를 들어, [a-zA-Z]는 모든 대소문자 알파벳과 매칭된다(표 20 참고).
[^...]	문자 집합의 여집합을 정의한다. 문자가 집합에 포함되지 않을 경우 매칭된다.
\	특수 문자를 이스케이프하고(예: *?+|()), 특수 시퀀스를 시작한다(표 20 참고). 파이썬 규칙으로 인해 \\ 혹은 r'..\..'로 쓴다.
\\	리터럴 \과 매칭된다. 파이썬 규칙으로 인해 패턴 내에서 \\\\ 혹은 r'\\'로 쓴다.
\number	같은 번호의 그룹 내용에 매칭된다. 예를 들어, r'(.+) \1'는 '42 42'에 매칭된다.
R|R	양자택일: 왼쪽이나 오른쪽 R에 매칭된다.
RR	연속: 두 개의 R들에 매칭된다.
(R)	()안의 모든 RE에 매칭되며, (매칭된 부분 문자열을 유지하는) 그룹의 경계를 정한다.
(?:R)	(R)과 같으나 그룹의 경계를 정하지 않는다.
(?=R)	전방 어설션(look-ahead assertion): *R*이 다음에 나오는 내용과 매칭될 경우에 매칭된다. 하지만 문자열 중 어떠한 것도 파괴하지 않는다(예를 들어, 'X(?=Y)'는 X의 다음에 Y가 오면 매칭된다).
(?!R)	부정 전방 어설션(negative look-ahead assertion): *R*이 다음에 나오는 내용과 매칭되지 않을 경우에 매칭된다. (?=R)의 반대이다.
(?P<name>R)	() 내부의 모든 RE에 대해 매칭되며, 명명된 그룹을 구분한다(예를 들어, r'(?P<id>[a-zA-Z_]\w*)'는 id로 명명되는 그룹을 정의한다).
(?P=name)	name으로 명명된 그룹에 의해 매칭된 텍스트에 매칭된다.
(?#...)	주석이므로 무시된다.
(?letter)	*letter*가 a, i, L, m, s, x, u 중 하나다. 전체 RE에 대해서는 플래그(re.A, re.I, re.L 등)를 설정한다.
(?<=R)	긍정 후방 어설션(positive look-behind assertion): 고정된 너비의 *R*이 앞에서 매칭될 경우 매칭된다.

| (?<!R) | 부정 후방 어설션(negative look-behind assertion): 고정된 너비의 R 이 앞에서 매칭되지 않을 경우 매칭된다. |
| (?(id/name) yespatt\| nopatt) | 주어진 id나 name을 가지는 그룹이 존재할 경우, yespatt 패턴으로 매칭을 시도한다. 그렇지 않은 경우, 선택적인 nopatt 패턴으로 시도한다. |

표 19 정규식 패턴 문법

표 20에서 \b, \B, \d, \D, \s, \S, \w, \W는 플래그에 따라 다르게 동작하고, ASCII(일명 ?a)가 사용되지 않는 한, 파이썬 3.X의 유니코드를 기본으로 한다. 표 20의 클래스 이스케이프의 백슬래시들을 리터럴화하기 위해 원시 문자열 (r'\n')을 사용한다.

시퀀스	설명
\number	number 그룹의 텍스트에 매칭(1부터)
\A	문자열의 시작에만 매칭
\b	단어 영역 위치의 빈 문자열
\B	단어 영역 위치가 아닌 곳의 빈 문자열
\d	모든 10진수 숫자([0-9]와 동일)
\D	10진수 숫자가 아닌 모든 문자([^0-9]와 동일)
\s	모든 공백 문자([\t\n\r\f\v]와 동일)
\S	공백 문자가 아닌 모든 문자([^ \t\n\r\f\v]와 동일)
\w	모든 영문자나 숫자
\W	영문자나 숫자가 아닌 모든 문자
\Z	문자열의 끝에만 매칭

표 20 정규식 패턴 특수 시퀀스

객체 지속성 모듈

표준 라이브러리의 객체 지속성 (파이썬 객체 저장소) 시스템(object persistence system)은 세 개의 모듈로 구성된다.

dbm (Python 2.X에서는 anydbm)
> 키 기반 문자열 한정 저장소 파일이다.

pickle (파이썬 2.X에서는 cPickle)
> 메모리 내의 객체를 파일 스트림으로로 직렬화하거나 파일 스트림을 객체로 역직렬화한다.

shelve
> 키 기반 지속성 객체 저장소: pickle 형식으로 dbm 파일에 객체를 저장한다.

shelve 모듈은 지속성 객체 저장소를 구현한다. shelve는 메모리 내의 파이썬 객체를 선형 문자열로 변환(직렬화)하기 위해서 pickle 모듈을 사용하고, 그 선형 문자열을 키에 의해 접근되는 파일로 저장하기 위해 dbm 모듈을 사용한다. 세 모듈 모두 직접 사용 가능하다.

> ✔️ 파이썬 2.X에서는 dbm을 anydbm으로 불렀다. cPickle 모듈은 pickle의 최적화된 버전이며, cPickle 모듈이 있을 경우 shelve에 의해 직접 임포트될 수 있고 자동으로 사용될 수 있다. 파이썬 3.X에서 cPickle은 _pickle로 이름이 바뀌었고, _pickle이 있을 경우에는 pickle이 그것을 자동으로 사용한다. 따라서 _pickle은 직접 임포트할 필요가 없으며, shelve를 통해 접근할 수 있다.
> 또한, 파이썬 3.X에서 dbm을 위한 버클리 DB(일명 bsddb) 인터페이스가 더 이상 탑재되지 않는다는 점을 주의하자. 하지만 서드파티 오픈소스 확장으로 존재하며, 필요 시 따로 설치해서 사용해야 한다(파이썬 라이브러리 레퍼런스 참고).

shelve와 dbm 모듈

dbm은 키에 의해 접근할 수 있는 간단한 텍스트 파일이며, 문자열 키들을 통해 문자열을 저장하고 가져온다. dbm 모듈은 파이썬 인터프리터 내에서 사용 가능한 키 기반 접근 파일 구현을 선택하며, 스크립트를 위한 딕셔너리 유사 API를 제공한다.

shelve는 키를 사용해 접근하는 객체 파일이며, 모듈명이 다르다는 점과 거의 모든 파이썬 객체를 저장할 수 있다는 점을 제외하면 앞의 간단한 dbm 파일처럼 사용된다. 대부분의 경우 dbm 파일과 shelve는 딕셔너리처럼 동작한다. 즉, 사용하기 전에 열어야 하고, 변경 후에는 닫아야 한다. 또한 dbm 파일과 shelve는 모든 매핑 연산과 일부 딕셔너리 메서드를 동작시킬 수 있고, 외부 파일에 자동으로 매핑되는 딕셔너리처럼 동작한다.

파일 열기

shelve를 사용하기 위해서는 라이브러리를 임포트한 후 새 shelve 파일을 생성하거나, 기존의 shelve 파일을 열기 위해 open()을 호출한다.

```
import shelve
file = shelve.open(filename
            [, flag='c'
            [, protocol=None
            [, writeback=False]]])
```

dbm을 사용하기 위해서는 라이브러리를 임포트한 후, 새 dbm 파일을 생성하거나 기존의 dbm 파일을 열기 위해 open()을 호출한다. 이때, 사용 가능한 dbm 지원 라이브러리는 무엇이든 사용하며, 그것들은 다음과 같다. dbm.bsd, dbm.gnu, dbm.ndbm, dbm.dumb(마지막은 항상 존재하는 기본 대체물이다).

```
import dbm
file = dbm.open(filename
         [, flag='r'
         [, mode]])
```

shelve와 dbm 모두에서 *filename*은 데이터가 저장된 외부 파일의 상대 혹은 절대 문자열 이름이다.

flag도 shelve와 dbm에서 동일하다(shelve가 dbm에 flag를 전달한다). 기존 데이터베이스를 읽기 전용으로 읽으려면 'r'(dbm 기본값), 기존 데이터베이스를 읽기/쓰기 전용으로 읽으려면 'w', 데이터베이스가 존재하지 않을 경우에 새로운 데이터베이스를 생성하려면 'c'(shelve 기본값), 항상 빈 데이터베이스를 새롭게 생성하려면 'n'을 flag로 설정한다. (다른 라이브러리가 설치되지 않은 경우 3.X에서 기본으로 사용되는) dbm.dumb 모듈은 flag를 무시한다. 이때, 데이터베이스는 항상 업데이트를 할 수 있도록 열리고, 그것이 존재하지 않을 경우 새로 생성된다.

dbm에서 선택적인 mode 인자는 유닉스 파일 모드이며, 이는 데이터베이스가 새로 생성될 때만 사용된다. 기본값은 8진수 0o666이다.

shelve에서 protocol 인자는 shelve에서 pickle로 전달된다. 이것은 shelve 객체의 저장에 사용되는 피클링 프로토콜 번호를 제공한다 (255쪽 "pickle 모듈" 참고). 파이썬 2.X에서 기본값은 0이며, 파이썬 3.X에서는 3이다.

기본적으로 shelve 객체에 대한 변경은 자동으로 디스크에 되쓰이지 않는다. 선택적 writeback 파라미터가 True로 설정되면, 접근되는 모든 엔트리들은 메모리에 캐시되며 파일을 닫을 때 되쓰인다. 이는 shelve의 가변 엔트리를 쉽게 변형시킬 수 있도록 하지만, 캐시에 사용할 메모리를 소모할 수 있으며, 접근된 모든 엔트리들을 되써야 하기 때문에 파일을 닫는 동작을 느리게 할 수 있다. shelve 객체를 수동으로 업데이트하기 위해서는 그것의 키들에 객체를 다시 대입한다.

파일 연산

shelve와 dbm은 다음처럼 딕셔너리와 거의 같은 인터페이스를 가진다.

```
file[key] = value
```

저장: 문자열 *key*에 대한 엔트리를 생성 및 변경한다. *value*는 dbm에 대해서는 문자열, shelve에 대해서는 거의 모든 객체가 될 수 있다.

```
value = file[key]
```

가져오기: *key* 엔트리에 대한 *value*를 로딩한다. shelve에 대해서는 원형 객체를 메모리에 재생성한다.

```
count = len(file)
```

크기: 저장된 엔트리의 개수를 반환한다.

```
index = file.keys()
```

인덱스: 저장된 키의 반복을 가져온다(2.X에서는 리스트를 가져온다).

```
for key in file: ...
```

반복: 키 이터레이터이며, 어떠한 반복 컨텍스트에도 사용할 수 있다.

```
found = key in file    # 2.X에 한해서는 has_key()
```

쿼리: *key*에 대한 엔트리가 있으면 True이다.

```
del file[key]
```

삭제: *key*에 대한 엔트리를 제거한다.

```
file.close()
```

수동 닫기이며, 하부의 일부 dbm 인터페이스를 위해 디스크에 업데이트된 사항을 비울 필요가 있다.

pickle 모듈

pickle 모듈은 객체 직렬화[22] 도구이며, 그것은 메모리 안에 있는 거의 모든 파이썬 객체와 선형 바이트 스트림 간의 변환을 수행한다. 피클링이라는 과정을 통해 생성되는 이 바이트 스트림은 요구되는 읽기/쓰기 메서드를 가지는 모든 파일 유사 객체로 향할 수 있으며, 내부 데이터 표현을 위해서 shelve에 의해 사용된다. 피클링의 반대 작업인 언피클링은 메모리 내의 원형 객체를 같은 값으로 다시 생성하지만, 메모리상에 새로 만들어진다.

앞에서 설명한 파이썬 2.X의 cPickle과 파이썬 3.X의 _pickle 최적화 모듈을 참고하도록 하자. 또한, 수동 소켓 호출 없이 네트워크상에 직렬화된 객체를 탑재하기 위한 socket 객체의 makefile 메서드도 참고하자(264쪽 "인터넷 모듈 및 도구" 및 파이썬 매뉴얼 참고).

피클링 인터페이스

이 모듈은 다음 호출을 지원한다.

```
P = pickle.Pickler(fileobject [, protocol=None])
```

출력 파일 객체로의 저장을 위한 새 피클러를 만든다.

---

22 (옮긴이) 객체 직렬화는 메모리상에 입체적으로 존재하는 객체를 파일 등에 저장하기 위해 일렬로 직렬화하는 것을 의미하며, pickle 모듈을 통한 객체 직렬화를 피클링이라고 부른다(마치 피클을 담듯이 절여서 보관한다는 의미라고 생각할 수 있다). 반대로 직렬화된 객체를 다시 메모리로 불러오는 것을 언피클링이라고 부른다.

```
P.dump(object)
```

피클러의 파일/스트림으로 객체를 쓴다.

```
pickle.dump(object, fileobject [, protocol=None])
```

앞에 나온 두 가지의 조합이다. 객체를 파일에 피클링한다.

```
string = pickle.dumps(object [, protocol=None])
```

객체의 피클링된 표현을 문자열(파이썬 3.X에서는 bytes 문자열)로 반환한다.

언피클링 인터페이스

이 모듈은 다음 호출을 지원한다.

```
U = pickle.Unpickler(fileobject,
                encoding="ASCII", errors="strict")
```

입력 파일 객체로부터의 로딩을 위해 언피클러를 만든다.

```
object = U.load()
```

언피클러의 파일/스트림으로부터 객체를 읽는다.

```
object = pickle.load(fileobject,
                encoding="ASCII", errors="strict")
```

앞에 나온 두 가지의 조합이다. 파일로부터 객체를 언피클링한다.

```
object = pickle.loads(string,
                encoding="ASCII", errors="strict")
```

문자열(파이썬 3.X에서는 bytes나 호환 문자열)로부터 객체를 읽는다.

pickle 사용 시 주의 사항

- 파이썬 3.X에서 피클러는 bytes 문자열을 생산하고, 텍스트 모드 파일은 bytes 쓰기를 지원하지 않으므로 피클링된 객체를 저장하는 데 사용되는 파일들은 모든 프로토콜에 대해 항상 이진 모드로 열려야 한다(텍스트 모드 파일은 3.X에서 유니코드 텍스트를 인코딩 및 디코딩한다.)

- 파이썬 2.X에서 이진 피클링된 데이터의 라인 엔드 변환을 억제하기 위해서, 피클링된 객체를 저장하는 데 사용되는 파일들은 1 이상의 모든 피클 프로토콜에 대해 반드시 이진 모드로 열려야 한다. 프로토콜 0는 ASCII 기반이어서, 일관성만 있다면 파일들은 텍스트나 이진 모드로 모두 열릴 수 있다.

- *fileobject*는 열린 파일 객체이거나 인터페이스에 의해 호출되는 파일 객체 속성들을 구현한 임의의 객체다. Pickler는 문자열 인자와 함께 파일 write() 메서드를 호출한다. Unpickler는 바이트 수 및 인자 없는 readline()과 함께 파일 read() 메서드를 호출한다.

- protocol은 피클링된 데이터에 적합한 형식을 선택하는 선택적 인자이다. 이는 Pickler 생성자 및 모듈의 dump()와 dumps() 편의 함수 모두에서 사용할 수 있다. 이 인자는 0...3 값을 받는데, 높은 프로토콜 번호가 일반적으로 더 효율적이다. 하지만 오래된 파이썬 릴리스들의 언피클러들에 대해서는 호환이 되지 않을 수 있다. 파이썬 3.X의 기본 프로토콜 번호는 3이며, 파이썬 2.X에서는 이것으로 언피클링을 할 수 없다. 파이썬 2.X의 기본 프로토콜은 0이며, 이는 효율은 낮지만 이식성이 가장 좋다. 프로토콜 –1은 지원되는 가장 높은 프로토콜을 자동으로 사용한다. 언피클링 시 프로토콜은 피클링된 데이터 내용에 의해 파악된다.

- 언피클러의 encoding과 errors 선택적 키워드용 인자는 파이썬 3.X

에서만 사용할 수 있다. 이것들은 파이썬 2.X에 의해 피클링된 8비트 문자열 객체를 디코딩하기 위해 사용된다. 이것들의 기본값은 각각 'ASCII'와 'strict'이다. 이와 유사한 도구에 대해서는 177쪽 "내장 함수"의 str()을 참고하자.

• Pickler와 Unpickler는 하위 클래스에 의해 사용자 지정될 수 있도록 익스포트된 클래스들이다. 사용 가능한 메서드들에 대해서는 파이썬 라이브러리 레퍼런스를 참고하자.

> ✓ 글을 쓰는 현시점에서, 최적화된 피클 protocol 번호 4에 대한 제안(PEP)이 있다. 이것은 파이썬 3.4를 대상으로 하지만 아직 초안 상태여서 그것이 실제로 생길지, 생긴다면 언제 생길지 확실하지 않다. 생긴다면 3.X의 새로운 기본값이 될 것이며, 역호환성을 가지지 않아서 이전 파이썬에서는 인식되지 않을 것이다.
>
> 이후 업데이트: 이 변경 사항은 3.4의 첫 베타 릴리스에서 공식적으로 적용됐다. 상세 사항에 대해서는 파이썬의 "What's New" 문서를 참고하자.[23]

tkinter GUI 모듈과 도구

(파이썬 2.X에서는 Tkinter라 명명됐던 파이썬 3.X의 모듈 패키지인) tkinter는 이식성 있는 그래픽 사용자 인터페이스(GUI) 생성 라이브러리이며, 이는 파이썬의 표준 라이브러리 모듈로 탑재됐다. tkinter는 오픈소스인 Tk에 객체 기반 인터페이스를 제공하며, 윈도우, X 윈도우, 맥 OS상의 파이썬 GUI 코드에 고유의 룩앤필(look and feel)을 구현한다. tkinter는 이식성이 있고 사용하기 쉬우며 문서화가 잘 돼 있고, 널리 쓰이며 성숙한 단계에 이르렀고 지원이 원활하다.

---

23 (옮긴이) 이와 관련된 내용은 *https://docs.python.org/3/whatsnew/3.4.html#pickle*에서 참고할 수 있다. 내용을 요약해 보면, 새로운 피클 프로토콜 4가 파이썬 3.4부터 지원되며, 중첩된 클래스, 아주 큰 문자열 및 컨테이너, 키워드용 인자를 받는 __new__() 메서드를 가지는 클래스를 다룰 수 있고, 약간 성능이 향상됐다고 한다.

wxPython과 PyQT 같은 다른 이식성 있는 서드파티 파이썬 GUI들도 있다. 이들은 더 풍부한 위젯 집합을 제공하지만 일반적으로 더 복잡한 코딩을 필요로 한다.

tkinter 예시

tkinter 스크립트에서 위젯들은 사용자 지정 가능한 클래스들이고 (예: Button, Frame) 옵션들은 키워드 인자들이며(예: text="press"), 합성은 경로명이 아닌 객체 내장을 의미한다(예: Label(top,...)).

```
from tkinter import *          # 위젯들, 상수들

def msg():                     # 콜백 핸들러
    print('hello stdout...')

top = Frame()                  # 컨테이너 생성
top.pack()
Label(top, text='Hello world').pack(side=TOP)

widget = Button(top, text='press', command=msg)
widget.pack(side=BOTTOM)
top.mainloop()
```

tkinter 코어 위젯

표 21은 tkinter 모듈의 주요한 위젯 클래스들에 대한 목록이다. 이 위젯 클래스들은 다른 객체가 상속을 받거나 내장할 수 있는 파이썬 클래스들이다. 화면 장치를 생성하려면 해당 클래스의 인스턴스를 만들고 그것을 설정한 다음 기하(geometry) 관리자 인터페이스 메서드 중 하나를 사용하여 그것을 배치한다(예: Button(text='hello').pack()). 표 21의 클래스 이외에 tkinter 모듈은 수많은 미리 정의된 (상수로도 불리는) 이름들의 집합을 제공하며, 이것들은 위젯들을 설정하는 데 사용된다(예: RIGHT, BOTH, YES). 이 상수들은 tkinter.constants로부터 자동으로 로딩된다(파이썬 2.X는 Tkconstants로부터).

스위젯 클래스	설명
Label	간단한 메시지 영역
Button	간단한 레이블이 있는(labeled) 누름 버튼 위젯
Frame	다른 위젯 객체를 첨부하거나 배치하기 위한 컨테이너
Toplevel, Tk	창 관리자에 의해 관리되는 최상위 창들
Message	여러 개의 선으로 구성된 텍스트 표출 필드(레이블)
Entry	간단한 단일 라인 텍스트 엔트리 필드
Checkbutton	두 가지 상태를 가지는 버튼 위젯, 다중 선택에 사용
Radiobutton	두 가지 상태를 가지는 버튼 위젯, 단일 선택에 사용
Scale	확장성 있는 위치에 대한 슬라이더 위젯
PhotoImage	다른 위젯상에 풀 컬러(full-color) 이미지를 두기 위한 이미지 객체
BitmapImage	다른 위젯상에 비트맵 이미지를 두기 위한 이미지 객체
Menu	Menubutton이나 최상위 창과 관련된 옵션들
Menubutton	선택 가능한 옵션 및 하위 메뉴의 Menu를 여는 버튼
Scrollbar	다른 위젯들을 스크롤하기 위한 막대(예: Listbox, Canvas, Text)
Listbox	이름 선택을 위한 리스트
Text	다중 라인 텍스트 보기/편집 위젯, 글꼴 등을 지원
Canvas	그래픽 그리기 영역: 선, 원, 사진, 텍스트 등
OptionMenu	복합: 풀 다운(pull-down) 선택 리스트
PanedWindow	다중 창 인터페이스
LabelFrame	레이블이 있는 프레임 위젯
Spinbox	다중 선택 위젯
ScrolledText	파이썬 2.X에서 사용되는 이름(파이썬 3.X에서는 tkinter.scrolledtext 모듈에서 사용 가능), 복합: 스크롤 막대가 있는 텍스트
Dialog	파이썬 2.X에서 사용되는 이름(파이썬 3.X에서는 tkinter.dialog 모듈에서 사용 가능), 예전의 일반적인 대화 상자 작성자(새로운 일반 대화 호출에 대해서는 다음 절 참고)

표 21 tkinter 모듈 코어 위젯 클래스

일반 대화 호출

tkinter.messagebox 모듈(파이썬 2.X의 tkMessageBox)

```
showinfo(title=None, message=None, **options)
showwarning(title=None, message=None, **options)
showerror(title=None, message=None, **options)
askquestion(title=None, message=None, **options)
askokcancel(title=None, message=None, **options)
askyesno(title=None, message=None, **options)
askretrycancel(title=None, message=None, **options)
```

tkinter.simpledialog 모듈(파이썬 2.X의 tkSimpleDialog)

```
askinteger(title, prompt, **kw)
askfloat(title, prompt, **kw)
askstring(title, prompt, **kw)
```

tkinter.colorchooser 모듈(파이썬 2.X의 tkColorChooser)

```
askcolor(color=None, **options)
```

tkinter.filedialog 모듈(파이썬 2.X의 tkFileDialog)

```
class Open
class SaveAs
class Directory
askopenfilename(**options)
asksaveasfilename(***options)
askopenfile(mode="r", ***options)
asksaveasfile(mode="w", ***options)
askdirectory(***options)
```

일반 대화 호출 옵션들은 defaultextension(명백하게 주어지지 않은 경우에 파일명에 추가됨), filetypes((label, pattern) 튜플의 시퀀스), initialdir(초기 디렉터리, 클래스에 의해 기억됨), initialfile(초기 파일), parent(대화 상자를 놓을 창), title(대화 상자 제목)이다.

다른 tkinter 클래스 및 도구들

표 22는 코어 위젯 클래스 및 표준 대화 집합 이상으로 자주 사용되는

tkinter 인터페이스 및 도구들의 목록이다. 마지막 행의 일부를 제외하고, 이것들은 모두 표준 라이브러리 도구이다(예: Pillow). 웹을 참고하도록 하자.

도구 범주	사용 가능 도구
tkinter와 연결된 변수 클래스	(tkinter 모듈의) StringVar, IntVar, DoubleVar, BooleanVar
기하 관리 메서드	모듈의 설정 옵션을 비롯한 pack(), grid(), place() 위젯 객체 메서드
스케줄링된 콜백	위젯 after(), wait(), update() 메서드, 파일 I/O 콜백
기타 tkinter 도구	클립보드 접근, bind()/Event 낮은 레벨 이벤트 처리 위젯 객체 메서드, 위젯 config() 옵션, 모달 (modal) 대화 상자 지원
tkinter 확장	PMW: 추가 위젯들, PIL(일명, Pillow): 이미지, 트리 위젯, 글꼴 지원, 끌어서 놓기, tix 위젯, ttk 테마 위젯 등

표 22 다른 tkinter 도구들

Tcl/Tk와 Python/tkinter 매핑

표 23은 Tk의 조상인 Tcl 언어에 의해 공개되는 기본 Tk 라이브러리와 파이썬의 tkinter API를 비교한다. 일반적으로 Tcl의 명령 문자열들은 파이썬 언어의 객체들로 매핑된다. 특히, 파이썬의 tkinter에서 Tk GUI 인터페이스와 Tcl은 다음과 같은 부분에서 다르다.

생성

위젯은 위젯 클래스 호출에 의한 클래스 인스턴스 객체로 생성된다.

마스터(부모)

부모는 이전에 생성된 객체이며, 위젯 클래스 생성자에 전달된다.

위젯 옵션

옵션은 생성자 혹은 config() 키워드 인자이거나 인덱스된 키다.

연산

위젯 연산(작업)은 tkinter 위젯 클래스 객체 메서드가 된다.

콜백

콜백 핸들러는 함수, 메서드, 람다, __call__ 메서드를 가진 클래스 등 모든 호출 가능한 객체이다.

확장

위젯은 파이썬 클래스 상속 메커니즘을 사용하여 확장된다.

합성

인터페이스는 이름 연결이 아닌 객체 첨부에 의해 생성된다.

연관 변수

위젯과 연관된 변수들은 메서드를 가진 tkinter 클래스 객체들이다.

연산	Tcl/Tk	Python/tkinter
생성	frame .panel	panel = Frame()
마스터	button .panel.quit	quit = Button(panel)
옵션	button .panel.go -fg black	go = Button(panel, fg='black')
설정	.panel.go config -bg red	go.config(bg='red') go['bg'] = 'red'
작업	.popup invoke	popup.invoke()
패킹	pack .panel -side left -fill x	panel.pack(side=LEFT, fill=X)

표 23 Tk와 tkinter 매핑

인터넷 모듈 및 도구

이 절에서는 파이썬 3.X와 2.X이 인터넷 스크립팅을 어떻게 지원하는지 요약한다. 여기서는 파이썬 표준 라이브러리의 인터넷 모듈 집합에서 자주 사용되는 모듈들을 간략하게만 설명하고 있는데, 여기서 다루는 내용들은 대표적인 부분을 설명할 뿐이므로, 보다 자세한 내용은 파이썬 라이브러리 레퍼런스를 참고하도록 하자.

socket
> 낮은 레벨의 네트워크 통신을 지원한다(TCP/IP, UDP 등). BSD 스타일 소켓을 통해 데이터를 보내고 받기 위한 인터페이스이며, socket.socket()은 소켓 호출 메서드를 가지는(예: *object.bind()*) 객체를 만든다. 대부분의 프로토콜 및 서버 모듈 들은 내부적으로 이 모듈을 사용한다.

socketserver(파이썬 2.X는 SocketServer)
> 일반적인 스레딩 및 포킹(forking) 네트워크 서버를 위한 프레임워크다.

xdrlib
> 이진 데이터를 이식성 있게 인코딩한다(앞의 socket 모듈 참고).

select
> 유닉스 및 윈도우 select() 함수에 대한 인터페이스다. 한 세트의 파일들이나 소켓 작업이 끝날 때까지 대기한다. 보통 다중 스트림 간의 다중 송신이나 시간 초과를 구현하려고 사용한다. 윈도우상에서는 소켓 관련 기능만 동작하고, 파일 관련 기능은 동작하지 않는다.

cgi

> 서버 측 CGI 스크립트를 지원한다. `cgi.FieldStorage()`는 입력 스트림을 파싱하고, `cgi.escape()`(그리고 최근 3.X의 `html.escape()`)는 출력 스트림에 HTML 이스케이프 관례를 적용한다. 폼 정보를 파싱하고 접근하기 위해 CGI 스크립트가 `form`=`cgi.FieldStorage()`을 호출하면, `form`은 폼 필드당 하나의 엔트리로 구성된 딕셔너리 유사 객체가 된다(예를 들어, `form`["name"]`.value`는 폼의 name 필드 텍스트다).

urllib.request(파이썬 2.X는 `urllib`, `urllib2`)

> 인터넷 주소(URL)에서 웹 페이지 및 서버 스크립트 출력을 가져온다. `urllib.request.urlopen(url)`은 read 메서드를 가지는 파일 유사 객체를 반환한다. 또한, `urllib.request.urlretrieve(remote, local)`는 HTTP, HTTPS, FTP, 로컬 파일 URL을 지원한다.

urllib.parse(파이썬 2.X는 `urlparse`)

> URL 문자열을 요소들로 파싱한다. URL 텍스트를 이스케이프하기 위한 도구들도 포함하는데, `urllib.parse.quote_plus(str)`는 HTML 출력 스트림에 삽입된 텍스트에 대해 URL 이스케이프를 한다.

ftplib

> FTP(파일 전송 프로토콜) 모듈이다. `ftplib`은 파이썬 프로그램의 인터넷 파일 전송에 대한 인터페이스를 제공한다. `ftp`=`ftplib.FTP('sitename')`을 실행한 이후에 `ftp`는 로그인, 디렉터리 변경, 파일 가져오기/저장하기 및 목록 보기 등을 위한 메서드를 지원한다. 이는 사용 가능한 인터넷 연결이 제공되는 모든 파이썬 구동 머신상에서 동작한다.

poplib , imaplib , smtplib

POP, IMAP(메일 가져오기), SMTP(메일 보내기) 프로토콜 모듈
이다.

email 패키지

헤더와 첨부를 가지는 이메일 메시지를 파싱하거나 생성한다. 또
한, 이메일의 내용과 헤더에 대한 MIME 지원 기능을 포함한다.

http.client(파이썬 2.X는 httplib), nntplib, telnetlib

HTTP(웹), NNTP(뉴스), 텔넷 프로토콜 클라이언트 모듈들이다.

http.server(파이썬 2.X는 CGIHTTPServer, SimpleHTTPServer)

HTTP 요청 서버 구현이다.

xml 패키지, html 패키지(파이썬 2.X는 htmllib)

XML 및 HTML 문서와 웹 페이지 내용을 파싱한다. xml 패키지는
DOM, SAX, ElementTree 파싱 모델 및 Expat 파싱을 제공한다.

xmlrpc 패키지(파이썬 2.X는 xmlrpclib)

XML-RPC 원격 메서드 호출 프로토콜이다.

uu, binhex, base64, binascii, quopri

텍스트로 전달되는 이진(혹은 기타) 데이터를 인코딩/디코딩한다.

표 24는 이 모듈들의 일부를 프로토콜 유형을 정리한 것이다. 2.X의
이름과 차이가 나는 것은 앞의 목록을 참고하기 바란다.

프로토콜	일반적 기능	포트 번호	파이썬 모듈
HTTP	웹 페이지	80	http.client, urllib.request, xmlrpc.*
NNTP	유즈넷 뉴스	119	nntplib
FTP data default	파일 전송	20	ftplib, urllib.request
FTP control	파일 전송	21	ftplib, urllib.request
SMTP	이메일 보내기	25	smtplib
POP3	이메일 가져오기	110	poplib
IMAP4	이메일 가져오기	143	imaplib
Telnet	명령 라인	23	telnetlib

표 24 프로토콜에 관한 파이썬 3.X 인터넷 모듈

기타 표준 라이브러리 모듈

이번 절에서는 파이썬과 함께 설치되는 추가적인 표준 라이브러리 모듈들에 대해 설명한다. 특별한 언급이 없으면, 여기서 다루는 도구들은 파이썬 3.X과 2.X 양쪽 모두에 적용된다. 모든 내장 도구들에 대한 상세 사항은 파이썬 라이브러리 레퍼런스 및 (289쪽 "기타 도움이 될 만한 사이트와 단서들"에서 설명한) PyPI 웹사이트를 참고하고, 선호하는 웹 검색 엔진을 사용하여 서드파티 모듈 및 도구들을 찾아보기 바란다.

math 모듈

math 모듈은 파이썬에서 사용하기 위해 C 표준 계산 라이브러리 도구들을 익스포트한다. 표 25는 파이썬 3.3의 math 모듈 익스포트에 대한 목록이며, 3.2와 3.3에서 최근에 추가된 7가지는 굵은 글꼴로 표시했다. 파이썬 2.7의 모듈도 동일하지만, log2나 isfinite가 없다. 이 표의 내용은 다른 릴리스들과 조금 다를 수 있으며, pi와 e를 제외하면 모두 호출 가능한 함수들이다(괄호는 생략했다).

상세 사항에 대해서는 파이썬 라이브러리 레퍼런스를 참고한다. 이 표에 나오는 어떠한 함수건 그와 관련된 인자와 주의 사항을 알아보기 위해서는 math를 임포트한 후 help(math.*name*)를 실행하고, 모듈의 내용을 보려면 dir(math)를 실행한다. 또한, 복소수 도구에 대해서는 cmath 표준 라이브러리 모듈을 참고하고, 고급 수치 작업에 대해서는 웹에서 NumPy 서드파티 시스템(혹은 다른 것)을 참고하자.

acos	acosh	asin	asinh	atan
atan2	atanh	ceil	copysign	cos
cosh	degrees	e	**erf**	**erfc**
exp	**expm1**	fabs	factorial	floor
fmod	frexp	fsum	**gamma**	hypot
isfinite	isinf	isnan	ldexp	**lgamma**
log	log10	log1p	**log2**	modf
pi	pow	radians	sin	sinh
sqrt	tan	tanh	trunc	

표 25 파이썬 3.3의 math 모듈 익스포트[24]

time 모듈

시간 접근, 포매팅, 일시 중지 등 시간 및 날짜와 관련된 유틸리티들이다. 다음은 time 모듈 익스포트들에 대한 일부 목록이다. 상세 사항에

---

24 최신 정보는 https://docs.python.org/3.6/library/math.html에서 확인할 수 있다. 3.6.0a3 기준으로 다음이 추가되었다. 표 25에 있는 것 중 제거된 것은 없다.
```
gcd    isclose    inf    nan
```

대해서는 272쪽 "datetime 모듈", 270쪽 "timeit 모듈", 파이썬 라이브러리 레퍼런스를 참고하도록 하자.

time.clock()

CPU 시간이나 프로세스 시작 시각, 혹은 첫 clock() 호출로부터 경과된 실제 시간을 반환한다. 정밀도와 의미 체계는 플랫폼에 종속적이다(파이썬 매뉴얼 참고). 반환되는 초는 부동 소수점 숫자로 표현된다. 대체 코드 부분에 대한 벤치마킹이나 시간 측정에 유용하다.

time.time()

에포크로부터 경과된 초를 UTC 시간으로 나타내는 부동 소수점 숫자로 반환한다. 유닉스상에서 에포크(epoch)는 1970년이다. 일부 플랫폼에서는 clock()보다 더 나은 정밀도를 가질 수 있다(파이썬 매뉴얼 참고).

time.ctime(*secs*)

에포크로부터 경과된 초 시간을 로컬 시간 문자열로 변환한다(예: ctime(time())). 인자는 생략할 수 있으며 생략 시에는 현재 시각이 기본값이 된다.

time.sleep(secs)

secs초 동안 프로세스(스레드)의 실행을 일시 정지한다. 초보다 세밀한 시간을 표현하기 위해 float가 될 수 있다.

다음 두 호출은 파이썬 3.3과 그 이후 버전에서만 사용할 수 있는데, 시간 측정 데이터를 이식성 있게 제공하기 위해 설계됐다(하지만 앞선 파이썬 버전들의 호출과 직접 비교할 수는 없다). 두 가지 모두 반환되는 값의 참조 포인트는 정의되지 않는다. 따라서 연속된 호출들의 결과 간 차이점만이 유효하다.

time.perf_counter()

성능 카운터의 값을 분할된 초 단위로 반환하며, 짧은 시간을 측정하기 위해 사용 가능한 가장 높은 해상도를 가지는 클록으로 정의된다. 그것은 슬립(sleep) 상태[25] 동안 경과된 시간을 포함하므로 실제 경과 시간으로 간주될 수 있으며, 만약 존재하면 timeit 모듈의 기본값으로 사용된다.

time.process_time()

시스템과 현재 프로세스의 사용자 CPU 시간을 더한 값을 분할된 초 단위로 반환한다. 슬립 동안 경과된 시간은 포함하지 않으며, 프로세스가 소요한 시간만을 포함한다.

timeit 모듈

코드 문자열이나 함수 호출의 실행 시간을 이식성 있게 측정하는 도구다. 상세한 내용은 파이썬 매뉴얼을 참고한다.

명령 라인 인터페이스:

```
py[thon] -m timeit [-n number] [-r repeat]
        [-s setup]* [-t] [-c] [-p] [-h] [statement]*
```

number는 문장을 실행시킬 횟수(기본값은 10의 거듭제곱 값), repeat는 반복 실행 횟수(기본값은 3), setup은 문장 실행 전에 실행시킬 코드(없을 수도 있고, -s를 각각 붙인 형태로 여러 개 있을 수도 있다), statement는 실행시킬 코드(없을 수도 있고, 여러 개 있을 수도

---

25 (옮긴이) 흔히 sleep state를 대기 상태라고 번역하기도 하나, sleep은 자의적인 대기를 의미하는데 비해 우리말 '대기'는 자의인지 타의인지를 구분하지 않으므로 '대기 상태'로 번역하지 않았다.

있다)이며, -h는 도움말을 출력하고, -t, -c, -p는 사용할 타이머를 지정한다(time.time(), time.clock(), 파이썬 3.3의 time.process_time()이며, 지정되지 않은 경우, 3.3과 그 이후 버전의 기본값은 time.perf_counter()이다). 표시되는 결과는 repeat 반복 중 가장 짧은 시간을 보여주는데, 이는 일시적인 시스템 부하 변동을 상쇄하는 데 도움을 준다.

라이브러리 API 인터페이스:

```
timeit.Timer(stmt='pass', setup='pass', timer=dflt)
```

다음의 편의 함수(convenience functions)에 의해 사용된다. smtm과 setup은 모두 코드 문자열이거나(다중 문장을 나누기 위해 ;나 \n를 사용하며, 들여쓰기를 할 때는 스페이스나 \t를 사용한다), 혹은 인자 없는 호출 가능 객체다. timer 함수의 기본값인 dflt는 플랫폼과 버전에 종속적이다.

```
timeit.repeat(stmt='pass', setup='pass',
        timer=dflt, repeat=3, number=1000000)
```

주어진 stmt, setup 코드, timer 함수로 Timer 인스턴스를 생성하고, repeat 횟수 동안 number번 실행하는 repeat 메서드를 실행한다. 시간 측정 결과를 포함하는 리스트를 반환하는데, 가장 빠른 반복 시간을 찾기 위해서는 리스트의 min()을 취한다.

```
timeit.timeit(stmt='pass', setup='pass',
        timer=dflt, number=1000000)
```

주어진 stmt, setup 코드, timer 함수로 Timer 인스턴스를 생성하고 number번 실행하는 timeit 메서드를 실행한다. setup은 한 번 실행하며, smtm을 number번 실행한 시간을 반환한다.

datetime 모듈

날짜 간 차이를 구하거나 날짜에 날을 더하는 등의 날짜 처리를 위한
도구다. 더 많은 도구와 상세 사항에 대해서는 268쪽 "time 모듈" 그리
고 파이썬 라이브러리 레퍼런스를 참고한다.

```
>>> from datetime import date, timedelta
>>> date(2013, 11, 15) - date(2013, 10, 29)        # 차이
datetime.timedelta(17)

>>> date(2013, 11, 15) + timedelta(60)             # 미래
datetime.date(2014, 1, 14)
>>> date(2013, 11, 15) - timedelta(410)            # 과거
datetime.date(2012, 10, 1)
```

random 모듈

다음은 random 모듈의 임의 숫자, 순서 섞기, 선택 등에 대한 다양한 랜
덤화(randomization) 호출들이다. 상세한 내용은 파이썬 매뉴얼을 참
고한다.

```
>>> import random
>>> random.random()                 # [0, 1) 중 임의의 float
0.7082048489415967
>>> random.randint(1, 10)           # [x, y] 중 임의의 int
8
>>> L = [1, 2, 3, 4]
>>> random.shuffle(L)               # 즉시 L 순서 섞기
>>> L
[2, 1, 4, 3]
>>> random.choice(L)                # 아이템 임의 선택
4
```

json 모듈

파이썬의 딕셔너리 및 리스트 구조와 JSON 텍스트 간 변환을 위한 유
틸리티들이다. JSON은 다른 기종 간 교환 가능한 데이터 표현 포맷
이며, 몽고DB(mongoDB)나 안드로이드의 SL4A 같은 시스템에서 사

용된다. 255쪽 "pickle 모듈"에서 파이썬 고유의 객체 직렬화 기능을, 266쪽 "인터넷 모듈 및 도구"에서 XML 지원을, 277쪽 "파이썬 SQL 데이터베이스 API"에서 다른 데이터베이스 개념들을 참고하도록 하자.

```
>>> R = {'job': ['dev', 1.5], 'emp': {'who': 'Bob'}}

>>> import json
>>> json.dump(R, open('savejson.txt', 'w'))
>>> open('savejson.txt').read()
'{"emp": {"who": "Bob"}, "job": ["dev", 1.5]}'
>>> json.load(open('savejson.txt'))
{'emp': {'who': 'Bob'}, 'job': ['dev', 1.5]}

>>> R = dict(title='PyRef5E', pub='orm', year=2014)
>>> J = json.dumps(R, indent=4)
>>> P = json.loads(J)
>>> P
{'year': 2014, 'title': 'PyRef5E', 'pub': 'orm'}
>>> print(J)
{
    "year": 2014,
    "title": "PyRef5E",
    "pub": "orm"
}
```

subprocess 모듈

명령 라인을 실행하고 세 개의 스트림 모두에 접근하고, 종료 코드를 가져오고 셸 실행을 지정하기 위한 도구이며, 이는 os.popen()과 os.spawnv() 같은 일부 os 모듈 도구의 대체물이다. 더 상세한 사항은 "os 시스템 모듈"의 223쪽과 237쪽, 그리고 파이썬 매뉴얼을 참고한다. 파이썬 프로세스에 허용되는 어떠한 명령이라도, 신뢰할 수 없는 셸 명령 문자열을 실행하기 위해 이 도구들을 사용하지 않도록 한다. 다음의 *m.py* 스크립트는 sys.argv 명령 라인을 출력한다.

```
>>> from subprocess import call, Popen, PIPE
>>> call('python m.py -x', shell=True)
```

```
['m.py', '-x']
0
>>> pipe = Popen('python m.py -x', stdout=PIPE)
>>> pipe.communicate()
(b"['m.py', '-x']\r\n", None)
>>> pipe.returncode
0
>>> pipe = Popen('python m.py -x', stdout=PIPE)
>>> pipe.stdout.read()
b"['m.py', '-x']\r\n"
>>> pipe.wait()
0
```

enum 모듈

파이썬 3.4부터 사용할 수 있으며, 이 모듈은 열거(enumerations)에 대해 지원하는데, 열거는 유일한 상수 값들에 바인딩된 심볼릭 이름들의 집합이며, 이 심볼릭 이름들의 집합은 멤버라고도 불린다. 순차적으로 반복 결과를 반환하는 enumerate() 호출과 혼동하지 말자(160쪽 "내장 함수" 참고).

```
>>> from enum import Enum
>>> class PyBooks(Enum):
    Learning5E = 2013
    Programming4E = 2011
    PocketRef5E = 2014

>>> print(PyBooks.PocketRef5E)
PyBooks.PocketRef5E
>>> PyBooks.PocketRef5E.name,
    PyBooks.PocketRef5E.value
('PocketRef5E', 2014)

>>> type(PyBooks.PocketRef5E)
<enum 'PyBooks'>
>>> isinstance(PyBooks.PocketRef5E, PyBooks)
True
>>> for book in PyBooks: print(book)
...
PyBooks.Learning5E
PyBooks.Programming4E
```

PyBooks.PocketRef5E

```
>>> bks = Enum('Books', 'LP5E PP4E PR5E')
>>> list(bks)
[<Books.LP5E: 1>, <Books.PP4E: 2>, <Books.PR5E: 3>]
```

struct 모듈

struct 모듈은 C 언어의 struct 구조를 반영하도록 설계된 포맷에 의해, 이진 데이터를 문자열로 파싱하고 생성하기 위한 인터페이스를 제공한다. open()의 'rb'와 'wb' 이진 파일 모드와 함께 자주 사용된다. *format* 자료형과 엔디언 코드에 대해서는 파이썬 라이브러리 레퍼런스를 참고한다.

string = struct.pack(*format*, *v1*, *v2*, ...)

주어진 *format* 문자열에 따라 *v1*, *v2* 등을 포함하여 묶은 *string* (3.X는 bytes, 2.X는 str)을 반환한다. 인자들은 *format* 문자열의 자료형 코드들에 의해 요구되는 값과 정확히 일치해야 한다. format 문자열은 개별 자료형 코드에 필요한 반복 계수뿐만 아니라, 첫 번째 문자로 결과의 엔디언 포맷을 지정할 수 있다.

tuple = struct.unpack(*format*, *string*)

주어진 *format* 문자열에 따라 *string*(3.X는 bytes, 2.X는 str)을 파이썬 객체값들로 구성된 튜플로 푼다.

struct.calcsize(format)

주어진 *format*에 해당하는 struct(바이트 문자열)의 크기를 반환한다.

다음은 파이썬 3.X에서 struct를 사용하여 데이터를 어떻게 묶고 푸는지 보여주는 예시다(파이썬 2.X는 bytes 대신 일반 str 문자열을 사

용하며, 파이썬 3.X는 3.2부터 s 값으로 str이 아니라 bytes를 사용한
다. 그리고 다음의 '4si'는 C의 char[4] + int과 같은 의미를 가진다).

```
>>> import struct
>>> data = struct.pack('4si', b'spam', 123)
>>> data
b'spam{\x00\x00\x00'
>>> x, y = struct.unpack('4si', data)
>>> x, y
(b'spam', 123)

>>> open('data', 'wb').write(
                    struct.pack('>if', 1, 2.0))
8
>>> open('data', 'rb').read()
b'\x00\x00\x00\x01@\x00\x00\x00'
>>> struct.unpack('>if', open('data', 'rb').read())
(1, 2.0)
```

스레딩 모듈

스레드는 전역 메모리(즉 범위, 객체, 시스템 내부)를 공유하고 같은
프로세스 안에서 병렬로(동시에) 실행되는 경량 프로세스다. 파이썬
스레드 모듈들은 다양한 플랫폼에서 동작하며, IO 영역 및 사용자 인
터페이스 컨텍스트의 논블로킹 태스크들을 실행하는 데 적합하다.

212쪽 "sys 모듈"의 setcheckinterval()과 setswitchinterval()를 참
고하고, 이식성 있는 프로세스 스퍼닝(spawned)을 위한 유사 스레딩
API를 구현하는 multiprocessing 표준 라이브러리 모듈도 참고하기 바
란다.

_thread(파이썬 2.X에서는 thread)

기초적이고 낮은 레벨의 스레드 모듈이며, 함수들을 병렬로 시작
하고, 멈추고, 동기화하기 위한 도구들을 가진다. 스레드를 스퍼닝
하기 위해 _thread.start_new_thread(*function*, *args* [, *kargs*])

를 실행하는데, 이는 새 스레드에서 *args* 튜플을 위치 인자로 하고, *kargs* 딕셔너리를 키워드 인자로 하는 *function*을 실행시킨다. start_new_thread는 (3.X에서는 사용되지 않는) start_new와 동의어다. 스레드들의 동기화를 위해 *lock*=thread.allocate_lock(); *lock*.acquire(); 객체 업데이트; *lock*.release() 순서로 스레드 잠금을 사용한다.

threading

threading 모듈은 사용자 지정 가능한 스레딩 관련 도구들(Thread, Condition, Semaphore, Lock, Timer, 데모닉(daemonic) 스레드[26], 스레드 합류(대기) 등)을 제공하기 위해 thread상에 기능을 더한 것이다. run 작업 메서드를 오버로딩하기 위해 Thread를 하위 클래스로 상속한다. 이는 _thread보다 더 풍부한 기능을 제공하지만, 간단한 용도로 사용하기에도 많은 코딩이 필요하다.

queue(파이썬 2.X에서는 Queue)

파이썬 객체의 다중 생산자, 다중 소비자 FIFO 큐이며, 스레드를 사용하는 애플리케이션에 특히 유용하다. 큐에 올라있는 데이터에 동기적으로 접근하기 위해 자체의 get()과 put() 연산을 자동으로 잠근다. 세부적인 내용은 파이썬 라이브러리 레퍼런스를 참고하도록 하자.

파이썬 SQL 데이터베이스 API

파이썬의 SQL 기반 관계형 데이터베이스 API는 서로 다른 벤더의 SQL 데이터베이스 패키지들 사이에서 스크립트를 이식할 수 있게 한

26 (옮긴이) 다른 스레드의 작업을 돕는 보조적인 역할을 하는 스레드다.

다. 확장 모듈은 벤더별로 설치해야 하지만, 스크립트는 이식성 있는
상위의 데이터베이스 API를 통해 작성하게 된다. 표준 SQL 데이터베
이스 스크립트는 다른 벤더 패키지에 마이그레이션한 후에도 대부분
수정 없이 동작을 계속한다.

대부분의 데이터베이스 확장 모듈들은 파이썬 표준 라이브러리에
포함되지 않는다는 점을 기억하자. 그것들은 각각 가져와서 설치해야
하는 서드파티 컴포넌트들이다. 예외적으로 SQLite 내장 관계형 데이
터베이스 패키지는 파이썬의 표준 라이브러리에 sqlite3 모듈로 존재
하는데, 이는 프로그램 데이터 저장소 및 프로토타이핑에 사용될 수
있다.

더 간단한 저장소 대안에 대해서는 251쪽 "객체 지속성 모듈"을 참
고하자. 또 다른 인기 있는 데이터베이스 도구들이 서드파티 영역에
존재하는데, 몽고DB의 JSON 문서 저장소, ZODB 같은 객체 지향 데
이터베이스, SQLAlchemy와 SQLObject를 포함하는 객체 관계형 매
퍼(mappers), 앱 엔진의 데이터 스토어처럼 클라우드 기반의 API 같
은 것들을 예로 들 수 있다.

API 사용 예시

다음은 SQLite 표준 라이브러리 모듈을 사용하는 예시이며, 지면의 한
계 때문에 일부 반환값들은 생략했다. 이는 MySQL, PostgreSQL, 오
라클 같은 엔터프라이즈 레벨의 데이터베이스에도 비슷하게 사용할
수 있다. 하지만 DB마다 다른 연결 파라미터가 필요하고, 확장 모듈
을 설치할 필요가 있으며, (심지어는) 특정 벤더에 한정된 (이식성 없
는) SQL 확장만을 지원할 수도 있다.

```
>>> from sqlite3 import connect
>>> conn = connect(r'C:\code\temp.db')
>>> curs = conn.cursor()
```

```
>>> curs.execute('create table emp (who, job, pay)')
>>> prefix = 'insert into emp values '
>>> curs.execute(prefix + "('Bob', 'dev', 100)")
>>> curs.execute(prefix + "('Sue', 'dev', 120)")

>>> curs.execute("select * from emp where pay > 100")
>>> for (who, job, pay) in curs.fetchall():
...     print(who, job, pay)
...
Sue dev 120

>>> result = curs.execute("select who, pay from emp")
>>> result.fetchall()
[('Bob', 100), ('Sue', 120)]

>>> query = "select * from emp where job = ?"
>>> curs.execute(query, ('dev',)).fetchall()
[('Bob', 'dev', 100), ('Sue', 'dev', 120)]
```

모듈 인터페이스

이 절과 다음 절들은 익스포트의 일부 목록을 제공한다. 여기서 생략된 상세 사항에 대해서는 *http://www.python.org*에서 전체 API 명세를 참고하도록 하자. 인터페이스 모듈(*dbmod*)의 최상위 도구들은 다음과 같다.

dbmod.connect(*parameters...*)

데이터베이스로 연결되는 연결 객체(*conn*)에 대한 생성자다. 파라미터들은 벤더 고유의 특성을 가진다.

dbmod.paramstyle

파라미터 표시 포매팅의 유형을 제공하는 문자열이다(예를 들어, qmark = ? 스타일이다).

dbmod.Warning

데이터 끊김 같은 중요한 경고에 대해 발생되는 예외다.

dbmod.Error

　다른 모든 에러 예외의 기본 클래스인 예외다.

연결 객체

연결 객체(*conn*)는 다음 메서드들에 대응한다.

conn.close()

　(__del__이 호출됐을 때보다 우선적으로) 현재 연결을 닫는다.

conn.commit()

　보류 중인 모든 트랜잭션을 데이터베이스에 커밋한다.

conn.rollback()

　데이터베이스에서 보류 중인 모든 트랜잭션을 시작점으로 롤백한다. 변경 사항을 먼저 커밋하지 않고 연결을 닫으면, 명시적으로 롤백 명령을 내리지 않아도 자동으로 롤백을 수행한다.

conn.cursor()

　연결을 통해 SQL 문자열을 제출하기(submitting) 위한 새로운 커서 객체(*curs*)를 반환한다.

커서 객체

커서 객체(*curs*)는 데이터베이스 커서를 대표하며, 페치(fetch) 연산의 컨텍스트를 관리하기 위해 사용된다.

curs.description

　7개 아이템 시퀀스로 구성된 시퀀스이며, 각각은 다음과 같이 한 개의 결과 열에 대한 정보를 포함한다. (*name*, *type_code*, *display_size*, *internal_size*, *precision*, *scale*, *null_ok*)

curs.rowcount

마지막 execute* 변형이 (select 같은 DQL(Data Query Language) 문장으로) 생산하거나 (update나 insert 같은 DML(Data Manipulation Language) 문장으로) 영향을 미친 행들의 개수를 지정한다.

curs.callproc(procname [, parameters])

주어진 이름으로 저장된 데이터베이스 프로시저를 호출한다. 파라미터의 시퀀스는 프로시저에서 필요한 각각의 인자를 하나의 엔트리로 포함시켜야 한다. 결과는 입력의 수정된 복사본으로 반환된다.

curs.close()

(__del__이 호출됐을 때보다 먼저) 현재 커서를 닫는다.

curs.execute(operation [, parameters])

데이터베이스 연산(쿼리나 명령)을 준비하고 실행한다. 단일 연산 내에 여러 개의 행들을 삽입하기 위해서 파라미터들은 튜플의 리스트로 지정될 수 있다(하지만 executemany()를 사용하는 방식이 선호된다).

curs.executemany(operation, seq_of_parameters)

데이터베이스 연산(쿼리나 명령)을 준비하고, 그것을 모든 파라미터 시퀀스나 seq_of_parameters 시퀀스 내의 매핑들을 사용하여 실행한다. 다중 execute() 호출과 유사하다.

curs.fetchone()

쿼리 결과 집합의 다음 행을 가져온다. 단일 시퀀스를 반환하거나 더 이상 데이터가 없을 경우에는 None을 반환한다. 큰 데이터 집합이나 느린 통신 속도에 유용하다.

```
curs.fetchmany([size=curs.arraysize])
```
쿼리 결과의 다음 행들의 집합을 가져온다. 시퀀스의 시퀀스(예: 튜플의 리스트)를 반환한다. 더 이상의 행들이 없을 경우 빈 시퀀스를 반환한다.

```
curs.fetchall()
```
쿼리 결과의 모든(혹은 남아있는 모든) 행들을 가져온다. 시퀀스의 시퀀스(예: 튜플의 리스트)를 반환한다.

자료형 객체 및 생성자

```
Date(year, month, day)
```
날짜값을 저장하는 객체를 생성한다.

```
Time(hour, minute, second)
```
시간값을 저장하는 객체를 생성한다.

```
None
```
SQL NULL 값은 입력 및 출력 시 파이썬 None으로 표현된다.

추가 힌트들

이 절은 이 책에서 다룬 내용 이외에 일반적인 파이썬 코딩 패턴과 파이썬을 배우는 데 도움이 될 만한 내용을 간략하게 제공한다. 여기서 언급되는 주제와 관련된 상세한 내용은 파이썬 라이브러리 레퍼런스 및 파이썬 언어 레퍼런스(*http://www.python.org/doc*), 그리고 웹을 참고하자.

코어 언어 힌트들

- $S[:]$는 모든 시퀀스의 최상위(얕은) 복사본을 만들며, copy. deepcopy(X)는 완전한 복사본을 만든다. list(L)와 D.copy()는 리스트와 딕셔너리를 복사한다(3.3부터는 리스트에 대해 L.copy()도 가능하다).

- $L[:0]=iterable$은 $iterable$의 다중 아이템들을 리스트 L의 앞쪽에 즉시 삽입한다.

- $L[len(L):]=iterable$, L.extend($iterable$), $L+=iterable$는 모두 다중 아이템들을 리스트 L의 뒤쪽에 즉시 삽입한다.

- L.append(X)와 $X=L$.pop()는 즉시 변경되는 스택 연산 구현에 사용될 수 있으며, X는 스택형 아이템들이다. 리스트의 뒤쪽이 스택의 위쪽이다.

- 딕셔너리 내부를 반복하기 위해 key in D.keys()를 사용하거나, 2.2와 그 이후 버전에서는 간단히 key in D를 사용한다. 파이썬 3.X에서는 keys()가 반복 뷰를 반환하므로 이 두 가지 형식은 동일하다.

- 2.4와 그 이후 버전에서 정렬된 방식으로 딕셔너리 키들을 반복하기 위해 key in sorted(D)를 사용한다. $K=D$.keys(); K.sort(); for key in K 형식은 key() 결과가 리스트가 아니라 뷰 객체이기 때문에, 파이썬 2.X에서는 동작하지만 파이썬 3.X에서는 동작하지 않는다.

- $X=A$ or B or $None$은 A와 B 중에서 처음 나오는 참 객체를 X에 대입한다. 만약 둘 다 거짓(즉, 0이나 빈 값)이면 None을 대입한다.

- X,Y $=$ Y,X는 X를 명시적인 임시 공간에 대입하지 않고도 X와 Y값을 교환한다.

- red, green, blue = range(3)는 간단한 이름 열거로 일련의 정수를 대입하며, 클래스 속성 및 딕셔너리도 열거에 사용될 수 있다.

파이썬 3.4와 그 이후 버전의 enum 표준 라이브러리 모듈의 더 명시적인 고급 열거 지원도 참고하도록 하자.

- 임의의 종료 코드가 실행되도록 보장하기 위해 try/finally 문을 사용한다. 특히 잠기는 연산(looked operation)들에 유용하다(try 전에 잠금을 얻고, finally 블록에서 푼다).

- 컨텍스트 관리자 프로토콜만을 지원하는 객체에 대해 객체 고유의 종료 코드가 실행되는 것을 보장하기 위해 with/as 문을 사용한다 (예를 들어, 파일 자동 닫기, 스레드 잠금 자동 풀기).

- 파이썬 3.X에서 대화식으로 모든 결과를 보기 위해, 그리고 다중 탐색이 제대로 동작하는 것을 보장하기 위해 list() 호출의 반복을 감싼다. 이는 range(), map(), zip(), filter(), dict.keys() 등을 포함한다.

환경 힌트들

- 자체 테스트 코드를 추가하거나 모듈 파일의 끝에서 메인 함수를 호출하기 위해 if __name__ == '__main__':을 사용한다. 이는 파일이 실행될 때만 참이 되며, 그 파일이 라이브러리 컴포넌트로 임포트되면 참이 되지 않는다.

- 단일 표현식으로 파일 내용을 로딩하려면 *data=open(filename).read()*를 사용한다. CPython 이외에는 시스템 자원을 강제로 즉시 회수하기 위해 명시적인 닫기 호출이 필요할 수 있다.

- 2.2와 그 이후 버전에서 텍스트 파일을 라인별로 반복하기 위해 *for line in file*을 사용한다(예전 버전들에서는 *for line in file.xreadlines()*를 사용한다).

- 명령 라인 인자를 받기 위해서는 sys.argv를 사용한다.

- 셸 환경 설정에 접근하기 위해서는 os.environ을 사용한다.

- 표준 입력들은 sys.stdin, sys.stdout, sys.stderror이다.
- 주어진 패턴에 매칭되는 파일의 리스트를 반환받으려면, glob.glob(*pattern*)을 사용한다.
- 경로상(예를 들어, ".")의 파일 및 하위 디렉터리 리스트를 반환받으려면 os.listdir(*path*)를 사용한다.
- 디렉터리의 전체 트리를 탐색하기 위해서 파이썬 3.X와 2.X에서는 os.walk()을 사용한다(os.path.walk()는 파이썬 2.X에 한해서 사용 가능하다).
- 셸 명령을 파이썬 스크립트 안에서 실행하기 위해서 os.system(*cmdline*), *output*=os.popen(*cmdline*, 'r').read()를 사용할 수 있다. 후자는 스퍼닝된 프로그램의 표준 출력을 읽는데, 라인별 읽기나 인터리브 연산에 사용될 수 있다.
- 스퍼닝된 명령의 다른 스트림들은 파이썬 3.X와 2.X 모두에서 subprocess 모듈을 통해 사용할 수 있지만, os.popen2/3/4()는 파이썬 2.X에서만 사용할 수 있다. os.fork()/os.exec*() 호출들은 유닉스 유사 플랫폼에서 유사한 효과를 가진다.
- 유닉스 유사 플랫폼에서 파일을 실행 가능한 스크립트로 만들기 위해 파일의 최상단에 #!/usr/bin/env python이나 #!/usr/local/bin/python 같은 라인을 추가하고, chmod 명령을 통해 파일 실행 권한을 준다.
- 윈도우에서 파일들은 등록된 파일명 연결 덕분에 클릭해서 바로 실행할 수 있다. 3.3부터 윈도우 런처도 #! 유닉스 스타일 라인들을 인식한다. 12쪽 "파이썬 윈도우 런처"를 참고하자.
- print()와 input()(파이썬 2.X에서는 print와 raw_input())은 sys.stdout과 sys.stdin 스트림을 사용하는데, 내부적으로 I/O를 리디렉션하기 위해 파일 유사 객체를 대입하거나 파이썬 3.X의

print(..., file=F) 형식을 사용한다(파이썬 2.X에서는 print >> F, ...).

- 파일명이나 내용 때문에 비 ASCII 유니코드 텍스트 출력에 실패할 경우, 환경 변수 PYTHONIOENCODING을 utf8(혹은 다른 것)으로 설정한다.

사용법 힌트들

- 현재 버전의 기존 코드가 제대로 동작하지 않을 가능성이 있어서 적용이 보류되는 상위 버전의 언어 변경 사항을 활성화하고, 버전 호환성을 활성화하기 위해 from __future__ import *featurename* 를 사용한다.

- 파이썬 프로그램의 성능에 대한 직감은 거의 맞지 않는다. 최적화하거나 C로 마이그레이션하기 전에 (cProfile을 비롯하여) profile, time, timeit 모듈을 통해 항상 측정을 먼저 한다.

- 파이썬 표준 라이브러리에 탑재된 자동화 테스트 도구인(PyUnit으로도 알려진) unittest와 doctest 모듈들도 참고하자. unittest는 정교한 클래스 프레임워크이고, doctest는 대화 세션에서 재실행할 테스트 및 출력에 대한 문서화 문자열을 스캔한다.

- dir([*object*]) 함수는 속성 이름 공간을 검사하기에 유용하며 print(*object*.__doc__)는 원시 docstring 문서를 제공한다.

- help([*object*]) 함수는 모듈, 함수, 자료형, 자료형 메서드 등에 대한 대화형 도움말을 제공한다. help(str)은 str에 대한 도움말을 제공하며, help('*module*')은 아직 모듈이 임포트되지 않은 상태라도 그에 대한 도움말을 제공한다. 그리고 help('*topic*')은 키워드에 대한 도움말과 다른 도움이 될만한 토픽들을 제공한다(도움말 토픽들의 리스트에 대해서는 'topics'를 사용한다).

- 모듈, 함수, 클래스, 메서드와 연관된 문서화 문자열의 추출과 표시를 위해 파이썬에 탑재된 PyDoc의 pydoc 라이브러리 모듈과 스크립트를 참고하도록 하자. python -m pydoc -b는 3.2부터 PyDoc의 브라우저 기반 인터페이스를 실행한다(GUI 클라이언트 모드에서 사용하려면 -b 대신 -g를 쓴다).

- 인터프리터에 의해 발생되는, 앞으로 사용되지 않을 기능에 대한 경고(future-deprecation warning)를 끄는 것과 관련된 상세 사항은 6쪽 "파이썬 명령 옵션"의 -W와 200쪽 "경고 프레임워크"를 참고하도록 하자.

- 파이썬 프로그램 배포에 대한 선택 사항들로 *Distutils*, *eggs* 및 다음에 언급하는 것들을 참고한다.

- 독립 실행 파일(예: 윈도우의 .exe 파일)로 파이썬 프로그램을 패키징하기 위해서는 *PyInstaller*, *py2exe*, *cx_freeze*, *py2app* 등을 참고한다.

- 벡터 객체, 수학 라이브러리 등을 제공하는 수학 및 과학용 프로그래밍 도구로 파이썬을 사용할 수 있게 해주는 확장들인 *NumPy*, *SciPy*, *Sage* 같은 패키지를 참고하기 바란다. 또한 파이썬 3.4는 새로운 기본 statistics 표준 라이브러리 모듈을 포함한다.

- 파이썬 고유의 객체들을 키에 의해 저장되도록 하는 완전한 OODB(Object-Oriented DataBase) 지원에 대해서는 ZODB 등을 참고하고, 클래스를 관계형 테이블로 사용할 수 있게 하는 객체 관계형 매퍼에 대해서는 SQLObject, SQLAlchemy 등을 참고하자. 그리고 JSON 기반의 "NoSQL" 데이터베이스인 몽고DB도 참고하도록 하자.

- 파이썬 웹 개발 프레임워크에 대해서는 *Django*, *App Engine*, *Web2py*, *Zope*, *Pylons*, *TurboGears* 등을 참고한다.

- 파이썬 스크립트 안에서 C와 C++ 라이브러리들을 사용하여 자동으로 글루(glue) 코드를 생성할 수 있게 하는 도구인 SWIG를 살펴보자.

- 파이썬과 함께 탑재되어 있으며 문법 컬러링 텍스트 에디터, 객체 브라우저, 디버깅 같은 기능을 제공하는 개발 GUI인 IDLE을 참고하고 *PythonWin*, *Komodo*, *Eclipse*, *NetBeans* 같은 여타의 IDE도 선택할 때 참고하도록 하자.

- 이맥스(Emacs) 텍스트 에디터에서 코드를 편집/실행하는 데 필요한 내용은 이맥스 도움말을 참고하자. VIM, IDLE 등 대부분의 다른 에디터들 또한 파이썬을 잘 지원한다(예: 자동 들여쓰기, 컬러링). *http://www.python.org*에서 파이썬 에디터 페이지를 찾아보도록 하자.

- 파이썬 3.X로 포팅하기 위해 파이썬 2.X에서 –3 명령 라인 옵션을 사용하여 호환성 관련 경고를 발생시킬 수 있다. 또한, 수많은 2.X 코드를 3.X 파이썬에서 실행되는 코드로 자동 변환해주는 *2to3* 스크립트를 참고하기 바란다. 2.X/3.X 호환성 레이어를 제공하는 시스템인 *six*, 3.X 코드를 2.X에서 실행되도록 변환 시도하는 *3to2*, 라인 호환성을 증진시키는 *pies* 또한 참고하기 바란다.

기타 도움이 될 만한 사이트와 단서들

- 관련 웹사이트

  http://www.python.org

      파이썬 홈페이지

  http://oreilly.com

      출판사 홈페이지

http://www.python.org/pypi

여타 서드파티 파이썬 도구들

http://www.rmi.net/~lutz

이 책을 지원하는 사이트

- 파이썬 철학: `import this`.[27]
- 파이썬 예시에서는 foo와 bar 대신에 spam과 eggs를 사용한다.
- 항상 인생의 밝은 면을 본다.

---

27 (옮긴이) 파이썬 대화식 셸에서 `import this`를 입력하면 *The Zen of Python*(파이썬의 철학) 에 대한 글을 볼 수 있다.

찾아보기